"一带一路"开发研究丛书

总主编 ◎ 向宏 胡德平 王顺洪 徐飞

战略投资

时髦概念背后的深层功夫与系统能力

程学庆 董大勇 郭姝辛 等 ◎ 编著

西南交通大学出版社
·成都·

图书在版编目（CIP）数据

战略投资：时髦概念背后的深层功夫与系统能力／程学庆等编著. —成都：西南交通大学出版社，2017.4
（"一带一路"开发研究丛书）
ISBN 978-7-5643-5400-8

Ⅰ.①战… Ⅱ.①程… Ⅲ.①产业发展－研究－中国 Ⅳ.①F121.3

中国版本图书馆 CIP 数据核字（2017）第 078771 号

"一带一路"开发研究丛书
Zhanlüe Touzi
战略投资
时髦概念背后的深层功夫与
系统能力

程学庆	出版人	阳　晓
董大勇　等 编著	责任编辑	祁素玲
郭姝辛	封面设计	严春艳

印张　17.5　字数　242 千	出版发行	西南交通大学出版社
成品尺寸　165 mm×230 mm	网址	http://www.xnjdcbs.com
版次　2017 年 4 月第 1 版	地址	四川省成都市二环路北一段 111 号 西南交通大学创新大厦 21 楼
印次　2017 年 4 月第 1 次	邮政编码	610031
印刷　四川玖艺呈现印刷有限公司	发行部电话	028-87600564　028-87600533
书号　ISBN 978-7-5643-5400-8	定价	68.00 元

ISBN 978-7-5643-5400-8

图书如有印装质量问题　本社负责退换
版权所有　盗版必究　举报电话：028-87600562

"一带一路"开发研究丛书编写委员会

总 主 编　向　宏　胡德平　王顺洪　徐　飞

副总主编　何云庵　陈志坚　朱健梅

编　　委　沈火明　何　川　钟　冲　邱延峻

　　　　　汪　铮　张雪永　阳　晓　孟新智

"一带一路"开发研究丛书
创作与出版说明

一、立项说明

"一带一路"倡议如果没有找准全球发展的真实需求,她不可能在今天得到如此众多国家的支持和响应。尽管如此,寻求最广泛的共识与参与依然是我们需要艰苦努力的目标,因为这一倡议的本质是推动"五通三同":政策沟通、设施联通、贸易畅通、资金融通、民心相通以及利益共同体、责任共同体、命运共同体,在此基础上实现区域共同市场的协同发展与全球化的深入。

"一带一路"倡议尽管是一个经济发展战略和操作计划,但她明显区别于一般的全球发展概念和相应项目计划,因此,"五通三同"既是手段又是目的,只有如此,我们才能推进相关事业的螺旋递进和升华发展。

面对如此众多的国家与经济体,要建立"五通三同"的基本理解与共识并不断深化,将是一个非常复杂的浩繁系统工程。我们深知没有理论研究的超前展开和持续跟进,寻求广泛共识与普遍参与将是非常困难的。

"'一带一路'开发研究丛书"将从五个角度把握选题方向,弄清基本诉求、明晰关键问题、找准逻辑关系:一,从中国国家战略角度;二,从全球发展角度;三,从"一带一路"倡议实施的相关主体角度;四,从西南交通大学角度;五,从新基建高潮与轨道交通发展角度。

(一) 从中国国家战略角度

随着改革与开放事业的循环递进,中国借助全球化契机,快速实现了城市化与工业化，也就是初步现代化。长周期高速成长的中国在今天面临如何跨越"中等收入陷阱"与"修昔底德陷阱"的巨大难题，全球经济格局的变化也给我们带来了新一轮的挑战。通过更紧密地融入世界经济体系尤其是亚非欧市场，毫无疑问是跨越两大陷阱、实现和平崛起的根本性战略选择。

2013年9月，中国国家领导人正式向国际社会提出了共建"丝绸之路经济带"和"21世纪海上丝绸之路"的重大倡议，两者合称"一带一路"倡议。近四年来，"一带一路"倡议首先在中国变成了实实在在的国家战略，从组织机制与体系到首批项目安排都全面展开，取得了阶段性成果；"一带一路"倡议不仅得到了沿线国家的积极响应，也结出了诸如亚投行、金砖银行等重大战略性、阶段性成果；2016年11月17日，第71届联大将"一带一路"倡议正式作为大会议程，这不仅标志着国际社会对它的接受，更预示着"一带一路"倡议逐渐成为全球发展的新理念与新思路，成为"千年计划"的重要操作内涵；2017年1月17日，习近平主席在达沃斯世界经济论坛年会上宣布将在北京召开"一带一路"国际合作高峰论坛，预示着中国声音、中国主张、中国方案将满怀信心地进入国际议题；刚刚结束的中美元首"海湖庄园会晤"不仅将开启中美"新型大国关系"格局下的新合作局面，还将在规划中美关系下一个45年的过程之中，探寻"繁荣中美与建设世界并行不悖"的、促进世界经济"增量再平衡"的、中美共同倡导的全球发展新主张和"再全球化"新战略，这些中美间的战略安排将促进"一带一路"倡议的全面深化和"一带一路"大市场的兴旺发达。

我们可以预计，5月14日至15日在北京召开的高峰论坛不仅是中国主场的全球性盛会，也标志着"从一带一路到人类命运共同体"的全人类"大交通"时代的即将来临，新一轮的世界经济大繁荣也许将由此开启，中国新一轮"对外求和、对内求变"的改革发展新战略同样也将由此开启；随后召开的中共十九大将是新一轮改革发展新战略的组织保障与机制深化。

(二) 从全球发展角度

今天亚洲的大部分国家依然面临现代化的紧迫需求，也就是城市化与工业化的紧迫需求；美洲尤其是南美、欧洲尤其是东欧不少国家也面临同样的需求；非洲更是如此。

"一带一路"倡议的一个重要特征就是借鉴中国快速实现工业化与城市化所积累的相关经验、模式、方法以及相应的中国能力，联合欧美日等发达国家力量和沿线发达经济体力量，推动亚、非、拉为主的洲域市场快速实现赶超型的、后发优势的现代化过程。因此，"一带一路"倡议也可以说是全球市场整体实现城市化与工业化的"收尾工程"，它将迎来的是现代化的灿烂晚霞。

今天的北美、欧盟等发达国家和经济体，虽然也因就业等压力提出了"再工业化"等口号，事实上是很难收到实效的，更难发挥比较性优势。他们恰恰应该面对未来寻求超前的战略安排与新竞争力布局，通过商业模式与机制的创新实现诸多未来产业的提前成熟，并通过新兴产业与新生活方式创造全新的后工业化产业体系与新消费体系，实现经济的转型与市场的繁荣乃至社会的发展。

"一带一路"倡议的另一个重要特征就是在中美螺旋递进的战略合作机制下，依托美国发达的科技力量与教育力量，创新技术方案与商业模式，联合欧日等发达经济体力量和沿线发达经济体力量，推动中美市场为基础的、"一带一路"沿线相对发达经济体普遍参与的、超前布局的、先发优势的后现代化过程。因此，"一带一路"倡议也可以说是中美联手推动的全球市场发达经济体超前实现后工业化与后现代化的"超前工程"，它将迎来的是后现代化的蓬勃朝阳。

"一带一路"倡议的上述两大特征使其完全有可能成为"再全球化"或"后全球化"时代，实现世界经济"增量再平衡"和新一轮长周期繁荣的全球新战略，也是推动工业化往后工业化演进的文明转型工程。

(三) 从"一带一路"倡议实施的相关主体角度

"一带一路"倡议实施涉及的各类主体非常丰富，同类主体又有不同的层级需求；每类主体对"一带一路"的关注、研究、参与都抱有不同的目的与不同的逻辑演进关系。

"一带一路"倡议实施涉及的产业面也相当广泛，不同区域产业链发育的成熟度又有相当大的差异，全球性产业秩序也处在总体平衡的动态调整之中，它的不确定性和不同主体扮演的龙头角色又决定了产业重组与再造所面临的企业性格的个性化。

"一带一路"倡议实施中有一个征象必须说明，那就是区域共同市场的抬头乃至区域共同市场主义的兴起，这就使我们多了一个关注的对象，那就是区域共同市场的牵头人，也许是国际组织、也许是强势国家、也许是强势企业。

"一带一路"倡议实施不能回避它对现行国际政治经济秩序的影响甚至是话语权地位的调整，既有秩序的守成方和挑战方之间的矛盾是无法回避的，关键是看新秩序的建构能不能达成挑战方与守成方的新平衡，这种新平衡的认可需要靠新思维与大主张。

我们的研究，包括因本套丛书带来的深化研究显然是不能够囊括各类主体的不同需求，当下的需求也许还能够有几分感觉，未来变化中的需求调整是很难把握的，尤其是博弈的双方在入场前后的动机变化是最难把握的，我们将尽努力挑战它。

（四）从西南交通大学角度

西南交通大学秉持 120 年的大交通理念，在全校师生、校友事实上已经是"一带一路"倡议项目实施的普遍参与者基础上，根据创办"双一流"大学的总体目标，提出了"以'一带一路'倡议为契机，以国家实验室为突破，全面建构大交通范畴的学科体系建设理念和有特色的世界一流大学目标"，并以此展开交大新一轮的改革发展新事业。

学校成立了"一带一路"开发研究院与"一带一路"历史文化研究院，参加了全国政协统筹的，由清华大学、国家开发银行、丝路基金等机构发起的"丝路规划研究中心"，同时与中央财经领导小组办公室保持联系，将学校机制与国家机制结合，一方面系统性、全局性展开"一带一路"研究，另一方面积极展开国家战略层面的项目实践。近期开发研究院在华盛顿组织了 20 位中美双方政产学人士参加的"中美民间基建合作计划专家工作组",推动中国民间资本联合赴美的"美国基建投资计划",取得中美双方高层的一致认可与褒扬。2016 年年底,历史文化研究院应梵蒂冈教皇邀请赴梵展开"中梵丝绸之路历史文化研究",不仅取得了阶段性成果,还建立了与梵方多个机构的长期合作机制,2017 年 5 月将组织北大、北师大、北外、中国红楼梦研究会、中国曹雪芹研究会等中方专家与梵方教皇大学、梵蒂冈博物馆展开系列研讨会与课题合作,推动"一带一路"历史文化研究上台阶、创品牌。

两个研究院在工作中发现虽然"一带一路"倡议的实践已经走在前面,但理论研究尤其是系统理论研究与理论准备明显不足,落后于实践。我们认为"一带一路"倡议是在全球化发展转型期、全球性工业化与现代化步入后发阶段、后工业化与后现代化步入先发阶段、崛起大国与守成大国进入相持阶段、世界经济正在由失序的不平衡走向有序的再平衡过渡阶段等多个特殊时期提出的。面对这样一个特殊时期,既需要有突破的理论思维与主张,也需要表达核心主张的理念阐述、更需要有逻辑的操作方案且要照顾不同主体的真实需求与思维习惯。

基于上述观点,两个研究院提出了由"智库型模式"起步并逐渐过渡到"智库与教学结合模式"的发展思路。一方面通过智库拓展与"一带一路"相关主体尤其是市场主体的紧密互动关系,进一步找准两个研究院的操作性定位;另一方面组织编写"'一带一路'开发研究丛书",聚集研究资源、提出研究思路、创新研究方法、服务战略实施,在此基础上,进一步找准两个研究院的学术定位。与此同时,动员与统筹全校力量、五所交大的协同力量和成都地区、西南地区高校力量,乃至"一带一路"关联地区大学力量和"大交通"关联的全球性力量参与研究与智库活动。

通过两个研究院对"一带一路"倡议的系统研究,我们越来越发现不仅"一带一路"所关联的亚洲、非洲、欧洲尤其是中东欧普遍面临基础设施先行带动的城市化与工业化快捷发展的后发现代化的总体需求,整个美洲包括北美同样存在如此需求。我们注意到伴随中美合作关系的升级,世界性的新基础设施建设高潮即将掀起。也许它发端于中美两国的基建升级、繁荣于"一带一路"直接推动的亚非欧"世界岛"。

两对新一轮的基建浪潮,在后发现代化国家最重要的表现特征是"大交通"推动的城市化与工业化;在先发现代化国家和地区如美、欧、日等以及中国部分地区,表现特征是"新型大交通"推动的新空间布局与新产业布局。

"大交通"强调依托高铁及城市轨道交通串联形成的城市带、产业带以及在此基础上的特色城镇群与特色产业群;"新型大交通"强调依托磁浮等新型轨道交通实现大都市与特色卫星小镇的快捷连接,重构都市空间格局与新产业布局,除此之外还包括空地一体化新型交通格局带来的"未来城市"的兴建。

由此看来,"新型轨道交通"将是"大交通"与"新型大交通"的基础解决方案,西南交通大学在轨道交通领域的全国性地位乃至全球性地位决定了它的特殊角色。

高铁尤其是时速300公里左右的常规高铁,虽然是新型轨道交通的重要组成部分,但它的研发体系和产业体系已基本成熟,交大要做的工作更多的是补充与完善。交大要在升级版的超级高铁,重载铁路,第二代中低速磁浮列车、高温超导磁浮列车等磁浮轨道交通多样化应用,空铁等多制式城市轨道交通,国防特种运输装备,真空管道超高速轨道交通(1000 km+),现代有轨电车、虚拟有轨电车等"新型轨道交通"方面聚集研究力量与市场力量,不仅创中国"双一流"大学,还要创世界第一的"新型轨道交通大学",以此带动交大综合能力的全面成长,用全球性基建高潮的大势推动交大成为国际一流研究型大学与智库型大学。

为了实现上述目标,尤其是在"新型轨道交通"产业体系成型之前,交大不仅要为学术体系的完善发挥独特作用,也要为标准体系的完善发挥关键作用,更要为市场体系的超前布局发挥先锋作用。因此,尽快组织战略投资人一步到位形成大资本介入的"中国新型轨道交通集成集团有限公司"显得尤为重要与迫切。它是学术、科研、产业良性循环的重要一环，在一个全新产业孵化之初，这样的机制更显得尤为必要。

（五）从新基建高潮与轨道交通发展角度

伴随中美合作新格局的来临、"一带一路"倡议的全面实施，一场启动于中美市场、繁荣于"一带一路"市场的全球性基础设施建设高潮即将来临。交通，毫无疑问是先行工程，轨道交通尤其是高铁和城市轨道交通又是先行工程中的先行工程。

中国已经有大大小小的若干行业取得了全球规模与技术的领先优势，在大行业领域取得市场领先优势的还是凤毛麟角，中国高铁与城市轨道交通是我们最自豪的佼佼者，它事实上成了全球有目共睹的中国基础设施建设能力的核心能力。我们的尴尬在于为我们这一产业巨大市场优势做出贡献的主要还是国内市场，而大步走向全球市场才是我们轨道交通产业真正成熟的标致。

我们靠国内规模市场优势做大了产业，但还没有做强，关键问题出在应用研究与基础研究的相对滞后，深层问题又在于研究力量的协同与组织机制的困扰，更深层次的问题在于应对全球竞争、大国竞争到底应该有怎样的产业发展战略与机制保证。

培育优势企业、打造优势产业毫无疑问是国家竞争力战略与新一轮改革发展的关键能力需求与基础能力需求；中国高铁与城市轨道交通因市场规模所积累的丰富经验与综合能力，使其成了市场潜力最大的优势产业和企业集群，这样的综合优势产业相对而言实在太少；它过去的成功，一是靠大胆决策、超前超规模展开、用暂时的亏损换取中国城市化与工业化整体能力的快速提升等巨大综合收益，二是靠产学研资源的系统性长期积累；现在的问题，浅层面看是过于依赖国内市场、进入国际市场依然面临技术经济多项指标的竞争压力，深层次看表现为产业、科研、教育整体协同机制与定位出了问题，基础科研与新技术孵化跟不上市场的变化与需求；市场大势来了，它启动于中美新一轮的基建合作计划，繁荣于"一带一路"基础设施建设的先行；需求来了我们从何下手，只能是一方面尽最大努力抓市场，另一方面抓产业与应用研究能力提升，但这需要一个过程；综合而言，从教育突破相对容易、逻辑也比较顺畅，中国轨道交通教育、科研、产业综合体系离世界第一只差一步，教育水平离第一目标相对更近，教育水平的整体提升必然带来基础研发与新技术孵化的能力跃升，直接推动产业规模优势变成性价比优势、技术优势、品牌优势，全球第一的教育品牌更便于整合各类相关主体与不同阶段的科研资源，有利于突破产学研整体能力的协同性障碍；通过世界第一的轨道交通大学和相关研究体系，带出世界第一的优势产业和企业集群不仅可行且战略意义重大，如此安排"一带一路"倡议与"中美基建合作计划"就能快速取得丰富的早期收获。

二、选题原则与创作力量的组织

在今天看来，"一带一路"倡议既是一套中国发展战略，也是一套全球发展战略。两者之间是一个相辅相成的关系：中国战略必须有清晰的国际逻辑，否则没有操作性；全球战略必须要有一定的中国因素，否则同样操作性不强。中国不仅仅是"一带一路"的倡议者，更是市场要素资源组织的基础环节与关键环节，也是新机制的建构者与新方法的始创者。

选题原则要兼顾理论与理念、政府与市场、经济与技术、工业化与后工业化、现代化与后现代化、全球化与后全球化、经济与社会、历史与文化，还要兼顾宏观与微观、战略与战术、理论与实践、国家与地方，更要兼顾国际与国内、长远与现实、区域与国别、产业与项目、产业与金融、大企业与小企业、金融体系与金融产品、金融市场与资本市场等多方面。要从这些关系中抽象出选题要义，安排好出书计划的时间序列与分类序列。

"'一带一路'开发研究丛书"总体采取命题研究的创作形式，创作力量首先是以西南交通大学为首的大学力量，包括五所交大、成都、四川、西南地区相关高校和北京地区相关高校等，其次是国内外从事相关问题研究的各类专业人士。

我们特别注重寻找相似题目的著作者，由他组织研究力量结合我们的战略意图进行再创作。如此安排不仅有利于快速形成研究成果，更有利于思想碰撞、观点交锋与学术深化。

由于"一带一路"概念本身是一个操作性概念，因此方案策划与设计显得尤为重要，许多选题将采取"研讨会"形式展开，由主创人员邀请相关专家共同研究"方案设计"，这样不仅使其研究成果的应用价值得以大大提升，还方便阅读，方便相关人员依不同角色进行资讯的取舍。

如何创新研究形式与课题创作形式是我们接续关心的重要问题，通过它可以使选题的资讯内涵与价值内涵得到最大化发挥。

"'一带一路'开发研究丛书"的编写过程本身也是西南交通大学"一带一路"开发研究院与西南交通大学"一带一路"历史文化研究院创立、研究力量组织、定位精准、方法论形成、智库品牌创立、超级项目能力形成、超级项目模式建立的过程，也是交大产学研模式升级发展的过程，更是中国"一带一路"倡议完善的过程。

我们希望本套丛书能有效服务整个"一带一路"倡议的深度认知与中国"一带一路"倡议的深化。它重在系统基础上的早期行为推动，也不排除在若干年后通过实践的总结形成第二套丛书。我们希望借此丛书的创作为"实验政治学"、"发展经济学"、"产业经济学"、"公司经济学"、"方案经济学"以及"现代化理论"与"后现代化理论"、"大交通理论"、"文化人类学"与"空间人类学"等学科的理论建设做出贡献，更希望为"一带一路"倡议建构起系统的理论体系。

三、选题分类与计划

"'一带一路'开发研究丛书"按九大类方向进行选题规划：一是核心理论与主张系列，二是总体战略系列，三是大国与域内经济体相关理念与主张系列，四是新理念与行动系列，五是人文历史系列，六是中国改革开放新战略系列，七是中国新市场理念与战略转型系列,八是智库与媒体系列,九是轨道交通系列。

编委会初步拟定了九大类100多个选题方向,主要是便于著作者参考与选择,整个丛书计划控制在100本以内,编委会与著作者在互动中确定最终选题与研究计划和写作提纲,双方取得一致意见后再进行具体的研究与写作工作。

编委会初步拟定的100多个参考选题也将在研究深化过程中不断调整与修改,此次提出的如下选题旨在打开研究视野、明确九大分类的逻辑关系,为首批计划的推出建构参照坐标。

(一)核心理论与主张系列

1. 文明与产业:从工业化与现代化走向后工业化与后现代化
2. 新规则:工业文明与后工业文明的胶着与转型
3. 新贸易论:国家间的竞争与改变世界的基础力量
4. 国是与生意:超级项目与超级资本在未来十年将如何改变世界
5. 停滞与繁荣:摆脱政治困扰,迎接新商业力量带来的世界性繁荣
6. 十字路口:新国家为何官僚化以及特朗普可能的再设计与再改变
7. 一千个理由:中美始于现实主义繁盛于新商业主义的战略合作
8. 窗口期:习近平、特朗普可能带来的改变与行进中面临的巨大压力
9. 一带一路:中国经验与中美欧能力结合的后发现代化道路
10. 拥抱:摆脱冷战思维的大国战略
11. 科莫湖:湖边散步,对话美中欧新世界体系
12. 增量再平衡:中美战略对话的全球性议题与机制构想
13. 大交通:从"一带一路"走向人类命运共同体
14. 实践社会主义:在制度竞赛的反省中寻找超越第三条道路的新方向
15. 人类命运共同体:通过经济繁荣导向新普世价值的全球共识

(二)总体战略系列

16. 竞争力报告:"一带一路"相关国家与经济体现实能力的总体评价
17. 增长热点:金砖、金钻、灵猫、展望、薄荷、迷雾等概念的研究
18. 全球化与区域贸易协定:五百多个区域贸易协定(RTA)的来龙去脉
19. 超大区域的RTA:欧盟、APEC、东盟、北美自贸区、TPP、TPIP等概念研究
20. WTO波澜起伏:从全球化到再全球化
21. 多国的规划:来自欧洲、亚洲、非洲以及美国的丝路规划方案
22. 总体需求:亚非拉对城市化与工业化的渴望
23. 融合与创新:"一带一路"倡议在数百个区域贸易协定基础上的提出
24. 解释"一带一路":早期实验、正式提出、逐渐成型与相对稳定
25. 战略对接:"一带一路"倡议与相关国家战略及区域战略的衔接
26. 新循环体系:"一带一路"创造的全球经济新运行格局
27. 世界的试验:后发城市化与工业化的中国经验与教训
28. 新动力与新空间:超级资本推动新兴产业与新生活方式的提前繁荣
29. 收尾与超前:工业化的后发模式与后工业化的先发模式
30. 信风:新一轮全球性基建高潮的来临
31. 世界岛:梦想在大资本时代中美欧合作格局下实现
32. 支撑体系:丝路新时代的节点城市与产业体系
33. 产业分工:联合国的三级工业分类与"一带一路"的分工体系
34. 园区模式:花样繁多的园区概念与中国式的产城融合体
35. 生根开花:中国在"一带一路"超前布局的80余个经贸合作区

（三）大国与域内经济体相关理念与主张系列

36. 特朗普新政：保守主义与现实主义的当下立足与新商业主义的未来发展
37. 改造世界的特朗普：问题意识、逻辑力量与方法论
38. 脱欧之后的再定位：英国在欧盟与新欧亚非一体化市场中的再定位
39. 再造优势：德国借助"一带一路"提振欧盟的新思路与新战略
40. 岛国求变：日本在新外交格局下重构一体化市场的理念与方略
41. 新一轮合作：中韩在"一带一路"大市场体系中谋求新合作格局
42. 海陆互动：新加坡在强化海权优势基础上的陆权联盟式扩张
43. 华丽转身：中东石油大国在"一带一路"机遇下的战略转型
44. 印度：寻求深度认知与理解，探寻全面结构性合作
45. 欧洲图强："一带一路"理念下的东进战略与欧亚非市场共同体
46. 欧亚非经济联盟："一带一路"倡议作为手段与目的
47. 亚洲共进论：区域与次区域共同市场带来的亚洲繁荣

（四）新理念与行动系列

48. 国别经济："一带一路"倡议实施的认知前提与基本能力
49. 产业经济："一带一路"倡议实施的关键环节与核心动力
50. 区域共同市场：后全球化过渡期的市场特性与趋势前瞻
51. 新图景：区域共同市场与主体功能区
52. 经济地理革命："一带一路"串起的区域共同市场体系
53. 不确定中的求索：国际货币太阳系的瓦解与新体系的建构
54. 人民币国际化：从贸易货币、投融资货币走向储备货币
55. 亚投行：全球开发性金融的新角色与新模式

56. 丝路基金：中国由贸易大国向投资大国转型的引导性基金
57. 并驾齐驱：贸易与航运的波罗地海指数与海上丝路指数
58. 新模式：中美欧高科技合作 1.0 与 2.0 互动机制
59. 六大走廊：概念性规划基础上的深度研究
60. 第三欧亚大陆桥：穿越亚洲人口密集地区连接中欧的新通道
61. 捷径：北极航线、克拉地峡运河等海上丝路新通道构想
62. 哑铃战略：十余趟中欧班列连接两个扇面的城市群与产业群
63. 管道丝路：中国与俄缅哈土等国油气管道创造的新开发模式
64. 东西方之桥：土耳其在"一带一路"倡议中的重新定位
65. 比雷埃夫斯港：海上丝路港城连接的中东欧新通道
66. 科伦坡再造：海上丝路中转大港的新发展计划
67. 中白工业园：白俄罗斯的新中心城市与丝路明珠
68. 苏伊士新区：中埃合作的新型经贸合作区与海上丝路的节点城市
69. 瓜达尔港城：一个面向三个大市场的超级工业基地与商贸大城
70. 先走一步：中国在非洲的基建与产业发展
71. 雅达瓦伦油田：中国超级油田海外合作的里程碑
72. 印度钢铁：崛起大国的钢铁产业快发之路与后发之路的双轮驱动
73. 班加罗尔：软件产业聚集区与中国互动的互联网+
74. 有机农业：远东布局的生产基地和全球市场
75. 台湾价值：超级项目合作重塑两岸关系
76. 巴拉望的后现代生活：与增长中心配套的热带海滩度假城与非现场工作基地

（五）人文历史系列

77. 曾经的辉煌：东西方商路连接的古丝绸文明
78. 大航海时代：洲域经济的交流与早期的全球化
79. 从历史走来：始于《中国》的西方关于中国的描述
80. 西方视野的中国：大历史、大文化与大战略的观察

81. 丝路传奇：千百年来西方人的丝路著述与故事
82. 历史的拐点：中国在世界交往中的失落
83. 盛宴：中国艺术在古丝路的辉煌与新丝路的繁盛
84. 梵蒂冈使臣：罗马在东西文化交流中的历史角色与未来设想
85. 大历史定位："一带一路"倡议的历史延续与未来穿越
86. 横断山总体价值论：建构地球终极资源与全人类明天需求间的大逻辑框架
87. 第三空间浪潮：透过若干经典案例解构建构空间人类学
88. 伊甸园：大香格里拉的后现代憧憬
89. 腾冲：古丝路历史文化要冲与新丝路的重新定位
90. 生活大国：四川的尝试与即将到来的中国新战略
91. 艺术的胜利：重庆都市调性的改造与竞争力的勃发
92. 复兴邻里社会：智慧城市与中小微企业新发展浪潮带来的社会变革

（六）中国改革开放新战略系列

93. 第二轮开放：对外求和与对内求变的新战略
94. 愿景与行动："一带一路"倡议的多角度解读
95. 冷思考："一带一路"深层问题与关键问题梳理及求解
96. 战略定力：中国策略的宏微观梳理与系统执行
97. 创新驱动：内外市场互动的创新机制与模式
98. 循环递进："一带一路"倡议创造的内外市场及大中小企业协同发展的新契机
99. 早期收获："一带一路"倡议的有感化与阶段性递进
100. 企业生态：良性发展的基础与深化改革的关键
101. 工业强国：增量再平衡全球机制下中国制造业的转型升级
102. 并非夸大的使命：中国商业力量的成长与未来使命
103. 新亮点：口岸贸易与自由贸易区
104. 利益维护：中国"一带一路"倡议下的海外利益维护
105. 海外中国：中国跨境投资的现状与未来战略
106. 华人血脉："一带一路"华侨资本的关键作用与利益安排

（七）中国新市场理念与战略转型系列

107. 第一战略：推动优势产业冲击第一目标与市场覆盖

108. 并购与整合：中国制造业升级的价值再造与战略重组

109. 战略投资：时髦概念背后的深层功夫与系统能力

110. 机会投资：战略理念与能力支撑下的短线投资

111. 平台公司：多元化的实践与逐渐清晰的能力特征

112. 全球并购：躁动下的冷思考与趋势前瞻

113. 新央企：政治定位清晰后的市场行动

114. 改造与担待：中国上市公司与机构投资人的非常使命

115. 企业家：一个价值被忽略的特殊阶层与关键力量

116. 资本聚集："一带一路"超级项目导向的中国证券市场改革

117. 资本时代："一带一路"开启的中国跨境投资新天地

118. 聚变：郑州如何由超级货运空港演变为航空大都市

119. 于家堡：一个为京津冀融合发展和"一带一路"国别总部而定制的未来城市

120. 发现新疆：双经济走廊概念与超级项目聚集的循环递进

121. 双主题战略：云南在大通道与新生活中央高地两大概念下的再定位

122. 两洋通道：云南如何做好第三欧亚大陆桥与泛亚通道的大文章

123. 深圳谋变：基于现状与可能背景下的超级项目都会

124. 大湾区：新全球经济格局下粤港澳的再定位与一体化

125. 重庆战略力：国企与民企两个战略平台的双轮驱动

126. 多元中关村：欧美日俄以等国多点布局的超级项目孵化基地

127. 智慧城市：以非现场工作为基础的智慧化改造与不断升级

128. 大湾区的香港：在"一带一路"倡议下诉求金融深化与服务贸易升级

129. 装备制造业："一带一路"上的升级版与内外市场的互动

130. 服务贸易："一带一路"倡议下的内外市场联动与大布局

（八）智库与媒体系列

131. 力量的整合：中国与"一带一路"相关研究力量的价值发现与重组

132. 中国丝路开发研究基金会："一带一路"倡议门户型智库的价值主张与方案设计

133. 峨眉论坛：面向"一带一路"的开放论坛与新型国际组织

134. 峨眉论坛大学：创新组织模式与教学模式的"一带一路"国际人才培训基地

135. 超级项目论：中国在后全球化过渡期的非常机遇与方法

136. 超级项目前期："一带一路"倡议系统推进的关键能力

137. 超级项目智库：政产学融合的前期孵化机制与绿色通道

138. 开发性金融："一带一路"创造的新模式与新空间

139. 顶层智力：全国政协精英人才在"一带一路"基础研究上的价值最优化

140. 战略精英：复合型人才在非常时期的非常作用

141. 智力丝绸之路："一带一路"沿线的大学合作

142. 再出发：面对国家总体竞争力与战略安排的高校改革

143. 全球战略（华盛顿）研究院：设计中美欧如何联合创办新型智库

144. 丝路传媒集团："一带一路"全域布局的新媒体集团方案设计

145. 丝路通讯社："一带一路"全域布局的新模式通讯社方案设计

（九）轨道交通系列

146. 轨道交通：昨天的辉煌、今天的重任、明天的浪漫

147. 高铁主义：轨道交通与公路网络的良治后发模式

148. 新型轨道交通：现代化国家与地区交通能力提升的新选择

149. 轨道交通：全系列的中国制造与超级项目模式的中国投资

150. 泛亚铁路：交通体系联动区域共同市场的城市群和产业带

前言 Preface

"丝绸之路经济带"和"21世纪海上丝绸之路",是中国为推动经济全球化深入发展而提出的国际区域经济合作新模式。其核心目标是促进经济要素有序自由流动、资源高效配置和市场深度融合,推动开展更大范围、更高水平、更深层次的区域合作,共同打造开放、包容、均衡、普惠的区域经济合作架构。在"一带一路"时代背景下,涌现了许多新兴行业和时髦词语,诸如高速铁路、互联网金融、大数据、区块链与数字主权、PPP与量化投资等等。这些新兴产业在推动经济发展和社会进步的同时,已经走进大众的生活,改变了人们的生活节奏和思维方式。

本书主要介绍当前中国经济发展中若干热点领域和产业,其中包括高速铁路、互联网金融、大数据、区块链与数字主权、PPP、量化投资和企业并购等话题。首先,在"高铁走出去"尚未全方位真正"走进"目标国的基础上,论述了中国高铁工程建设和机车制造已经达到世界先进地位,然而在运营维护管理经验方面相对于德国、法国、日本、加拿大等国家还有待进一步提升,重点归纳分析了国外和国内高速铁路的运营维护模式特点。然后从基础设施、平台、渠道、场景四个方面深入分析了互联网金融行业的战略投资布局，重点研究了我国互联网金融发展现状、存在问题、发展趋势和有效监管四个议题。从理论层面，研究了何为大数据及其蕴含的价值，详细介绍了大数据给商业智能、数据安全、网络安全三个领域带来的机遇，归纳分析了人才、技术和安全诸多方面面临的挑战，同时还研究了国内外大数据前沿企业的成功经验。结合比特币的热潮背景，介绍了区块链技术的兴起与发展，分析了区块链技术在多个行业应用的创新，具体有数字货币、社交网络、智能合约、大数据、数据鉴定，强调了区块链技术与金融、通信、医疗等诸多行业的结合。重点研究了在数字疆域区块链技术的战略意义与布局。介绍了"一带一路"采用的创新型融资模式——PPP（直译为"公私合作制"）。结合PPP的本质和特征等相关理论知识，通过服务外包、管理外包等几种PPP模式的分析比较，总结了PPP模式在国内外的应用现状，同时还研究了在风险管理、政府监管和法律法规以及"物有所值"这些热点方面存在的难题。介绍了量化投资的概念，分析了量化投资的本质与量化投资快速高效、客观理性、准确及时、风险与收益对等的特点，通过分析量化投资与定性投资的区别和联系，总结了量化投资具有准确、客观、高效的优势，重点研究了量化投资全过程的技术手段，具体包括量化选股、量化择时、股指期货套利、商品期货套利、统计套利、算法交易、资产配置、风险控制等，介绍了量化投资机构化、规模化、深度专业化的特征及其带来的风险。介绍了企业并购的概念、并购的动机、并购的假象以及对抗并购的方法，以永丰余并购华纸、宏碁并购倚天、中海油并购

Unocal 这三个知名的大型企业并购案例，从策略角度、产业分析、公司特性以及并购意涵等方面，详细剖析了并购案的发生对于主并公司以及被并公司的利弊得失，可以让读者对企业并购中的策略和思维有更全面、深刻的认识。

本书是在"一带一路"背景下，解析若干热点领域和产业（高速铁路、互联网金融、大数据、区块链与数字主权、PPP 与量化投资）的应用现状和未来发展方向等内容，希望通过本书的出版，可以为一般读者理解和跟踪这些时髦概念与热点产业的相关话题提供较为全面的参考。

本书由西南交通大学程学庆、董大勇、郭姝辛、康明惠、赖晓东、林楚彬、蒲旺等教师编著。在编写过程中得到了西南交通大学魏宇等多位教授的大力帮助和指导，在此一并表示衷心的感谢。

西南交通大学文科处及相关领导对本书的编写与出版给予了极大的支持与帮助，谨在此表示感谢。同时，本书参考了国内外大量文献资料，对本书所有参考文献的作者也在此一并致谢。

限于作者的理论水平和实践经验，书中不妥和错误之处在所难免，恳请读者批评指正，不胜感激！

编 者

2016 年 11 月 20 日

目录

第一章 "一带一路"倡议下高铁运营维护管理模式 ············ 001
第一节 国内外高速铁路设备运管修现状分析 ············ 001
第二节 "一带一路"沿线的高铁运维战略需求分析 ············ 023
第三节 高铁运营维护管理模式理论研究分析 ············ 035
第四节 结　语 ············ 044

第二章 聚焦热点背后的互联网金融 ············ 047
第一节 互联网金融概况 ············ 047
第二节 互联网金融的发展现状 ············ 049
第三节 互联网金融行业战略投资布局 ············ 063
第四节 互联网金融行业存在的问题 ············ 067
第五节 互联网金融的行业监管 ············ 072
第六节 互联网金融的发展趋势 ············ 075
第七节 结　语 ············ 079

第三章 大数据 ············ 080
第一节 何谓大数据 ············ 080
第二节 窥探大数据的秘密 ············ 084
第三节 大数据的今昔 ············ 090
第四节 机遇与挑战 ············ 101
第五节 成功的先行者 ············ 114
第六节 结　语 ············ 125

第四章　区块链：数字疆域的信用主权 ········ 126
第一节　引　子 ········ 126
第二节　时代热潮 ········ 130
第三节　区块链战略 ········ 136
第四节　区块链与数字疆域 ········ 144
第五节　结　语 ········ 154

第五章　PPP ········ 156
第一节　PPP 相关概念界定与基础理论 ········ 156
第二节　PPP 模式分类与比较 ········ 168
第三节　PPP 应用 ········ 173
第四节　PPP 研究的热点与难点问题 ········ 188
第五节　未来研究方向 ········ 192
第六节　结　语 ········ 193

第六章　量化投资 ········ 194
第一节　什么是量化投资 ········ 194
第二节　量化投资的特点及优势 ········ 202
第三节　量化投资技术 ········ 206
第四节　量化投资策略和风险 ········ 208
第五节　结　语 ········ 220

第七章　企业并购的战略思维 ········ 221
第一节　引　言 ········ 221
第二节　并购的基本概念 ········ 222
第三节　并购个案分析——永丰余并购华纸 ········ 230
第四节　并购个案分析——宏碁并购倚天 ········ 235
第五节　并购个案分析——中海油并购 Unocal ········ 239
第六节　结　语 ········ 243

参考文献 ········ 244

第一章 "一带一路"倡议下高铁运营维护管理模式

高铁作为"一带一路"倡议的重要抓手,虽然国家领导人屡屡在国际舞台上亲自推介,但高铁尚未真正"走出去"。因为判断高铁成功"走出去"的标准,是全方位、真正"走进"目标国(徐飞,2016)。必须清醒意识到虽然中国作为高速铁路发达国家,高铁工程建设和机车制造已经处于世界先进地位,然而在运营维护管理经验方面相对于德国、法国、日本、加拿大等国家还存在差距。中国高铁自身就形成了高铁运营维护管理"混合管理""专业管理""综合管理"和"委托管理"多种模式并存的局面(程学庆和汪林永等,2015),并且尚未达到"程序化、模块化、精细化"的要求,因此影响了高铁"走出去"的步伐,亟须加快各模式的提档升级,因地制宜输出运营维护管理模式。

第一节 国内外高速铁路设备运管修现状分析

一、国外高速铁路发达国家运营维护管理模式

根据国外高速铁路发达国家在高速铁路建设阶段和运营维护阶段的衔接关系,可以将其划分为"建运合一"模式和"建运分离"模式。

从高速铁路的运营维护管理体制来看,日本、法国和德国是世界高速铁路发展较为成熟的国家,但其高铁维护体制不尽相同:法国、

德国高速铁路的养护维修没有设立专门的管理机构，高速铁路与既有铁路的养护维修一并属于运营公司下的同一机构管理；而日本新干线和既有线窄轨铁路大部分不能互通运营，JR 东海公司和 JR 九州公司对新干线和既有线的运营、养护维修分开管理，JR 东日本公司和 JR 西日本公司则仍然实行统一管理体制。

由于国情、路情的不同，目前国外高速铁路发达国家也形成了不同的运营养护维修方式：日本高速铁路的检测与维修作业均外包，成为"管、检、修"分离的典型代表；法国高速铁路"管、检"合一，大部分维修业务委外；德国高速铁路则属于"管、检、修"合一模式，但大部分大修和部分计划修业务委外。另外，高速铁路设备检修方式也有所不同，分为"状态修"与"周期修"（龚庆和项琴，2014）。

（一）日本高速铁路运维管理基本情况

1. 运营管理情况

日本国土面积为 37.78 万平方千米，人口为 1.27 亿人。基于国土面积狭小、人口稠密的基本国情，日本铁路在国内公共交通中发挥着极为重要的作用。日本现有铁路企业 200 多家，总营业里程近 28 000 km，年均运送旅客 220 亿人次，每年人均乘坐铁路列车超过 170 次，约为与日本国土面积大致相同的德国的 10 倍。其中，JR（民营化铁路）营业里程约为 20 500 km，年运送旅客 87 亿人次。

日本国铁在民营化之前严重亏损，1987 年 4 月，日本国铁实施了民营化改革。在综合考虑地域特点、运输市场和经营基础等因素之后，按照区域公司的运行管理模式，成立了 JR 北海道、JR 东日本、JR 东海、JR 西日本、JR 四国、JR 九州 6 家拥有运营线路和其他固定设备、移动设备的自主经营的客运公司。同时，对运量已严重萎缩的货运业务进行网运分离，成立一家全国统一运行、通过向客运公司购买列车运行线方式进行经营的货运公司。国家不再限定各公司的业务经营范围，运费和票价也只需经运输大臣认可。日本铁路民营化改革的效果比较明显，各公司劳动生产率和服务质量大幅提高，经营收益稳步增长。

日本本岛的三家 JR 铁路公司负责新干线的运输和经营。其中，JR 东日本公司负责东北、上越、北陆三条新干线的高速铁路运输，JR 东海公司负责东海道新干线的高速铁路运输，JR 西日本公司则负责山阳新干线的高速铁路运输。JR 东日本、JR 东海、JR 西日本三家铁路公司均为区域性客运公司，除负责高速铁路运输外，还负责既有线铁路运输。另外，这三家公司的运输和经营模式也不尽相同。JR 东海将高速铁路的运营和既有线管理分开，设立"新干线运营部"和"既有线运营部"，其中"新干线运营部"又下设规划部、管理部、运输营业部、车辆部、设施部、电气部等。JR 西日本的高速铁路运输业务由公司"铁路运营总部"下设的"运输部"负责管理，而运输安全、营销、车辆等业务则由共同的部门负责。以 JR 东日本公司的管理运营机构为例，见图 1.1。

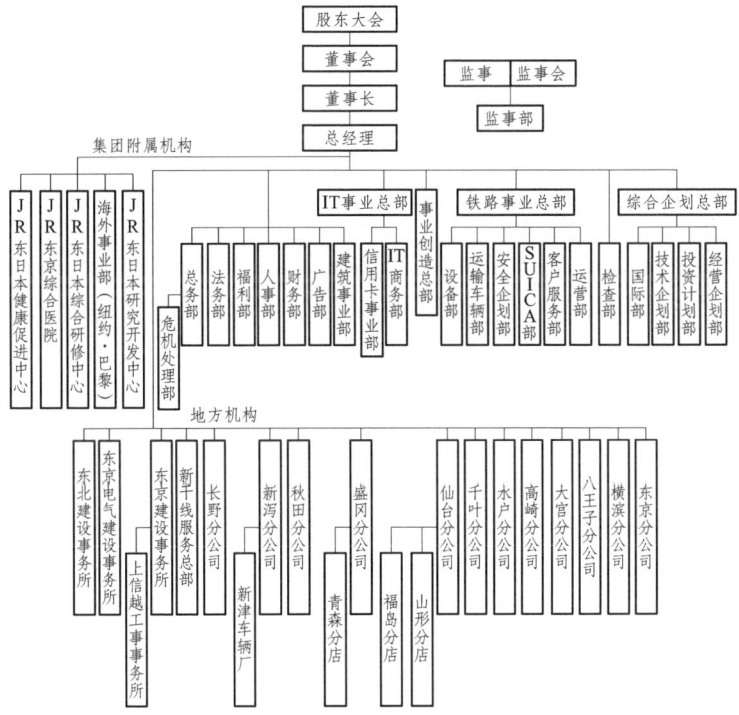

图 1.1　JR 东日本公司组织管理机构

2. 维修情况

（1）维修管理方式。

日本新干线线路维修的突出特点是管理与施工严格分开。检查工作全部由铁路公司承担，具体地说，主要由保线所与土木技术中心负责（唐慧，2010）。大规模施工与小规模施工全部通过合同的形式，承包给铁路公司以外的专业施工公司。大型设备及机具产权属各铁路公司，租借给承包公司，小型维修机具由承包商自行购置。铁路公司只设基地，不配维修人员。大型机械的日常管理、维修、作业及定期检修也都是通过合同的形式由各承包公司负责（孙汉武，2010）。日本新干线上的所有铁路员工，包括保线所的员工，全部都是管理人员，职责只是检查、管理、监督和验收。现场的直接作业人员，全部来自承包公司。承包公司在组织上与铁路公司没有隶属关系，只是合同关系。

各项施工除由铁路公司检查、检测、确定作业任务，并由铁路公司下达施工指示外，每次施工完毕，承包公司都要向铁路公司提交施工作业报告，由铁路公司严格按标准进行验收，验收合格方才付款。以日常的线路整修作业为例，根据对轨道检测车（或称轨道检查车，简称轨检车）检测资料的分析，确定作业地段，并由铁路公司的中央计算机制成轨道整修作业指示书，承包公司按指示书的要求，实施轨道整修作业。作业后，首先由保线所（区）对其作业质量的相关检测数据进行确认，并在下次轨检车检查前，报告到中央计算机。线路整修作业的验收仍然依靠轨检车检查，中央计算机将作业后最近的一次轨检车资料与作业前的轨检车资料对比，按验收标准打分，据此编制整修作业施工验收调查书。

（2）维修计划编制。

日本新干线线路维修计划的编制是依靠设施管理系统来实现的。设施管理系统对新干线线路维修的各类数据（轨检车测定数据、轨道作业实际数据、线路基础数据、线路检查数据等）进行处理，并定期进行定量分析，准确掌握线路状态，确定科学、合理、经济的线路维修计划。

设施管理系统由3个系统构成：① 通过中央计算机处理、积累数据的 SMIS 系统（新干线信息管理系统）；② 将轨道材料等有关数据积累在保线所（区）终端机并进行分析的办公自动化系统；③ 铁路公司使用的系统。

中央计算机与保线所（区）终端机之间以 SMIS 专用回线进行连接。轨道检测车测定的轨道变形数据经数据处理中心处理后，直接传输到保线所（区）。保线所（区）采用 LABOCS 软件，将轨道几何尺寸波形图与线路基础数据进行比较、分析，为编制维修计划提供依据。

每年7月份，铁路公司要确定下一年度的大规模维修施工计划草案，同时抄送承包公司。承包公司据此拟订详细的计划，报经铁路公司批准后，在下一年度按此计划施工。线路的小规模施工，如整小坑与全起全捣，同样也都向承包公司发包。

（3）维修类别。

日本新干线的维修并不采用类似中国的大修、中修、维修及线路修理周期等习惯称呼，而是将其分为大规模施工和小规模施工两大类。

新干线大规模施工主要包括更换道床、更换钢轨、更换钢轨伸缩器（我国称温度调节器）、更换道岔等作业。在日本，曲线钢轨 1~1.5 年更换1遍；直线钢轨达到5亿~6亿吨通过总重或7~8年更换1遍；道床一般 11~12 年更换1遍，目前主要由道床含土量和道砟磨损等检查结果确定何时更换；道岔与伸缩器的更换周期根据具体情况而定。

对于新干线工务设备，日本有定期检查、不定期检查、全面检查、单项重点检查、广域检查等一系列较为完整的检查制度，并根据对各项检查资料的分析，每年7月份要制订并上报下一年度的大规模施工计划。同时，还要提报下一年度的钢轨打磨计划。日本新干线铁路钢轨探伤检查是周期性的，每年进行2次探伤检查。

日本新干线铁路还要进行周期性的钢轨打磨。打磨钢轨的目的主要有两个：一是改善行车条件，延长钢轨使用寿命；二是减少噪声污染，这也是制定钢轨打磨周期的依据。钢轨打磨的周期规定为：更换钢轨后的1年时间内必须打磨；住宅密集区1年要打磨钢轨1遍；还按居民相对密度分为 3 000 万吨年通过总重打磨 1 遍和 6 000 万吨年通过总重打磨 1 遍，凡超过 6 000 万吨年通过总重则一定要打磨 1 遍。

（二）法国铁路客运运维管理基本情况

1. 运营管理情况

法国国营铁路公司（SNCF，简称法国国铁、法铁）成立于 1938 年，1983 年正式注册为法国国有工商企业。1997 年，按照欧盟开放铁路市场的要求，实施了网运分离，法国国铁成立了法国铁路网公司（RFF，简称路网公司），该公司成为法国铁路基础设施管理者及法人、铁路基础设施的债务管理者和法国铁路新线项目管理实施者。法国国铁负责运营并向路网公司租用线路和支付基础设施使用费，同时受路网公司的委托，管理和维护线路，并从路网公司收取相关的费用（路网公司接受法国政府的补贴，并通过收取路网使用费等筹集建设资金）。法铁除从运输市场取得运营收入以及商业收入外，还从中央政府和地方政府获得公众服务补贴。

法国高速铁路的建设实际上仍然是由国家负责的，其运营一直是由法国国铁负责，高速铁路与既有线路在同一个公司的管理下。法国铁路共有营业铁路 30 990 km，其中复线 16 139 km，单线 14 845 km，电气化 14 507 km，高速线 1 540 km。高速线由东南线、大西洋线、北方线、地中海线和巴黎、里昂高速绕行线组成。高速列车可以运行到既有线，通达站 180 个，服务里程超过 7 500 km。

法国国铁和路网公司由交通部进行监管。在网运分离模式下，法国国铁运营管理实行总部、铁路局、段三级管理，普铁和高铁车站实现统一管理。

法国国铁总部设公共运输部、客运部、运输生产部、货运部、运营基础部、财务采购信息通讯部、人力资源部和总秘书处等八大职能部门，具体运营机构设置如图 1.2 所示。其中公共运输部、客运部、货运部和运营基础部四个部门为经济独立核算单位，实行事业部制管理体制，拥有独立的财务管理部门。

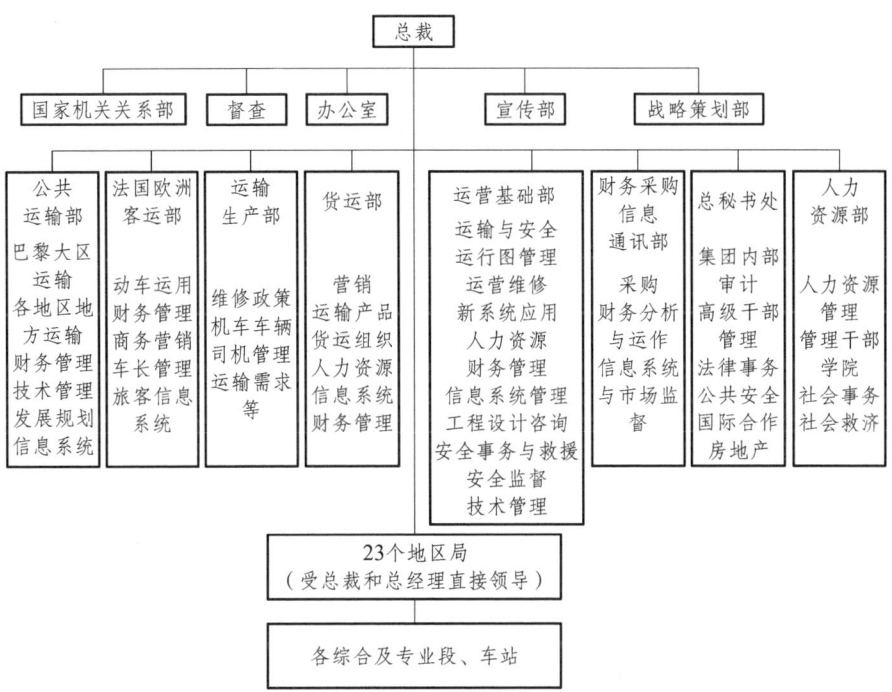

图 1.2　法国铁路公司运营机构设置

在法铁总部，与高速铁路运营管理密切相关的主要有客运部、运营基础部和运输生产部等业务部门。

（1）客运部。拥有高速列车产权，对高速列车运输需求、开行方案、高速列车运用计划实施集中管理；负责高速列车的日常运用；制订高速列车购置计划，动车运用计划并以合同方式委托动车段养护维修。

（2）运营基础部。受路网公司委托，对路网基础设施进行维修和管理，主要负责制定安全规程与安全监督；负责列车运行调度指挥；受路网公司委托编制列车运行图；负责高速线路等养护维修以及工程设计等。

（3）运输生产部。制定高速列车养护维修规章制度，组织制订长期列车保有量计划，监督协调调度中心工作，对动车段进行业务管理，协调法国国铁各部门运输需求,向路网公司购买运行线。

铁路局内部门设置与总部业务部门基本对应。如马赛地区局设有区域客运部、客运商务部、货运部、地区基础部等,形成了整个铁路运输生产的四大支柱体系,另外还设有机务与司机管理部、发展战略部等。

铁路局下设运营段、基础设施维修段、乘务段、司机段、机车车辆维修段等,形成铁路局直管生产段的模式。同时,在铁路局中,按线路及地域设置多个车务段,车务段另设站务、售票和运转管理三个生产部门,分别对管辖区域内的车站、售票和 CTC 控制中心实行直接管理。

2. 维修情况

(1) 维修管理方式。

法国国铁不仅负责运营,还向路网公司租用线路并支付基础设施使用费,同时受路网公司的委托,管理和维护线路,从路网公司收取相关的费用。法国铁路网公司没有能力对路网基础设施进行养护维修管理,需委托法国国铁承担。法国国铁的运营基础部负责铁路的基础设施维修和管理,其组织机构如图 1.3 所示。

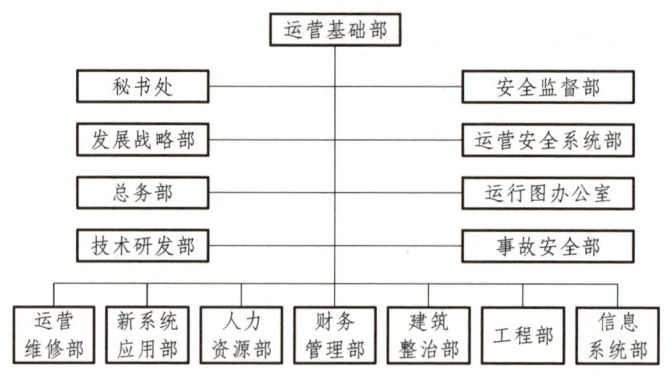

图 1.3 运营基础部机构图

法国高速铁路养护维修采用的是"管、检、修"部分分离的模式,其中"管、检"合一,大部分维修委外。法国国铁承担高速铁路基础设施的日常检测和养护维修工作(既有线的维修段负责牵引变电的养护维修,综合维修段负责线桥隧、接触网和通信信号的养护维修);大规模的维修工作外包给专业维修公司,根据签订的协议进行维修工作。

(2)检修方式。

法国国铁是按照预防性维修为主、故障性维修为辅的原则开展养护维修工作,主要分为预防性维修、矫正性维修和更新改造三种方式。

预防性维修指为预防设施发生故障而安排的一系列措施,可以根据预先安排的计划开展工作,也称为固定的定期保养。预防性维修周期要根据需要维修的设备本身、危及运行安全的重要程度以及该设备在运营中的实际负荷、磨损情况,并按照设备自身的可靠性等因素综合考虑确定。

预防性维修还可根据设备的具体状态进行工作,称为有条件的预防性维修。这类维修任务的安排是按照超越预先确定的界限(磨耗、温度、机械公差)或出现维修人员觉察到的差异情况(噪声、振动、味道等),或按照设备损耗的情况来认定。这些界限和临界值可从以下方式查出:养护维修过程记录的数据、维修辅助信息系统、远程监测系统发出的警告、检测车记录的数据分析等。

预防性维修也可根据设备损耗状态的预期变化值而进行,称为预期预防维修。这类养护维修任务的下达是根据设备损耗状态的特定数据的变化进行分析确定的,这样可以在临界值到达前提前安排计划进行养护工作。

在法国国铁,预防性维修包括检查、保养和处理三项内容。

(3)编制维修计划。

法国高速铁路基础设施维修计划是按照预防性维修、矫正性维修和更新改造来编制和实施,大体分为长期、中期和短期三个阶段。

① 长期维修计划。从运行图研究阶段开始进行编制,大约在新图实施一年半以前,由法国国铁运营基础部组织各地区铁路局,按照技术

规定讨论制订方案、总体预算、维修确认车开行和维修天窗时间等内容。

② 中期维修计划。从维修实施半年至一年前开始编制，由高速铁路综合维修段组织下属各养护维修工区（通信信号、接触网、线桥隧）研究编制，主要内容包括工作量、人工成本、材料成本、维修时间、维修设备、运输工具和总成本等。编制过程中使用专用软件和法国国铁维修历史成本参考数据库信息。报上级审核、平衡、批准后，按上级批准的预算由维修段组织协调各维修工区研究确定维修内容、配备多少人员、委外工作量、时间和维修设备等，制订预算范围内工作–时间计划。

③ 短期维修计划。从维修实施前一周开始编制，由地区调度中心的维修办公室负责组织协调制订。主要按照长、中期维修养护计划的内容和要求，考虑运营生产的实际情况，征求各方意见，协调各方冲突，整理资料将维修计划落实到实际运行图上，交调度台具体执行。

(4) 养护维修设备。

法国国铁后勤物流段：各种维修工程设备。法国国铁所有施工维修设备的养护维修工作由后勤物流段负责。

综合维修段：3 级捣固机（每小时捣固 300 m）、2 级岔区捣固机、小规模平整机（10 m）、轨道车、接触网工程车、公铁两用车、装有照明设备的线路夜间巡视车、接触网维修公铁两用车。

特种设备段（面向整个国铁）：轨道检查车、钢轨探伤车、大型除杂草车、桥梁工程检测设备、隧道明洞检视车、换桥面设备。

委外企业：1 级大型捣固机（每小时捣固 1 000 m）、2 级岔区捣固机、3 级捣固机（每小时捣固 300 m）、钢轨打磨车、换轨工程车、道岔更换工程车、清砟设备工程车。

为避免紧急情况下严重影响运营生产，法国国铁在每条高速线上都布置了一个救援备用物资贮备处，主要存放一些较大和重要的部件，如道岔、钢轨等。由于 TGV 北方线周围存在战争时期遗留物，有时租用直升机进行巡视检查。在建设 TGV 东部线时，为方便养护维修，每 10 km 安排一处公铁两用车出入便道，专门用于维修装备进出。

(5) 维修天窗设置。

法国高速铁路高速线维修天窗分白天和夜间两个时段，各种基础设施的养护维修工作主要在夜间进行，白天进行定期预防性养护工作。夜间从 23：30 至凌晨 5：30 开设 6 h 的矩形维修天窗，实际维修工作时间为 4 h 左右，其他为准备、设备到位和撤离时间。

维修工作计划中明确规定维修内容、工作时间、工作量、维修地点和设备位置等信息，维修进路全部由信号员按照安全规程办理。

维修工作完成后在天窗时间内开行 160~170 km/h 的确认车，主要确认是否能以 160 km/h 运行、车载 TVM 信号系统是否工作正常和线路上是否有障碍物。

法国高速铁路白天设 1 h 左右的 V 形维修天窗用于道岔控制设备调整、润滑和步行巡道。法国国铁明确表示，不能取消白天 V 形天窗，主要是因为视线原因。法国国铁认为，即使夜间解决了照明问题，但还有很多缺陷检测不到。规程规定，检测车只能对线路检测，道岔区只相信白天人工检查结果。但随着维修手段的更新、理念的改变，基础养护维修工作正朝着取消或是缩短白天天窗 1 h 的方向努力。

(三) 德国铁路客运运维管理基本情况

1. 运营管理情况

20 世纪 90 年代，德国铁路按照股份公司的组织模式创建了德国铁路股份公司（DBAG，简称德铁股份公司、德铁），按照股份公司法准则进行商业活动。基础设施和货运、长途客运和地区客运分别由控股公司下属的各个独立的股份公司负责。各公司之间是所谓的"财务分离"关系，独立运营、财务清算。

德国 1991 年建成并开通了慕尼黑至斯图加特、汉诺威至维尔茨堡高速线路，且新建高速铁路是和既有线联网经营，客货混运，高中速混跑。基础设施股份公司负责新线路修建、线路扩建、更新改造、线路养护和运营管理，投资由政府负责给予财政支持。

德铁股份公司现有五大主要公司：一是路网公司（DB NETZ AG），

负责德国铁路网的建设和维护、线路使用权的管理、铁路运行计划制订及编组站的建设管理等；二是客运及旅游公司，也称长途客运公司（DB REISE &TOURISTIK AG），负责远程旅客运输组织；三是地区客运公司，也称短途客运公司（DB REGION AG），负责近距离旅客运输组织，包括城市轻轨、地铁及有轨电车等；四是车站和服务公司（DB STATION&SERVICE AG），负责车站管理及对外服务；五是物流运输公司（原 DB CARGO，现扩展为 STINNES AG），负责物流运输组织、有关机车及车辆管理等。

德国铁路客运由长途客运公司和短途客运公司负责，这两个公司是隶属于德国铁路股份公司的五个全资子公司中的两个。由于德铁争取政策环境的需要，这两个公司对外是两块牌子，但为了便于集中管理，内部组织机构合署办公，总部均在法兰克福，职能部门较少，仅设有市场/营销、生产/技术、财务/监督、人事 4 个职能部门。

为解决管理跨度问题，长途客运公司除法兰克福总部外，在科隆、汉堡、法兰克福、慕尼黑、柏林设 5 个地区分部，组织跨州客运服务；短途客运公司在全国设 9 个分部及 2 个市郊铁路公司，组织州内客运服务。

2. 维 修 体 制

德国铁路实行网运分离，基础设施归路网公司负责。铁路养护维修就德国路网公司整体来看属于"管、检、修"合一模式。德铁未专门针对高速铁路设置专门的基础设施养护维修机构，而与既有铁路实行共用。

路网公司在柏林设立了中央调度处，其任务除了统一调配大型养路机械和工程机械外，还负责计划和确定进行跨地区调配和交换资源的开始时间以及制订短期应用计划。中央调度处全天 24 小时有人值班，为路网公司内部合同委托人和路网维修部地区分部施工人员做协调工作。

就路网设施的维修而言，德国路网公司内部参与或涉及的单位有：路网设备管理部、路网运营部、路网维护部和路网维修部。

(1) 路网设备管理部。

该部对隶属于德国铁路路网公司的长途、人口和工业集中区网、地区网和编组站及技术处理站的维护和维修总负责。该部对基础设施的结构形式、质量标准进行决策，以便能从经济的角度，计算出在出售运行线和设备使用中预期得到的收入。因此，路网设备管理部起着"工程业主功能"。

(2) 路网运营部。

该部负责计划和实施德国铁路基础设施上的铁路运营业务，负责进行紧急情况管理，以及施工和运营的协调任务。

(3) 路网维护部。

该部作为路网设施维修管理部，负责检查、维护和排除故障任务；负责向公司申报为期几年、年度和季月维修施工计划，并按工程计划的框架，负责编制主要维修内容并以目录形式具体编写维护工作。

路网维护部的一项重要任务是在公司批准的维修工程框架计划范围内把维修工程任务委托给路网维修部。路网维护部与路网维修部之间通过 SAP R/3 合同委托计算机系统进行具体委托落实。

(4) 路网维修部。

该部可理解为服务公司，由维修部处长（路网公司的董事）领导。该部的基本任务如前面所述，是排除故障、消除错误/缺陷和按计划进行维修。

路网维修部在全路按地区设立了 6 个子机构（路网维修地区分部），但这些机构不属于路网公司在各地区的子公司，因为其任务经常要求跨越地区路网子公司的管辖范围。在每个路网维修地区分部都设立了调度处，由合同控制、成本核算和工作准备人员组成。该调度处是德国铁路路网维护部的第一对话伙伴，也是德国铁路路网维修部的合同承包人，一年 365 天每天 24 小时值班。路网维修部对授标委托的任务采用"自己干或买服务"的策略，大部分任务自己完成，部分任务交给路外公司完成。由路外公司完成的任务，德国路网公司的施工监理部负责协调。

路网维修地区分部组成单位有：工程结构物整治、轨道结构、轨道焊接和信号设备。在内部,路网维修部与德国铁路公司总部的有关职能部门合作,对工程结构物、轨道、钢轨焊接施工工点任务和信号维修工程任务进行招标、授标和贯彻实施。

(四)西班牙高速铁路运营管理基本情况

1992年,为举办巴塞罗那夏季奥林匹克运动会和塞维利亚万国博览会,连接首都马德里和塞维利亚间的471 km高速新线完成,开始运行最高速度为250 km/h(现在300 km/h)的高速列车。西班牙这条高速铁路,其车辆采用法国的TGV(大西洋线用),信号方式采用德国的LZB(交差感应线)技术。此外,这条高速铁路采用和西班牙国铁既有线轨距(1 668 mm)不同的标准轨距,这样,将来可以直接连通于法国的欧洲高速铁路网(徐自力和董春斌,2006)。

西班牙高速铁路由RENFE负责规划和建设,高速铁路单独成立运营公司,如"AVE",马德里—巴塞罗那高速铁路建成运营后将成立新的运营公司。

(五)韩国高速铁路运营管理基本情况

韩国高速铁路建设公团负责高速铁路的筹资和建设,原计划也是由该建设公团负责运营。但随着韩国铁路整体改革的推进,高速铁路的建设由韩国铁路基础设施局负责,设施维护转由铁路设施公团负责,客货运输由铁道经营会社承担,而安全管理则由韩国铁路基础设施局负责,由此形成"建运分离"的高速铁路建设运营模式。

韩国高速铁路建设局(KHRC)的任务是负责建设高速铁路,包括购买机车车辆及通信信号等设备,原计划还要负责高速铁路通车后的运营。但之后,韩国高速铁路局于2004年1月1日建立了铁路建设公司——韩国铁路基础设施局(KRIA)。同一天,韩国高速铁路建设局自动解散,它所有的资产和债务全部转移给韩国铁路基础设施局(吴迪,2011)。

二、高速铁路欠发展国家的运营维护管理模式

"一带一路"所覆盖国家较大部分是铁路发展落后或高速铁路发展经验不足的国家。

（一）俄罗斯

俄罗斯联邦国家铁路网在苏联解体前就已经形成，占苏联路网总长度的 59.3%。路网布局主要集中分布在人口稠密和经济发达的欧洲部分，约占俄罗斯铁路路网的 80%。苏联解体后，俄罗斯成立了国家铁路公司，该公司的所有权从国家变成私人，每一个州或者共和国均成立了当地铁路分公司，但分公司不具备调度权，国家铁路公司下辖专门调度公司指挥全国路网车辆运行。2011 年，俄罗斯铁路运营里程为 8.52 万千米，以轨距 1 520 mm 宽轨线路为主。其中，电气化线路 4.33 万千米，电气化率 50.8%；复线 4.32 万千米，复线率 50.7%。

目前，俄罗斯在建的高速铁路为"俄罗斯一号高铁干线"，连接莫斯科和圣彼得堡，计划在 2018 年莫斯科世界杯前建成通车。2015 年 6 月，中铁二院集团工程有限责任公司与俄罗斯企业组成的联合体同俄罗斯铁路股份公司签署"莫斯科—喀山"高铁项目勘察设计合同，标志着我国在丝绸之路经济带的实践中迈出了重要一步。俄罗斯有着丰富的铁路运输经验，但是缺少高速铁路的运营维护管理经验，因此，我国必须抓住这一有利时机和广阔市场，在输出高铁建设和高铁车辆的同时，积极推销运营维护管理模式，做到高铁全产业的输出。

（二）中亚国家

2015 年 11 月 24 日，中亚区域经济合作（下称 CAREC）铁路工作组第一次会议在东京召开，会议主要讨论 CAREC 地区铁路发展面临的主要问题，审议本地区铁路战略发展报告，商讨推进铁路战略发展的优先行动计划等。CAREC 四个优先合作领域为交通运输、能源、贸易便利化和贸易政策。2015 年 4 月，CAREC 决定成立铁路工作组以指导 CAREC 区域铁路战略发展，协调推进 CAREC 铁路网规划和建

设，推动铁路互联互通，促进铁路运输便利化。

中亚国家阿富汗、阿塞拜疆、蒙古、巴基斯坦、哈萨克斯坦、吉尔吉斯斯坦、塔吉克斯坦、土库曼斯坦、乌兹别克斯坦等，铁路发展水平较低，但与我国有着频繁的社会经济文化交流，尤其是经济贸易方面需要便利的铁路运输条件，有广阔的高速铁路市场需求。哈萨克斯坦铁路干线公司拥有全国铁路专用线的运营调度职能，但专用线的所属权控制在哈萨克斯坦铁路运输服务中心，两权分立的现状负面影响了哈萨克斯坦铁路管理和运营的整体布局。巴基斯坦铁路公司分为运营部和市场部，运营部负责客运、货运和基础设施建设，市场部包括采购部、机车车辆厂、客车厂和修理厂等。在中亚国家（地区）的高铁输出中，必须考虑高铁的产业链输出，甚至要强调运营维护管理的输出，以此抢占中亚高铁市场并提高我国的高铁品牌竞争力。

（三）东南亚铁路发展规划

泛亚铁路（Trans-Asian Railway，TAR）是一个统一的、贯通欧亚大陆的货运铁路网络。亚洲有 18 个国家和地区的代表于 2006 年 11 月 10 日在韩国釜山正式签署《亚洲铁路网政府间协定》，筹划了近 50 年的泛亚铁路网计划最终得以落实。按照协定的规划，不久的将来，4 条"钢铁丝绸之路"构成的黄金走廊就可以把欧亚两大洲连为一体，纵横交错的干线和支线将编织起一个巨大的经济合作网络。

中泰贸易、投资和经济合作联合委员会第五次会议于 2016 年 12 月 9 日在北京举行，两国签署了包括铁路合作谅解备忘录在内的数份合作文件。根据两国最新的备忘录，泰中铁路曼谷—呵叻段计划于 2017 年初开工建设，大约三年内完工，而整条线路即曼谷—廊开线将在未来五年内实施建设。中泰铁路关系到中国与东南亚的互联互通战略，向北连接老挝万象、直达昆明，向南则通向马来西亚和新加坡，或将构成泛亚铁路规划的重要一环。中泰铁路合作包括四条路线：曼谷—坎桂、坎桂—玛塔卜、坎桂—呵叻以及呵叻—廊开，形成一个"人"字形，横贯泰国曼谷以北的南北国土。

三、国内高速铁路经营管理模式

(一) 四种模式简介

高速铁路（客专公司）是合资铁路公司，客专公司可采取的主要经营管理模式有自主自营、联合经营、委托经营和委托运输等形式。

(1) 自主经营。

自主经营是合资公司独立自主行使运输管理权和经营管理权的一种模式。合资公司独立承担运输生产经营，负责管辖范围内一切铁路运输业务。

(2) 联合运输经营。

联合运输经营是由合资公司与有关出资方、接轨铁路局及其他利益相关方联合承担运输生产组织，共同负责经营管理，并通过签订协议明确各自权利、责任、义务的一种创新管理模式。

(3) 委托经营。

委托运输经营是资产经营与生产经营相分离的一种模式。合资公司将合资铁路的运输专业管理、生产经营管理全部委托给相关铁路局，实行经营目标责任制。

(4) 委托运输。

委托运输管理是客专公司与相关铁路局达成委托运输管理协议，将客运专线的运输业务委托于铁路局，由铁路局承担客运专线的运输管理，负责编制运行图、组织行车等。双方通过签订委托运输管理协议明确各方的权利义务及委托运输管理的具体内容。根据中国铁路总公司的指导意见，委托运输管理的主要内容有：运输组织管理、运输设施管理、运输移动设备管理、运输安全管理、运输收入管理及铁路用地管理。

目前委托运输管理的模式有两种：一是资产全委托模式，即客专公司将其全部铁路线路资产委托于受托方（客运专线沿线铁路局）经营管理，作为受托方的铁路局以自己的名义经营管理线路资产，而客专公司只收取相应的收益（固定或者浮动收益）；二是经营委托，即客专公司只将运输经营权委托于受托方，作为委托方的客专公司仍保留独立的经营架构，此时，运输经营收益是客专公司的收益，客专公司只向受托方支付相应的经营报酬。

高铁线路建成后，如果由客专公司自身负责运输、组织、调度等，则对人力资源、技术、设备等方面的要求较高，也难以达到高速铁路的运输管理标准。因此，铁道部（2013年3月被撤销）于2008年12月颁布了《关于新建合资铁路委托运输管理的指导意见》，明确提出自2003年以来的新建合资铁路实施委托运输管理。2011年11月，铁道部修订并发布了《关于新建合资铁路委托运输管理的指导意见》。新发布的意见对委托运输管理的有关问题提出了规范性指导意见。

（二）四种经营模式优缺点比较分析

总结以上几种经营管理模式的优点及缺点，具体见表1.1。

表1.1 高速铁路四种经营管理模式优缺点比较

经营管理模式	优 点	缺 点
自主经营	1. 企业利益直接体现在经营管理上； 2. 企业管理权、经营权和决策权一体化，便于掌控企业的发展方向	1. 受公司规模大小的影响，有的线路较短，不能形成直接运输效益； 2. 同其他铁路接口较多，联合运输效率低； 3. 管理成本较高
联合经营（自主/联合经营相结合）	1. 各方利益比较明确； 2. 有利于更好实现企业的自主职能； 3. 有利于快速形成生产经营规模，降低运营成本； 4. 有利于充分发挥铁路网络运输的优势	1. 协调难度较大； 2. 不适合所有客专公司，受公司规模大小的影响
委托经营	1. 有利于充分利用市场机制，配置各种运输资源，提高运输效率，降低成本； 2. 有利于铁路运输的统一调度，实现路网联合运输	1. 运营成本核定比较复杂； 2. 增加了清算环节，可能形成二次纳税的情况； 3. 责任界定较为复杂
委托运输	1. 有利于客专公司快速形成运输能力； 2. 提高客专公司运营效率及效益； 3. 减少客专公司的人员配置及管理成本	1. 存在经营责任约束不力，委托双方权利义务责任不清； 2. 交易价格清算过程存在矛盾与冲突

国内目前投入运营的高速铁路大多采取委托运输管理的经营模式，如郑西高速铁路委托西安局和郑州局运输，京沪高速铁路委托北京局、济南局和上海局运输，沪宁城际铁路委托上海局运输管理。在此模式下，客专公司不必进行运输组织，无需配备运输作业及相关管理人员，而是将线路及设备的维护交由受托路局完成，由受托路局负责编制运行图、组织行车，这样不仅缩短了设备调试、相关技术人员培训所占用的时间，快速形成运输能力，而且有利于对运输资源的优化配置，保证运输安全。

四、国内外高速铁路运营维护管理模式比较

（一）国内外高速铁路运营维护管理归纳分析

法国、德国高速铁路的养护维修没有设立专门的管理机构，高速铁路与既有铁路的养护维修一并属于运营公司下的同一机构管理。日本新干线和既有线窄轨铁路大部分不能互通运营，JR东海公司和JR九州公司对新干线和既有线的运营、养护维修分开管理，JR东日本公司和JR西日本公司则仍然实行统一管理体制。

国外铁路由于国情、路情的不同，分别形成了不同的养护维修制度。日本高速铁路的检测与维修作业均外包，成为"管、检、修"分离的典型代表。法国高速铁路"管、检"合一，大部分维修业务委外。德国高速铁路则属于"管、检、修"合一模式，但大部分大修和部分计划修业务委外。"管、检、修"分离，有利于管理上相互制约，管理更加专业化，是今后的一种发展趋势。

高速铁路维修管理采取几级管理模式，与公司的历史沿革以及所管辖的高速铁路范围有关。JR东日本公司和JR西日本公司采取三级管理体制，而JR东海公司和JR九州公司则采用两级管理体制；法国形成了总局、地区局、综合维修段三级管理体制；德国只有路网公司、基层单位两级机构。随着技术装备的不断改进和优化，以及信息化水平的提高，国外铁路维修管理层次也有不断向扁平化发展的趋势，二级维修管理模式是一种趋势。

对于三级管理体制，一般而言，总公司（总局）维修管理部门主要负责维修技术标准、技术政策的制定和管理，以及中长期维修规划的编制等工作。分公司（地区局）维修管理部门主要负责辖区范围内的维修计划编制和管理。对基层单位而言，法、德两国高速铁路基层维修机构主要负责大型维修施工作业的管理、发包、检查和验收，以及线路的日常养护和小型维修等作业，日本新干线的基层维修机构也是管理机构，固定设备的检查、维修工作全部由协作公司承担。

各国高速铁路维修均采用在运行图中预留"天窗"的办法。日、法、德等拥有高速铁路的国家由于国土面积较小，线路长度相对较短，旅客列车开行均可安排在有效时间带内，夜间基本没有客运需求，天窗也基本在夜间设置。装备水平、管理理念、运输需求的差异性，导致天窗设置时间长短与方式有所不同。全部或大量采用有砟轨道的线路，为保证线路平纵断面的稳定与钢轨平顺性，普遍采用大型养路机械进行维修养护，天窗时间长短主要取决于工务维修作业时间。德国高速线由于客货混运且列车密度大，尽管天窗时间较短，但在该时段内仍组织少量货车单线运行。在维修制度方面，各国逐渐改变过去固定维修等级、固定维修时间周期的模式，采用更加灵活的维修体系。

（二）国内外高速铁路运营维护管理模式比较分析

运营维护管理模式主要包括运营管理体制和维修管理模式两部分内容，通过对国内外高铁运管修模式的总结，得出各国高铁的运营管理体制和维修管理模式的比较分析表，分别如表1.2和表1.3所示。

表 1.2 各国高铁运营管理体制比较分析表

国 家	运营管理体制
日 本	根据地理特征、客货流通情况等因素成立6个区域性客运公司和1个全国性的货运公司，实行带有竞争机制的"民营化"管理体制与组织形式。新干线运营管理基本独立于既有铁路的运行管理，将高速铁路的运营和既有线管理分开。设立"新干线运营部"和"既有线运营部"。新干线运营部下设规划部、管理部、运输营业部、车辆部、设施部、电气部等。

续表

国家	运营管理体制
法国	路网公司将运营管理和基础设施的维护管理委托法国国营铁路公司负责运营,并收取线路及基础设施使用费。 法国国铁实行总部、铁路局、段三级管理。国营铁路公司总部设公共运输部、客运部、运输生产部、货运部、运营基础部、财务及信息服务部、人力资源部和总秘书处八大职能部门。实行路网分离模式。
德国	按照股份公司的组织模式创建了德国铁路股份公司(DBAG),实行网运分离模式。目前,德国铁路股份公司主要有五大子公司:路网公司、客运及旅游公司、地区客运公司、车站和服务公司、物流运输公司,分别负责铁路相关事务。
中国	目前投入运营的高速铁路大多采取委托运输管理模式。客专公司只管理高铁建设与线路资产管理,将线路及设备的维护交由受托路局完成,由受托路局负责编制运行图、组织行车等运营管理。

表1.3 各国高铁维修管理模式比较分析表

国家	维修管理模式
日本	日本新干线的线路维修管理与检测、维修作业严格分离。检查工作全部由铁路公司承担;大规模施工与小规模施工全部通过合同的形式,承包给铁路公司以外的专业施工公司。大型设备及机具产权属各铁路公司,租借给承包公司,小型维修机具由承包商自行购置。铁路公司只设基地,不配维修人员。大型机械的日常管理、维修、作业及定期检修也都是通过合同的形式由各承包公司负责。
法国	法国高速铁路养护维修采用的是"管、检、修"部分分离的模式,"管、检"合一,大部分维修委外。法铁承担高速铁路基础设施的日常检测和养护维修工作(既有线的维修段负责牵引变电的养护维修,综合维修段负责线桥隧、接触网和通信信号的养护维修);大规模的维修工作外包给专业维修公司,根据签订的协议进行维修工作。
德国	德国高速铁路养护维修的特点是"管、检、修"合一,部分维修委外。基础设施的养护维修机构与既有铁路共用。设备的产权管理、检查养护、维修作业三权分离。设备产权管理与检查养护由路网公司负责。设备维修委托另外的公司进行。
中国	我国高速铁路维护管理实现总公司领导下的运营管理属地化、高级修理区域化和设备接管无缝化。不同的路局有不同的探索,目前形成多种模式并存的局面。

(三)国内高速铁路维修管理存在问题分析

当前,国内各个路局针对自身实际与特点,摸索并形成了高铁固定设备的维护模式。"一带一路"沿线国家大部分都没有高速铁路的建设及运营经验,在欧洲国家的高速铁路发展也存在模式不一的问题。我国高速铁路的产业链输出必须紧紧把握国外铁路的发展水平和高速铁路的发展需求,充分分析国外高速铁路的管理维护现状,积极输出高速铁路运营维护管理模式。

在理论研究上,国内关于高铁养护维修方面的研究相对滞后:① 已有研究多集中于高铁不同专业的维护管理。王邦胜(2013)分析了北京铁路局高速铁路工务维修管理优势、劣势、机遇和威胁,从维护管理组织和管理模式、规章制度建立、设备质量控制、生产流程管理、维修技术和方法、人力资源管理、高速铁路工务文化氛围等方面,提出了高铁工务维修的发展目标和建设体系。陈伟革(2012)分别分析了提速普速铁路、高速铁路电务维修工作特点,提出按照集中融合的管理思路推进高铁电务维修管理模式的探索。张华志(2012)对我国高铁供电维修的机构设置、工具及仪器仪表配置、安全检测监测技术等主要技术标准提出了合理建议。② 国内可查的高铁设备运营维护管理模式的探索与实践研究文献寥寥无几(贾华强,2012;马良民,2011),这些研究没有上升到对不同专业一体化的维护管理。

通过以上分析,总结出当前各种模式均无法完全满足高铁对维护提出的特殊要求,具体表现为如下方面:

(1)面临着既要通过精检细修来提高设备质量以保障运营安全,又要通过减少维护次数和时间来保证运输效率的两难境地,在高铁客流量日益增长和动卧开行的背景下,此矛盾将日益尖锐。

(2)现行高铁固定设备维护仍以现场工区为基本组织单元,设备质量采取分段分块负责,现场维护分专业单项作业,利用夜间天窗资源紧张和要点困难带来分散作业难度大、检修效率低、一次检修质量差等问题。

（3）现行高铁固定设备修程修制有待科学论证，提倡"状态修"和"周期修"相结合。若不依据运输实际需要和设备实际状态，按固定的检修周期、项目、方式进行维护，既造成一部分设备"失修"，又产生一部分设备"过剩修"和"重复修"（马锡力，2013；申建山，2013；陈勋，2013；陈阳，2013）。

（4）仍然主要依靠人工目测和主观推断的方法来判断设备状态及故障，缺乏高精尖、自动化、信息化的检修设备，以确保高精度、高速度、高质量的固定设备维护需求。

（5）现行高铁运营养护维护体制基本形成了按专业系统分工独立管理（因通信部门从铁路总公司剥离组建铁通公司，目前通信系统养护维修属于委外模式），虽然不同路局在多专业维护一体化方面做了大量积极的探索，但是现实上仍然存在许多不尽如人意的问题。

第二节 "一带一路"沿线的高铁运维战略需求分析

一、"一带一路"沿线的高铁运营维护管理发展现状

"一带一路"倡议的高铁"走出去"包括欧亚、中亚和泛亚三个方向（徐飞，2016）。① 目前俄罗斯在建的高速铁路为"俄罗斯一号高铁干线"，连接莫斯科和圣彼得堡，计划在2018年建成通车。2015年6月，中铁二院与俄罗斯铁路股份公司签署"莫斯科—喀山"高铁项目勘察设计合同。俄罗斯有着丰富的铁路运输经验，但是缺少高速铁路的运营维护管理经验。② 中亚国家阿富汗、阿塞拜疆、蒙古、巴基斯坦、哈萨克斯坦、吉尔吉斯斯坦、塔吉克斯坦、土库曼斯坦、乌兹别克斯坦等，这些国家有广阔的高速铁路市场需求。哈萨克斯坦国内铁路设施一直实行多头管理、分散经营的管理模式，铁路干线公司拥有全国铁路专用线的运营调度职能，但专用线的所属权控制在铁路

运输服务中心，两权分立的现状影响了铁路管理和运营的整体布局。乌兹别克斯坦、塔吉克斯坦、土库曼斯坦、吉尔吉斯斯坦等国家普遍缺乏必要资金对其铁路进行正常维护和更新，因此，中亚铁路网普遍存在设备陈旧、技术落后等问题。巴基斯坦铁路因缺乏更新和维护，老化情况严重，维护管理经验不足。③ 泛亚铁路对基础设施、制造业和资源开发的拉动和溢出效应最为明显。2016年1月21日，由中方设计承建的印度尼西亚"雅万高铁"项目正式在印尼瓦利尼开工。2015年12月2日，在万象举行老挝铁路工程奠基仪式。目前老挝没有铁路，也几乎没有能修建铁路的技术工人，老挝的铁路项目基本上属于"交钥匙项目"。2016年12月，中国和泰国签署了包括铁路合作谅解备忘录在内的数份合作文件。根据两国最新的备忘录，泰中铁路曼谷—呵叻段计划于2017年初开工建设，大约三年内完工，而整条线路即曼谷—廊开线将在未来五年内实施建设。

通过上述分析，"一带一路"沿线大多是欠发达或高速铁路发展经验不足的国家和地区，因此高铁"走出去"的策略应是高铁全产业链输出。由此可见，当前迫切需要研究如何输出中国高铁运营维护管理模式，然而遗憾的是，该领域的研究成果极为欠缺。孙群提出应结合各国实际情况选择受托承包运营或协议联合运营管理模式（孙群，2015），但是该篇文章未能上升到结合目标国的路情、经济、社会因素解决如何匹配的问题。

通过对研究现状的梳理发现，"一带一路"沿线国家和地区大部分缺乏高速铁路的建设及运营维护经验。中国应加快从机车出口到工程建设再到运营维护管理、人员培训的全产业链输出，当务之急是开展高铁运营维护管理模式的输出研究。

另外，"一带一路"沿线国家大多铁路建设管理基础薄弱，本土技术管理人才匮乏，难以支撑本国铁路事业的发展。上个世纪70年代，中国最大的援外成套项目——坦赞铁路，在投入运营40年后，随着受过中国培训的老一代职工逐步退休，现今出现维保不力、管理混乱等一系列问题，值得我们深思。因此，中国高铁"走出去"应当同步推进铁路教育"走出去",为目标国培养储备本土铁路技术管理人才,帮助目标国真正建好铁路、用好铁路、管好铁路。

据不完全统计,"一带一路"沿线国家和地区正在与中国洽谈修建的铁路总里程超过 16 000 km,按照 20 人/千米铁路定员标准测算,"一带一路"沿线国家将会产生超过 30 万人的人才培养培训需求。从长远来看,"一带一路"沿线国家轨道交通人才培养培训需求更加庞大。以埃塞俄比亚为例,该国规划了八大铁路线路构成的国家铁路网络。一期在建铁路为首都亚的斯阿贝巴至吉布提出海口的出海通道,约 740 km,已于 2015 年年底通车。二期建设计划在 2017 年开始,将新建阿瓦什—沃尔迪亚、沃尔迪亚—莫克来、莫约—阿瓦萨三段铁路,总长预计为 2 000 km。远期规划的还有沃尔迪亚—阿塞塔—塔朱拉、瑟伯塔—贝德乐等铁路,以及亚的斯亚贝巴轻轨二期等,总里程将超过 5 000 km。届时,埃塞俄比亚将形成非洲最大的铁路网,轨道交通人才需求达到 10 万人以上。

二、中国高铁"走出去"的方向和主要线路

2013 年 9 月和 10 月,习近平总书记提出共建"丝绸之路经济带"和"21 世纪海上丝绸之路"的重大战略构想,得到沿线国家的积极响应。"一带一路"发端中国,贯通中亚、东南亚、南亚、西亚乃至欧洲部分区域,东牵亚太经济圈,西系欧洲经济圈,覆盖 64 个国家近 44 亿人口,经济总量约为 21 万亿美元,在全球总量中分别占比 63% 和 29%。2015 年 3 月 28 日,中国政府发布《推动共建丝绸之路经济带和 21 世纪海上丝绸之路的愿景与行动》,全面阐释"一带一路"倡议的愿景理念、目标任务、机制行动,明确"一带一路"建设的核心是"五通三同"——促进政策沟通、设施联通、贸易畅通、资金融通、民心相通,建立利益共同体、命运共同体和责任共同体。

互联互通是时代潮流,是"一带一路"的基础和前提,在亚太经合组织(APEC)北京峰会上,习近平总书记表示,"如果将'一带一

路'比喻为亚洲腾飞的两只翅膀,那么,互联互通就是两只翅膀的血脉经络。"在铁路、公路、航空、管道、海路五位一体交通基础设施互联互通中,铁路以其基础性、经济性、公益性、社会性、支撑性、引领性等属性,以及安全、便捷、大运量、全天候等优势,必然成为交通基础设施互联互通的首要选择和优先领域,成为助推"一带一路"的主要力量。

(一)中国高铁"走出去"的方向

中国高铁"走出去"的方向是全方位的:西向欧洲并行两线远及巴黎,东向绕过大洋直抵美国,北面横贯莫斯科、柏林、伦敦,南经泰国延伸到新加坡。尤其是欧亚高铁、中亚高铁和泛亚高铁这三条线路,其战略布局意义非常深远。若能建成,届时中国、欧盟、俄罗斯和印度几个超级经济体所处的欧亚大陆乃至整个非洲大陆,将会通过高铁形成一个巨大的区域市场共同体。

2014年以来,在政府合作机制的推动下,由中国铁路总公司牵头的中国企业联合体"抱团出海"。印尼雅万高速铁路、俄罗斯莫喀高铁、中老铁路、中泰铁路、匈塞铁路、马新高铁等项目实现了项目落地,取得重大进展。短短两年内,中国铁路国际合作遍布世界各地,国际反响强烈。

在上述战略方向下,中国抓紧与"一带一路"沿线国家一道,积极规划建设中蒙俄、新亚欧大陆桥、中国—中亚—西亚、中国—中南半岛、中巴、孟中印缅六大经济走廊,搭建"丝绸之路经济带"的陆地骨架。交通部规划的中—老—泰、中—蒙、中—俄、中—巴、中—吉—乌、中—哈、中—塔—阿—伊、中—印、中—越等九大"一带一路"交通重点项目,基本构建起对内连接运输大通道、对外辐射全球的丝路走廊。

(1)中蒙俄经济走廊。分为两条路线:华北从京津冀到呼和浩特,再到蒙古和俄罗斯;东北从大连、沈阳、长春、哈尔滨到满洲里和俄罗斯的赤塔。中国"丝绸之路经济带"建设与俄罗斯跨欧亚大铁路改造、蒙古国"草原之路"倡议紧密对接，有利于加强铁路、公路互联互通，推进通关和运输便利化，促进过境运输合作。目前，中蒙俄经济走廊已开通"津满欧""苏满欧""粤满欧""沈满欧"等"中俄欧"铁路国际货物班列，并基本实现常态化运营。

（2）新亚欧大陆桥经济走廊。从中国江苏连云港、山东日照到荷兰鹿特丹港，国内由陇海铁路和兰新铁路组成，途经江苏、安徽、河南、陕西、甘肃、青海、新疆7省（自治区），从中俄边界的阿拉山口出国境，出国境后可经3条线路抵达荷兰鹿特丹港。目前，"连新亚""连新欧"班列已正式开通，新亚欧大陆桥已成为中国直通欧洲的物流主通道。

（3）中国—中亚—西亚经济走廊。从新疆出发，抵达波斯湾、地中海沿岸和阿拉伯半岛，主要涉及中亚五国（哈萨克斯坦、吉尔吉斯斯坦、塔吉克斯坦、乌兹别克斯坦、土库曼斯坦）、伊朗、土耳其等国。中国"丝绸之路经济带"建设与哈萨克斯坦"光明之路"、塔吉克斯坦"能源交通粮食"三大兴国战略、土库曼斯坦"强盛幸福时代"等国家发展战略紧密衔接，有利于深化区域国际产能合作。

（4）中国—中南半岛经济走廊。中国与中南半岛五国（缅甸、老挝、越南、泰国、柬埔寨）依托大湄公河次区域经济合作机制，共同规划建设泛亚铁路东线、中线、西线的全方位交通运输网络，以消除交通基础设施发展滞后瓶颈，促进区域经济一体化进程。目前，大湄公河流域国家正在建设贯通东西、连接南北的9条跨境公路，其中部分已经完工。从中国昆明出发、连通新加坡的南北道路已经畅通，贯通缅甸、泰国、越南的东西道路正在建设当中。

（5）中巴经济走廊。起点在中国新疆喀什，终点在巴基斯坦瓜达尔港，全长3 000 km，贯通南北丝路关键枢纽，北接"丝绸之路经济带"，南连"21世纪海上丝绸之路"，是一条包括公路、铁路、油气和光缆通道在内的贸易走廊。

（6）孟中印缅经济走廊。覆盖中国西南、印度东部、缅甸、孟加拉地区，是连接太平洋和印度洋的陆上通道。区域内铁路、公路、通信等基础设施互联互通,将加快区域内产业合作和贸易递增,带动东亚、东南亚和南亚三大经济板块联动发展。

当前,中国高铁"走出去"应紧跟国家"一带一路"建设步伐,结合六大经济走廊建设,加快推进贯通亚洲各次区域以及亚欧非之间的铁路网络建设,充分发挥铁路在促进区域资源流动、贸易往来、人文交流,推动区域经济一体化进程中的基础性作用。聚焦欧亚、中亚、泛亚三个战略方向,建设经俄罗斯进入欧洲的欧亚铁路,改变中国对外贸易长期以来对海运的依赖;建设经中亚到达德国的中亚铁路,拓展与欧洲和非洲内陆国家的经贸合作,形成物流黄金干线;建设从昆明出发,连接东南亚国家,一直抵达新加坡的泛亚高铁,打通向南出海口,形成向印度洋开放的新格局。

(二)中国高铁"走出去"的典型项目

2014年以来,在政府合作机制的推动下,由中国铁路总公司牵头的中国企业联合体"抱团出海"。印尼雅万高速铁路、俄罗斯莫喀高铁、中老铁路、中泰铁路、匈塞铁路、马新高铁等项目实现了项目落地,取得重大进展。短短两年,中国铁路国际合作遍布世界各地,国际反响热烈。

1. 印尼雅万高铁项目

雅万高铁项目是中国和印尼两国领导人亲自推动的重大项目。在国家有关部门的协调下,由中国铁路总公司牵头的中方企业联合体2015年10月16日与印尼企业联合体在雅加达签署印尼雅万高铁项目合资协议,项目于2016年1月21日实现开工奠基,成为中国高铁海外全面合作开工建设的"第一单"。

(1)充分了解印尼国情,创新合作模式。

印尼的地理特点为"海阔而地散",整个国家由5个大岛和30多个岛屿群组成,是世界最大的发展中国家之一,人口约2.5亿。印尼地区发展极不平衡,长期以来主要基础设施建设集中在中部的爪哇岛,而其他地区的基础设施建设较为落后。

佐科总统上台后许诺将致力于整个印尼的均衡发展，民意不允许政府对位于爪哇岛的雅万高铁项目再占用政府有限的财政预算。出于以上的原因，佐科政府始终主张对雅万高铁项目政府不投资、政府不提供担保。针对这样的条件，中国铁路总公司牵头的中方企业联合体经审慎研究，提出该项目采用由政府主导搭台、两国企业对企业进行合作建设和管理的高铁项目的 B2B 合作模式。该合作模式的特点：一是不直接或间接占用印尼政府的中央预算，由中、印尼企业通过资本金和中国国家开发银行进行项目融资的方式，解决项目的投资问题。二是由参与项目的印尼企业为项目的融资提供企业担保，从而有效解决了印尼方关切的国家担保问题。

选择这样的合作模式，是建立在对印尼国情、政情的充分理解上。中方提出的 B2B 合作模式，既照顾到印尼政府的诉求，又最大化地确保中方企业的权益，为在激烈的竞争中击败对手、赢得项目起到了决定性作用。

（2）优化项目交易结构，提升综合效益。

高铁项目具有投资规模大、项目建设期长、效益回收慢的特点，如何实现项目的盈亏平衡，并保证中方投资人取得收益，关键在于项目整体交易结构的设计。

雅万高铁项目连接印尼首都雅加达和印尼第四大城市万隆，全长 150 km，贯穿印尼爪哇岛中部人口稠密的重要经济走廊。据调研，印尼方有意结合雅万高铁建设，打造"雅万高铁经济带"，从而放大高铁辐射效应，带动沿线经济发展。结合印尼"雅万高铁经济带"的构想，中方企业深挖项目的经济附加值，完善项目的交易结构，实现中方企业的综合效益最大化。

一是提出与印尼方建立全系统、全要素、全产业链的合作关系，带动高铁产业链走出去。雅万高铁项目全部采用中国技术、中国标准、中国装备，中方参与勘察、规划、设计、建设、运营和管理的全过程。这种全面合作势必带动高铁产业链条整体走出去，为我国铁路企业下一步在印尼其他地区、东南亚乃至全球范围内争取到更多高铁项目起到了示范作用。

二是提出结合雅万高铁项目建设，进行 TOD（Transit Oriented Development）土地综合开发。TOD 是以公共交通为导向的土地综合开发。主要是以公共交通枢纽为中心、以 400～800 m（5～10 min 步行路程）为半径，建设集工作、商业、文化、教育、居住等为一体的城区，实现城市综合功能。

雅万高铁项目所在的爪哇岛约 12 万平方千米，人口总数高达 1.24 亿，属于世界上人口密度最高的地区之一。根据印尼社会经济发展阶段特征，为了弥补公共设施效益普遍较低的不足，中国铁路总公司组织的项目可行性研究提出进行 TOD 土地综合开发的设想，将中、印尼合资公司业务拓展为高铁建设运营、TOD 综合开发两个板块，以提高投资的整体收益率。目前，中、印尼合资公司已进行了 TOD 开发的可行性研究和规划，计划在瓦利尼车站附近的先行开工段结合印尼西爪哇省提出的瓦利尼新城规划，妥善筹划开展 TOD 综合开发项目。

（3）真诚开展跨文化合作，妥善处理公共关系。

"能攻心则反侧自消，从古知兵非好战。"任何基础设施都要植根于一片土地上，开展海外基础设施建设项目的重要挑战之一，就是投资者和承包商必须面对陌生的社会文化环境，承担项目所在国的社会责任，处理好与当地政府机关、商业伙伴、各类利益相关者之间的公共关系。在我国国际工程承包企业早期的海外项目中有过这方面的经验教训，中国企业的技术优势和辛勤工作不能取得当地人民认可，不被当地社会和民众信任和支持。针对印尼丰富多元的人文特征，中国铁路总公司带领的中方企业联合体团队在以下几个方面进行了努力。

一是树立"己欲立必先立人，己欲达必先达人"的互利共赢合作理念，不为一时一事的短期利益损害中、印尼合作的大局。从合作伊始就与当地合作伙伴、政府部门、利益相关者建立相互信任、真诚沟通的对话氛围，争取印尼各界对中国投资者的理解和支持，减少项目推进的阻力。

二是加强员工的跨文化交流能力培训，提高软实力。跨文化交流能力包括：对当地国情、政体、社会风俗、宗教信仰、商业习惯的理解和掌握，对当地语言的掌握和建立在上述知识、能力上的沟通和合作能力。首先是发动员工，特别是管理人员学习印尼当地语言，减少沟通成本。其次是制定工程建设管理规范，要求工程从各个环节减少环境污染，要求中方员工必须遵守印尼当地法律，尊重当地人的宗教信仰、生活习惯。最后是制订培训计划，推动双向交流，在中国对印尼政府部门、印尼合作单位管理者和技术人员进行有针对性的技术培训，增强双方在技术层面的沟通理解。

2. 俄罗斯莫喀高铁项目

莫斯科—喀山高铁项目是俄罗斯 2008 年颁布的《2030 年运输发展规划》的重要组成部分，全长 770 km，采用 1 520 mm 宽轨，设计最高时速 400 km，未来将延伸到叶卡捷琳堡。项目建成后，莫斯科至喀山的列车运行时间将从现在的 14 个小时缩短到 3.5 个小时。

（1）敏锐捕捉把握俄方需求，政府推动形成合作机制。

俄罗斯领土广袤，对快速交通体系有很大需求。长期以来，俄罗斯在高铁发展规划方面相比中国、日本、欧洲等国家和地区有较大差距。同时由于近年来俄罗斯周边政治外交环境的急剧变化，西方的政治围堵、经济制裁加上国际原油价格的大幅下跌，俄罗斯经济面临很大的挑战，因此从双边合作和资金需求上都需要来自中国的支持。对于中国高铁来说，这是进入俄罗斯市场的机遇期。

中国政府和铁路企业敏锐地捕捉到了这一新机遇。2014 年 10 月，在两国总理的见证下，中国国家发展改革委与俄罗斯交通运输部、中国铁路总公司与俄罗斯铁路股份公司签署四方高铁领域合作备忘录，计划共同推进构建从北京到莫斯科的欧亚高速运输走廊，优先实施莫斯科—喀山高铁项目。2015 年 5 月，在习近平主席和普京总统的见证下，中国国家发展改革委与俄罗斯交通运输部、中国铁路总公司与俄罗斯铁路股份公司四方签署《莫斯科至喀山高铁合作方式和投融资模式的谅解备忘录》，双方同意在俄联邦境内的高铁项目设计、咨询、装备生产和供应、工程施工、投融资领域全面开展合作。2015年6月18日，在中国铁路总公司牵头的双方企业合作机制下，中俄设计咨询联合体在俄罗斯圣彼得堡签署勘察设计合同，成为中国设计咨询企业走进传统铁路大国俄罗斯的第一单，拉开了中俄双方在莫喀高铁全面合作的序幕。

（2）掌握核心技术体系，迅速建立竞争优势。

俄罗斯的寒冷气候和冻土条件对高速铁路的建设和运营提出了很大的挑战。中国铁路总公司等中国铁路企业，通过不断地科技创新和建设运营实践，解决了寒冷气候和冻土条件下建设运营高铁的世界范围内的技术难题。2012年12月1日，世界上首条在高寒地区建设的高速铁路哈尔滨—大连高速铁路正式开通运营，哈大线上冬季最低温度达到零下40℃左右，沿线土壤最大冻结深度205 cm。哈大高铁的开通运营证明中国掌握了冻土路基处理技术、适应低温环境的高速动车组技术、低温条件下牵引供电和通信信号技术，形成了一套高寒地区高速铁路核心技术。上述技术的掌握和运营经验的积累为我国铁路企业进入俄罗斯市场提供了强有力的保障。

（3）输出中国标准，成为规则制定者。

长期以来，美国、日本、欧盟等国家和地区通过确立工业标准，致力于成为市场规则的制定者，建立国际市场竞争的优势地位。2015年2月，中国高铁技术国家标准《高速铁路设计规范》颁布施行，标志着中国高铁从"中国制造"走向"中国标准"迈出了关键一步。中国铁路总公司牵头的中国企业联合体通过铁路"走出去"致力于将中国标准推广应用于世界各国，努力使"中国标准"成为世界高铁技术体系的重要组成部分，并以此带动整个高速铁路产业链走出去。截至目前，已经确定实施或合作的雅万高铁、莫喀高铁、中泰铁路、中老铁路等项目，均决定采用中国标准和装备。

（三）中国高铁"走出去"面临的风险

显在与潜在、传统与非传统多重风险交织，中国高铁"走出去"

既有机遇又有风险,且传统安全风险和非传统安全风险相互交织,主要风险包括以下几个方面:

第一,地缘政治风险。"一带一路"沿线国家大多处于敏感复杂的社会转型阶段,内部政争、政党斗争、政局动荡、政权更迭等问题比比皆是,高铁项目建设通常要跨越几届政府,这其中的变数会大大增加。东南亚、中东欧是中国高铁"走出去"的重点地区,这些地区许多国家的政治形势十分复杂。若不能深刻洞察、全面分析东道国国内政治环境,把握其走向,将直接影响在这些地区开展"高铁外交"的效果与持续性,甚至连高铁项目自身的命运都难以掌控。

例如,中泰铁路合作项目就经历了一波三折。2013年10月,中泰两国签署《谅解备忘录》,"高铁换大米"项目启动。之后,因为泰国政局变动,英拉政府下台,泰国宪法法院判决项目违宪,中泰高铁项目完全停滞。2015年初泰国军政府又重新开始考虑中泰铁路合作,但合作项目由高铁变成普通铁路;2015年双方开启谈判进程后经过九轮协商,曾前后4次传出"即将开工"消息,但实际上开工日期却一再推迟。2016年3月25日,泰方突然宣布,自筹资金投资中泰铁路项目,线路缩短2/3以上,并且不建出境段线路。又如,全长210 km、设计时速300 km、项目总金额约44亿美元的"墨西哥城—克雷塔罗"高铁项目,因中标的联合招标体中的一家墨西哥企业被曝与墨西哥总统家庭存在利益关系,引起反对党和不少民众对于项目的质疑,墨西哥政府不得不宣布取消中标结果。

第二,社会风险。高铁在立项论证期、施工前、建设中、建成后的各个阶段均会面临一系列社会风险。在立项论证期,东道国的宗教信仰、民俗禁忌、社情民意、舆论导向和文化冲突等,容易引起充满狭隘民族主义色彩的负面炒作,甚至引发反华排华情绪和社会动荡。高铁的社会效益和生态环境效益也是论证阶段需要认真考量的重要因素。美国加州高铁的工期和规模之所以存在较大不确定性,主要就是遭到美国国内政治和环保人士的阻挠。高铁施工修建前,涉及占地、拆迁、补偿等公民切身利益,赢得当地公众的理解和支持至关重要。因为在国外土地多为私有，征地费用高昂，征地拆迁是矛盾和冲突易发多发的环节。中国与老挝达成共识的铁路建设计划，就曾因工程用地问题而遭到当地居民的反对，面临无法按计划建设的危险。在高铁建设中，通常业主国家对使用本国劳动力的比例有严格要求，因此要注意充分雇用当地员工，否则或将引发抗议、罢工等事件。高铁建成后，在加速跨区域人口流动，促进各个民族、不同宗教的族群交往的同时，也极有可能带来因流动性而产生的族群矛盾及教派冲突。

第三，安全风险。就世界范围来看，恐怖主义势力活动频繁，恐怖主义袭击事件多发。当"一带一路"沿线国家或地区局势紧张时，高铁很可能成为极端恐怖势力的攻击目标，从而使"一带一路"沿线国家或地区深受其害，以致人身安全都得不到保障。

第四，技术风险。"一带一路"沿线国家或地区气候地质条件复杂多样，国情社情千差万别，中国高铁"走出去"必然面临不同轨距和不同制式的基础设施与装备的互联互通，极端气候条件下基础设施与装备的适应性和可靠性，复杂地质结构区域和强震带的工程建设、安全运营与防灾减灾，不同宗教和文化背景下铁路的运输组织等一系列重大难题，这些都对高铁技术提出了新挑战。

第五，政策、法律和经营财务风险。中国高铁"走出去"将面临目标国市场准入、税收政策、主权担保产业政策、外汇管制、环保、专利、国有化、长期劳动合同、知识产权等政策法律方面的严苛要求和进入限制，还要面对价格、汇率、利率、税率剧烈波动的风险。发达市场的反垄断调查、跨国并购、国家安全审查、外资审查等监管要求和规制，也是中国高铁企业必须要迈的坎。在东道国建设和经营，还需直面招标条件苛刻、漫天要价、融资和运营分歧大、征拆和劳动用工等建设成本高、经济收益低于预期，以及低成本优势难以在海外普遍复制等诸多问题和风险。

三、中国高速铁路已成为国家名片

每一个国家都有自己的品牌,就像美国飞机、德国汽车一样,高铁也已经成为代表中国强大的一张闪亮名片。世界上最长的高速铁路、技术最先进的高铁、第一条高寒铁路……在世界高铁发展史上,这些成就绝对让各国刮目相看。特别是近年来,中国高铁企业频频在世界高铁市场达成意向,亚洲的新加坡、马来西亚、泰国,非洲的尼日利亚、南非,都考虑引入中国高铁。

过去,中国需要卖掉8亿件衬衫才能换来一架波音飞机,一直是国人心中的隐痛,说明制造大国亟须向品牌大国转变。今天,中国高铁创造了具有自主知识产权和世界先进水平的高速铁路技术体系,让世界刮目相看。

中国高速铁路走出了一条自主创新发展的新路子,实现了弯道超车,取得了举世瞩目的伟大成就,成为国家对外交往的靓丽名片。中国铁路企业"抱团出海",在发挥技术先进、安全舒适、兼容性强、性价比高等竞争优势的同时,实施持续创新、开放合作、高效协调,把先进技术标准与适应东道国国情需要结合起来。特别重视以人为本、可持续发展,着力建造绿色高速铁路,突出彰显高速铁路对节能减排的贡献。大力推进"本土化",实现共建、共赢、共享。

第三节 高铁运营维护管理模式理论研究分析

研究梳理国外高速铁路发达国家运营维护管理的经验,结合国内高铁运营维护管理实践,从国情、路情、机构、制度着手,结合不同高铁线路特点和发展阶段,分析高铁运营维护管理不同模式的形成机理,对比分析不同模式的优劣性。考虑到目标国运营维护需求的多样性，重新定义、固化出典型模式，揭示不同模式的演变规律。

根据第一节的分析，并在借鉴国内外客运专线和既有铁路运营管理经验的基础上，总结出我国铁路"走出去"的高铁运营模式可采用以下形式。

一、客运专线运营的可能模式

（一）一体化运营管理模式

按照机、车、工、电、辆一体化的管理原则，并遵照现代企业制度，组建上下一体化的客运专线公司，负责客运专线的建设、运营、维护和沿线相关产业的经营。在这种模式下，客运专线公司接受铁路总公司的指导、监督和检查，管理模式的基本框架如图 1.4 所示。

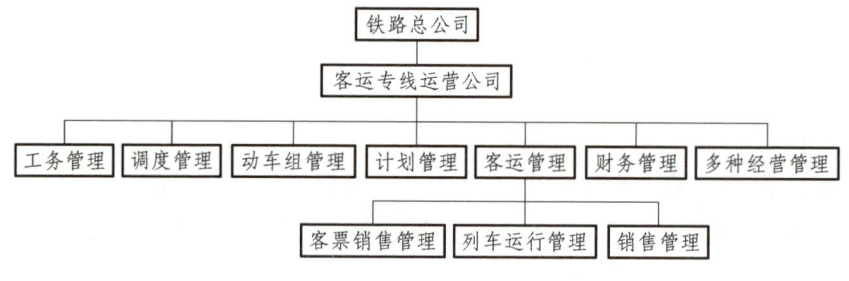

图 1.4　一体化运营管理模式基本框架

（二）网运分离模式

在铁路客运专线公司下设线路公司和运营公司。线路公司主要负责线路、信号的维修、养护，保证固定设备的质量，提供列车正常运行的所有条件；运营公司主要负责线上全部列车的客运服务，合理地组织列车运行，最大限度地开拓市场，向线路公司支付基础设施使用费用。其基本框架如图 1.5 所示。

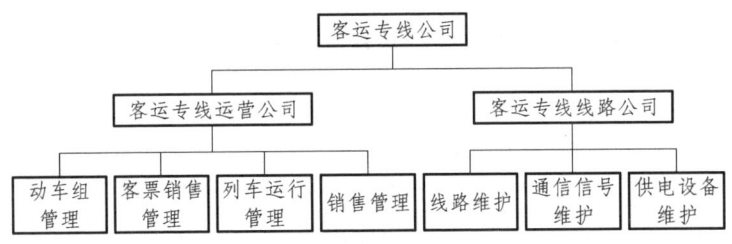

图 1.5 网运分离模式基本框架

（三）委托运营管理模式

客运专线公司由于在成立初期没有相应的人员和设备来完成客运专线的运营，因此，将客运专线的运营管理委托给既有铁路管理部门。在不打破既有铁路管理部门结构的基础上，由既有铁路管理部门对客运专线的运营进行管理，包括对旅客运输、基础设施、线路维护的综合管理，但客运专线的运营成本和运营收入应单独核算。其基本框架如图 1.6 所示。

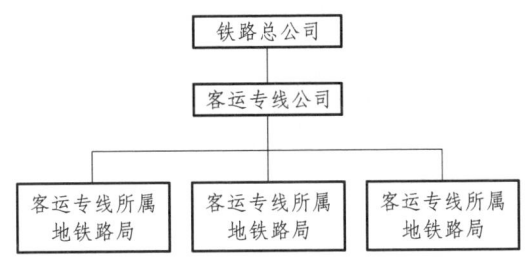

图 1.6 委托运营管理模式基本框架

二、客运专线运营可能模式的比较分析及建议

对客运专线运营可能模式进行比较分析，如表 1.4 所示。

表 1.4 对客运专线运营可能模式的比较分析

可能模式	优 点	缺 点
一体化运营管理模式	1. 符合市场经济发展的大方向,有利于建立企业法人制,拥有独立的法人财产,成为自主经营、自负盈亏、自我发展和自我约束的运输生产企业; 2. 有利于发挥整体功能和经营优势,使客运专线走向市场,与其他运方式展开竞争; 3. 管理直接简单、政令畅通,提高了管理效率,便于发挥客运专线的整体功能; 4. 一体化管理降低了交易成本; 5. 较完整地确保了客运专线公司法人的地位、自主经营	1. 初期客运专线公司需要新增机构多,需要新增人员量大,投资大; 2. 不便于公司细化成本和成本分析,同时也不利于吸收社会资金和引入竞争机制; 3. 既有线和客运专线的跨线运输问题难于协调; 4. 在客运专线发展初期,客运专线公司的设备、人员配置达不到要求,因此该模式在客运专线发展初期操作性不强
网运分离模式	1. 线路和运营的分离可以使得管理权限和职能更加清晰,为社会提供较为优质的服务; 2. 划小了核算单位,细化了管理,有利于成本控制和经济效益的提高; 3. 便于理顺产权关系	1. 协调工作量大,增加了交易费用; 2. 运营和基础线路的分离使得运营难以根据客运量的变化调整基础设施,同时对运价也很难自主决定,无法真正做到公司化运作; 3. 既有线和客运专线的跨线运输问题难于协调; 4. 在客运专线发展初期,客运专线公司的设备、人员配置达不到要求,因此该模式在发展初期操作性不强
委托运营管理模式	1. 能够利用既有铁路管理部门的管理经验和人员,节约投资费用; 2. 与现行铁路管理体制结构相似,便于过渡,可操作性强; 3. 有利于合理使用既有线和客运专线的运输能力,容易协调发展初期既有线和客运专线的跨线运输问题	1. 加大客运专线公司和既有铁路管理部门之间的沟通难度; 2. 一条客运专线涉及多个既有铁路管理部门时,协调工作量将大量增加,可能会产生更多矛盾; 3. 不利于费用的清算,收益分配复杂

通过对上述 3 种客运专线运营可能模式各自优缺点的分析比较，建议客运专线运营发展初期采用委托运营管理模式。委托运营管理模式具有以下 6 个方面的重要意义：

（1）客运专线在我国处于起步阶段，没有完全适合于我国的成熟经验可以借鉴。采用委托运营管理模式能够利用既有铁路管理部门的成熟经验，解决客运专线公司没有相应设备和管理人员的问题。加上该模式与既有铁路管理体制结构相似，便于过渡，可操作性强。

（2）有利于效率、效益的提高。委托既有铁路管理部门进行管理，实行运输生产统一集中调度指挥，有利于提高运输效率，同时充分利用了既有铁路管理部门的设备、人力等资源，客运专线公司减少了投入，精简了机构，降低了运营成本，提高了效益。

（3）有利于合理使用既有线和客运专线的运输能力以及既有线上的客货运设备。

（4）有利于既有铁路管理部门内部各部门之间的协调及规章制度的统一执行。

（5）有利于客运专线运输安全的有序可控。

（6）既有铁路管理部门负责客运专线公司委托的生产经营专业化管理业务，客运专线公司履行资产经营管理业务，既有利于实现铁路运输行业的专业化管理，又维护了客运专线经营主体的法人地位与作用。

三、中国高铁运营维护管理典型模式的提档升级

当前，我国各铁路局在铁路改革的背景下进行了富有成效的高速铁路一体化改革试点，各个路局也在积极探索适合自己的运营维护管理模式。通过对国内高速铁路设备运营维护管理情况的调研分析与归纳，按照将运营管理体制和维修管理模式相融合的思想，提出将高速铁路运营维护管理模式分为混合管理、专业管理、综合管理、委托管理四种模式。

(一)混合管理模式——郑州铁路局

混合管理即在既有站段机构下,在段内成立高铁专业管理机构或依托既有机构模式实施普铁与高铁统一管理。

以郑州铁路局的郑西高铁和京广高速铁路河南段为例,固定设备维护管理模式均为既有线与高速铁路归属同一专业站段管理,在工务、电务、供电等专业站段一级成立高速铁路技术科,下设若干高铁车间和工区,专门管理和维护高铁设备,负责组织和协调各个高铁专业的综合天窗维护。

按照设备划界,仍然由既有线的专业设备维护站段负责其所属设备的维修,管理上还是由既有线路局业务部门负责指导。

(1) 优点:机构既有,模式成熟,风险较小,人员可以通过当前的"三项工程建设"班组优化,以存量换增量来解决(主要由于高铁线使用大量的先进技术,人员需求比既有线要小很多)。把高速铁路归于既有线管理,容易调用充足的劳动力补充到高铁维护工作上,在财务上也可以相互支持,同时可以挑选业务水平高的员工从事高铁维护,部分检修设备可以相互调配。

(2) 缺点:高速铁路和既有线混合管理,仍然由既有线的专业设备维护站段负责其所属设备的维修,管理上还是由既有线业务部门负责指导,容易出现管理界面的模糊。高速铁路工务、电务、供电三个专业分别属于既有线站段的管理,没有形成一体化的高铁专业管理模式,即高铁的检修没有突出专业化。高铁与既有线的检修作业计划在安排上可能存在冲突,对于既有设备站段来讲,对高铁设备的接管似乎在无形之中增大了安全管理压力(马良民和顾建华,2011)。高铁多采用夜间停运维护,时间固定且较为充裕,与既有线"天窗"时间有所不同,导致劳动组织、作业编制等也有所不同;即使在设备站段单设高铁管理部门,由于混合模式管理,对综合管理人员的要求较高(成本核算、人员管理等)。

(二)专业管理模式——北京铁路局与成都铁路局

专业管理即专门成立高铁工务段,在工务段增设检查监控车间(或线、桥车间下设工区)负责设备检查监控工作;在车间一级组建机械化养路工区和专业维护队伍,负责完成经常保养、大机配合(或大机覆盖不到的综合维护)以及曲线、道岔、钢轨焊接接头专业维护项目;工区负责临时补修和设备巡查等项目(陈东生等,2012)。

北京铁路局成立高铁工务段负责北京局管辖范围内无砟轨道高速铁路、联络线的线桥设备养护维护工作。成都铁路局成立高铁工务段,将路局管辖的高速铁路线路的工务作业全部纳入到高铁工务段内,对管辖范围内的工务作业实行统一管理。

该模式将高速铁路工务专业独立出来统一管理、专业管理,突显了工务专业的主体地位。

(1)优点:将高速铁路工务专业独立出来,进行高铁专业化管理。区别于既有线的混合管理模式,高铁特点更加鲜明突出,根据高铁运营特点制订维护作业计划,方便安排、及时指导,很大程度地提高了高铁工务作业的效率。成立高铁工务段能够将管辖内的轨道线路实行统一管理指挥,使得工务检修作业管理有效加强,检修机械合理调配,作业人员合理安排,提高了高铁工务检修作业水准,实现了工务作业专业化,避免了与既有线混合管理在财务、机械、人员调配上的不便。

(2)缺点:将高铁工务专业独立出来成立高铁工务段,而其他专业仍是按照传统各专业分工独立设置管理机构的方式,使得同一层管理机构按专业重复设置,容易出现各专业系统之间的工作衔接和协调不畅,资源不能共享等问题,从而使管理工作的效率降低。而且天窗维修作业中的专业协调问题没有更好地提高效率,电务、供电专业还是归属于既有站段,没有实现一体化,易造成管理上的混乱。

(三)综合管理模式——上海铁路局

综合管理有三个方面的含义:一是指工务、供电、电务等三类基础设施的维修作业人员,在同一个综合维修天窗内,在统一协调和调度指挥下，完成不同专业的在线维修作业；二是使用同一个维修基地完成各种维修作业，停放各类检测与维修作业车辆、机械及材料运送车辆、堆放材料等；三是各级基础设施的管理机构都包含三类专业人员，即三类基础设施的管理机构合并设置在一个地点，生产计划统一下达，生产组织统一实施，设备、材料统一采购与使用，各专业的业务关系以上下级对口管理为主，三类基础设施在综合维修天窗内维修工作关系的协调及行政关系以同级管理为主。

上海高铁维护段目前承担着沪宁、沪杭、宁杭三条高铁工务、电务、供电（接触网）等基础设施的养护维护任务。下设沪宁城际、沪杭高铁、宁杭高铁三个综合维护车间，工务、电务、供电三个专业构成跨专业作业小组，在统一组织和调度指挥下，完成养护维护任务。上海高铁维护段的维护方式考虑了"三位一体"的人员组织，充分利用了三个专业的共同特点——基础设施、综合天窗、外部环境。相对来说，资源利用率更高，劳动效率更高，减少了三个专业的结合部。维护人员出行以轨道车为主，以汽车为辅，作业方式以工区为主，给每个专业小组布置、分配细致作业事项。

（1）优点：综合维护模式有利于分线管理。一方面是在维修活动中，各专业技术人员综合利用资源（即天窗时间、交通工具、配套设施等），减少了专业间的协调层次，强化了协作配合，提高了作业效率；另一方面是各种维修检测手段与信息资源等的综合利用（运营调度信息、设备数据库、故障信息、综合检测数据等），减少重复建设，减少结合部的沟通处理环节。以沪宁、沪杭、宁杭高速铁路为代表，组建工务、电务、供电跨专业作业小组，在统一组织和调度指挥下完成维护任务，加强了专业之间的协调配合、统筹专业之间的维修标准，还可以有效解决专业间结合部协同配合维护问题，提高了夜间天窗的综合利用效率。另外，综合维护管理模式由于行政关系隶属同一单位，多专业一地办公，节约了运营成本。

（2）缺点：各专业协调配合作业，一定程度上弱化了专业制约和监督管理。各专业协调配合作业，对于出现的安全问题不能很好地定责问责，需要创新约束机制和进一步细化综合作业项目管理。高铁综合维修段在一定程度上弱化了专业维修和专业管理，易降低员工的责任意识。另外，从目前来看，还缺乏大型施工作业（大中修、更新改造等）力量，维修业务范围比较狭窄。

（四）委托管理模式

委托管理即高速铁路公司与相关铁路局签订委托运输管理协议，确定委托运输管理的范围、内容、双方责权，规定收入、费用发生和结算方式，划分安全管理责任，以及双方履责期间劳动用工、土地管理和知识产权等有关事项，通过协议将高速铁路的运输生产工作委托相关铁路局完成，实现高速铁路公司资产经营与运输生产经营的分离。高速铁路公司负责资产经营，受托铁路局只是一个受雇的铁路运输生产专业管理的单位，根据高速铁路公司下达的预算和生产任务指标，完成委托的工作，收取委托管理费。委外维护可采取多种操作方式，可由高速铁路公司直接与第三方维管公司签订委管合同（路局监管），或由路局作为主体维护管理单位与第三方维管公司签订委管合同，或由高速铁路公司、路局、第三方维管公司共同签订三方合同等。

京沪高铁由京沪高铁公司作为甲方将牵引供电、电力设备及信号通信设备委托中铁电气化工程局进行维护管理，并委托乙方上海铁路局监管。中铁电化局京沪高铁维管公司在上海局管辖范围内设蚌埠维管段、苏州维管段。

上海铁路局其他委托运行维管区段均是由路局作为甲方将牵引供电设备委托于中铁电气化铁路运营管理有限公司。该公司在上海设立上海维管处，下辖徐州、合肥、南京、杭州维管段。上海铁路局将维管段比照站段管理的模式纳入路局日常的安全生产、专业管理、运输调度、应急抢修指挥体系，同时授权路局供电段对维管段实施监管。

（1）优点：对于需要耗费大量人力、物力、财力，以及对维护质量标准有较高要求的采取委托外包的形式，减轻维护部门人员、技术方面的压力，更有益于设备的专业化维护和延长使用寿命。例如高速铁路牵引供电工作采用委托管理与路局自管自修相结合的模式,高速铁路公司、铁路局、中铁电气化工程局签订三方委托合同,并明确各方职责。由中铁电气化工程局负责对牵引供电设备、线路以及信号通信设备进行部分维修工作,并由供电段下的监管车间负责供电设备监管以及对委托维修单位的日常监督工作。铁路局、供电段以及供电段下的若干车间、工区负责供电设备设施的日常监测、巡视、检测、抢修等工作,即委托单位除进行部分维修外,其他维护工作都由铁路局相关部门进行。

(2)缺点:委管协议的签订容易出现不规范问题(没有规范化的委管协议文本,委管协议签订时间滞后);委托维护管理细则有分歧,有待强化,例如将部分维修业务外包,需对承包商加强管理,增加额外管理费用;委管实施模式的推行,目前还存在行政干预现象;将大修和专项整治委托外方负责,铁路局对线路的安全状态把控能力有所下降。

第四节 结　语

中国高铁目前共存的四种典型模式(混合管理、专业管理、综合管理和委托管理)是由不同路局在高铁运营维护方面摸索得出的重要成果,建议高铁运营初期宜采用混合管理模式,高铁运营稳定后宜强化专业化管理(专业站段管理或委托维护管理),高铁运营维护技术成熟和成网后宜结合线路特点分区域实行综合维修管理模式,将来宜进一步论证并提升一体化模式。建议参考借鉴其他国家的经验,按照"程序化、模块化、精细化"目标,基于多专业一体化运营维护开展业务流程再造研究,以实现对典型模式的升级、固化。

鉴于现行四种模式在高铁固定设备维护方面存在症结,高速铁路在设备维护方面必须做出积极的探索及改变。

(1)从强化高铁运营维护安全监管、提高维修质量、完善设备检测、重视高铁设备新技术方面的人才培养入手，确保高速铁路设备质量的高度可靠。高速铁路维修和既有线的维修是有本质区别的，主要在工作内容、维修周期、维修天窗设置形式、维修精度要求等方面，此外，既有线维护以工务的人数为最多，而高速铁路则以电务维护的人数为最多。因此，传统的"检修合一"模式已不适用。在分析借鉴国外高速铁路养护模式的基础上，我国高速铁路应以"检修分离"为目标，划清各个工区的职责，使检查养护和维修形成互控，客观、真实、全面地反映设备状态，从而充分提高各项作业的效率，同时有利于职工专业化维修水平的提高。应大力倡导"零故障、零缺陷"的维护理念，以安全、先进、可靠的运输设备为基础，以更多、更先进的检查监控信息系统为支撑，强化高铁维护专业化水平，确保高速铁路运营设备的安全运行、高效率使用。

（2）从机构设置、管理制度、协调机制入手，从而避免不同站段间、不同设备维护专业间出现推诿扯皮现象。可参照高速铁路移动设备的动车所检修一体化管理思路，积极探索高铁固定设备运管修一体化模式，这是我国高铁设备维护管理发展历史上的重要里程碑，国内外均无参考经验。运管修一体化内涵非常丰富，总体来看，运管修一体化的重点就是要解决既有线与高速铁路的维护关系、各专业的天窗综合使用方法、各专业系统之间结合部的工作衔接和协作机制、各专业系统维修资源的共享与综合利用、高铁维护组织机构及业务流程再造等方面存在的症结。

高速铁路运管修一体化改革探索体现在站段、车间、班组三级相应的具体措施方面。站段一级的做法包括：成立专门的高速铁路维修段，负责高速铁路的运营，与既有线完全分开；也可以在当前模式下，建立完善的专业协调组织办法，强化落实监督；还可以实施业务外包，把全部的维修作业外包给专业化公司或者将部分技术要求高且难以有效完成的维修作业外包。车间一级的一体化改革有：在既有模式下，可以实行专业办公、生活一体化，这样方便了专业之间的协调，同时节省了开支；也可以实现专业间设备的共享，更好地利用维修天窗；还可以实现检修信息的共享，提高职工的综合维修水平，提高作业的技术水平。班组一级的一体化改革有：同专业的班组作业可以实现相互配合和帮助，不同专业之间的班组实现作业信息的共享，完善机制监督管理专业间协调作业；也可以尝试结合部的作业安全实行全责制。

（3）在高铁固定设备维保力量建设方面，积极探索市场化道路，逐步建成以路局为主导，联合建设单位、设备单位或第三方单位所构成的多元化、竞争态势的维保力量（维管段或维保公司）。

第二章 聚焦热点背后的互联网金融

互联网金融无疑是当今社会最热的概念之一，而互联网金融行业从不缺热点，也从不缺新进者。从被公认为互联网金融元年的2013年开始，再到万创疯长、相关政策相继出台和落地的2015年，从"猪皆可飞"的火爆繁荣，到抱团寻暖的低潮迷茫，中国互联网人在过去的几年里，经历了"资本的狂舞"，也感受了"寒冬的将至"，目睹了"列王的纷争"，也见证了"巨头的游戏"①。那么何为互联网金融？当互联网碰上金融，会是一个美丽的邂逅还是新一波的金融海啸来袭？是谁在引领互联网金融潮流？未来互联网金融的发展趋势又是什么？互联网金融发展存在哪些问题？如何合理监管互联网金融行业？

为了深层解读互联网金融这一时髦概念背后的若干问题以及行业战略投资布局，我们将为大家绘制当前互联网金融发展的全景图，从发展现状、存在问题、发展趋势以及有效监管四个方面全面解析我国互联网金融的格局。未来，互联网金融看哪里？本章有你想要的一切答案……

第一节 互联网金融概况

互联网金融具有双重属性，并不是简单的金融互联网化，它是利

---

① 2015年中国互联网创业投资盘点. [2016-01-15]. https://www.itjuzi.com/2015/.

用互联网等一系列现代信息科学技术实现资金融通的一种新的金融业态以及金融服务模式。随着互联网金融不断发展，各种模式分类层出不穷。在众多的互联网金融模式中，笔者根据互联网金融核心内在特征和商业模式，将互联网金融分为四大类业务板块：第一类是互联网支付类业务，包括银行利用互联网或移动互联网建立便捷的支付清算渠道，以及第三方支付公司。第二类是互联网融资中介类业务，包括P2P借贷和众筹股权融资。第三类是大数据金融，主要是指在大数据分析背景下开展的征信及授信活动，以及利用金融大数据进行投资以及风险预测。第四类是互联网理财媒介类业务，包括利用互联网优势，建立营销窗口，为客户提供一站式理财服务，充分打造和运用大数据资产，深入理解和满足用户的需求，实现金融精准营销。

互联网与金融的结合促使金融业不断快速发展，其关键在于通过互联网能够最有效地解决金融服务的本质需求。金融的本质是价值的跨时空转移，就是要解决资金需求者和供给者之间的货币资金转移问题，而互联网则可以最有效地通过账户的结算与清算来实现交易支付，处理价值的时空转移。金融另一个主要功能则是资产价值在不同期限上的配置，即金融资产的流动性转换。互联网通过全新的渠道，为客户提供高效、低成本的金融服务，从而实现不同主体、不同流动性资产价值的配置。除此以外，互联网技术可以很好地实现金融作为一种中介服务活动所要求的便捷化、自助化。通过互联网，每个人都可以成为一个网络终端或结点，发起或接收金融交易服务，实现不同主体之间信息的互联互通。在移动互联网的背景之下，这种服务不再依赖于时间、地点、环境可以自助完成，这极大地提高了客户的服务体验。即使是授信、开户这些原本需要在柜面的服务流程，也可以通过远程由客户与客户经理互动来实现，大大增强了服务的时效性。

互联网金融除了金融的功能属性、风险属性没有改变，与传统金融相比已呈现出一些本质上的区别，如金融的普惠化。与传统金融服务偏向"二八定律"里的20%高端客户不同，互联网金融关注更多的是80%的长尾小客户。这些小微客户的金融性需求既小额又个性化，在传统金融体系中往往得不到满足，而互联网金融在服务小微客户方面有着先天的优势，可以高效率、低成本解决用户的个性化需求。[①] 互联网打造的信息平台，使很多金融服务的边际成本趋于零，有效解决了金融服务于小额、分散的零售客户的高风险、高成本问题。由于借助网络对大量分散主体展开标准化、自助化服务，使金融服务更趋向于规模经济和范围经济。互联网技术大大降低了信息获取成本、信息清算成本、风险识别成本、客户管理成本，从而极大地提高了金融服务的价值创造能力。

据 Fintech Ranking 不完全统计，现在全世界共有 1 362 家互联网金融创业公司，分布在全球 54 个国家（或地区）。自 2010 年开始至 2015 年，全球范围内互联网金融公司总共募集了 497 亿美元的融资；仅 2015 年一年，这些初创公司就总共获得了 258 亿美元，平均每家公司融资额 4 400 万美元。根据花旗银行研究部门的一份最新报告，2015 年流向中国互联网金融初创公司的美国风险投资达到 74 亿美元。据麦肯锡发布的报告显示，截至 2015 年年底，互联网金融总交易规模超过了 12 万亿美元，总用户已经突破 5 亿人，对网民渗透率超过 70%，成为经济和社会体系中重要的构成部分。[②] 这一系列惊人的数据无不表明，互联网金融已经进入高速发展阶段。2015 年 7 月，国家推出了《关于促进互联网金融健康发展的指导意见》，意味着我国互联网金融业逐渐从野蛮成长走向成熟、规范。

第二节 互联网金融的发展现状

互联网金融作为最热的跨界话题，如果用三个词来概括其发展现

[①] 姚文平. 互联网金融：即将到来的新金融时代. 北京：中信出版社，2014：19-22.
[②] 逐鹿网. 一文读懂当今互联网金融的世界格局. [2016-04-15]. http://www.zhulu.com/article/11937.html.

状，就是：野蛮成长、百花齐放、百花争鸣。从阿里金融的横空出世到P2P平台的遍地开花，再到众筹网站的生根发芽，互联网金融模式在中国已逐渐成形。在喧嚣之下，人们对互联网金融的了解或局限于管窥蠡测的一隅，或停留在百花齐放的表象。为了揭开互联网金融神秘的面纱，笔者将从互联网金融的各细分领域出发，深度全面地解析当今互联网金融的发展现状。

一、互联网消费金融

所谓互联网消费金融，其本质还是消费金融，只是通过互联网技术，向各阶层消费者提供消费贷款的金融服务，是传统消费金融活动各环节的电子化、网络化、信息化，相较于传统消费金融，效率得以大大提升。互联网技术，尤其是移动互联网技术的发展，打破了时间和地域的限制，使得金融和商业的场景融为一体，但其中金融逻辑并没有发生变化，只是手段发生了变化。随着金融场景化的不断发展，互联网商业场景与金融可以无缝对接，并伴随出现很强的溢出效应。而在流量红利逐步消失的当下，如何精准把握未来场景才是关键。通过与用户密切相关的消费场景，可以提供优质的金融服务，消费金融企业可以通过在相关垂直细分领域、围绕产业链的深耕细作，积累大量忠实的用户，掌控优质资产端，不断实现流量变现。

具备"现金为王"天然金融属性的零售商们，比如苏宁、国美等传统零售商类，有充足的现金流、大量的未来的应收或者应付账款，同时又具有强大的网络规模效应，在他们的经营过程中往往会涉及消费、支付、物流等场景，而这些场景又天然地具有金融属性。为了更加充分地利用企业大量的现金资源，他们会很自然地转向金融服务。所以这就可以解释，为什么黄光裕最擅长资本运作，苏宁在巅峰时期为什么做房地产，京东金融可以成为一个万亿级的公司的内在逻辑。[1]

---

[1] 互联网＋及互联网金融的跨界场景化变革. [2015-05-06]. http://www.ijrong.cn/JR/GD/630.html.

【案例分析】 蚂蚁金服

1. 公司概况

蚂蚁金服起步于2004年成立的支付宝，2014年10月，蚂蚁金服正式成立，致力于打造开放的生态系统，通过技术支持，助力金融机构和合作方的转型升级，为小微企业和个人消费者提供普惠金融服务。蚂蚁金服完成B轮融资，估值接近4 000亿元人民币[①]，是目前估值最高的互联网金融企业，其中网上银行贷款余额230亿元，在小微企业金融领域碾压性获胜，蚂蚁借呗累计房贷494亿元，较同期其他消费型借贷更胜一筹。

2. 主要业务

目前，蚂蚁金服涵盖支付、借贷和理财三个主要金融服务，包含九大品牌，实现从线上到线下，从体系内到体系外，从单纯的支付到理财、征信和消费金融等诸多功能的扩展，完成了金融服务到生活服务诸多应用场景的延伸，如图2.1所示。

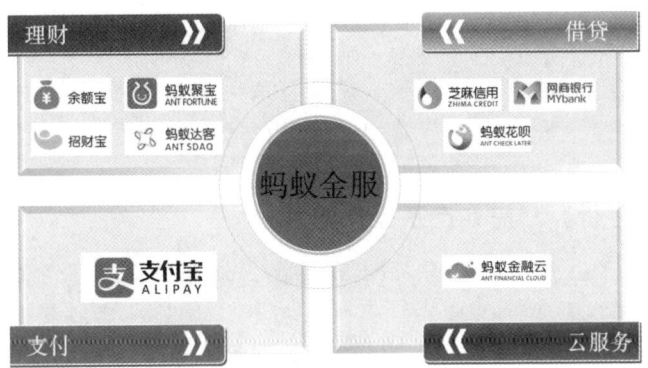

图2.1 蚂蚁金服主要业务

支付业务是蚂蚁金服的核心支柱，贡献了大部分的收入及利润。据相关报告显示，2015年全国第三方支付交易规模中，支付宝占比达68%，其2016年的交易额有望突破6万亿元。企业网上银行主要服务

---

① 本书中未特别说明币种也无上下文文字提示的，均为人民币。

于小微用户，农村金融将成为其业务增长点，蚂蚁花呗和借呗则主要服务于个人消费者。

技术的不断迭代，使得支付宝实现了用户体验优化和便捷移动支付，同时保证了账户的安全性；大数据的积累以及分析能力的不断提升为蚂蚁金服上线借贷业务提供了较强的技术保障。平台突破传统金融行业风控的方法，利用大数据分析、机器学习技术打造了适用小额、高频及海量特性的金融平台[①]。

二、互联网产业金融

互联网金融产业的快速发展正逐渐推动传统企业商业模式的改革，跨市场、跨行业的融合成为未来主要的发展趋势。随着大数据和云计算的运营，互联网金融推动医疗、教育、农业、旅游、传媒、交运等诸多行业寻求O2O的创新，产业互联网金融或将成为未来互联网金融发展新蓝海。互联网使得跨行业的互联互通变为现实，金融则渗透于各行各业加强彼此的关联，二者融合形成全社会普遍依存的价值网络。随着互联网的不断发展，产业互联网金融实现金融网、物流网、商流网的融合，大大促进了商业活动的有效进行。

【案例分析】 房地产系互联网金融

目前除了互联网系金融平台的存在，地产公司拓展互联网金融业务似乎也正在成为一个趋势。恒大、万达、绿地、碧桂园等房地产企业均已成立金服公司，进军互联网金融，专注于产业金融和社区金融，通过整合上市公司和大型企业集团上下游资产和客户资源，为用户提供投融资服务。下面以万达集团为例，分析房地产系进军互联网金融行业的深层原因，以及其优势和不足。

---

① 消费金融案例研究：蚂蚁金服．[2016-08-05]．http://www.weiyangx.com/198505.html．

决定互联网金融成功的关键在于依托核心业务与自身优势，不断扩大影响力和市场份额，构建闭环生态布局。比如蚂蚁金服的核心业务支付宝、网商信贷等都是基于淘宝和阿里巴巴发展而来，并且基于支付宝又推出理财业务——余额宝，可谓环环相扣。这样战略布局的好处在于可以依托自身优势资源的支撑，把握产业链里的强需求。万达开展的互联网金融业务也在遵循这一规律。万达的优势在于拥有线下庞大的零售网络体系以及娱乐、体育等资源，其中涉及大量的用户和商户，蕴含着各种金融需求。目前，万达的互联网金融布局主要包括支付、网络信贷、征信、飞凡卡以及大数据应用。以快钱为主的支付业务是万达互联网金融的核心；而在网络信贷业务方面，万达网络金融已在上海自贸区获得网上全国性小额贷款牌照，可给遍及全国的万达广场商户及消费者发放贷款；在征信服务方面，子公司快钱征信服务（上海）有限公司更名为万达征信服务有限公司，获得央行备案；飞凡卡则是预付卡叠加了信用卡功能，具有积分、优惠、存贷、汇兑、信用卡、理财等多个功能，可以应用于万达商业系统、公交、航空的应用场景。[①]

梳理一下，万达的互联网金融业务基本上是围绕万达的百货零售、酒店、院线等消费场景，以此为切入点开展支付、信贷、征信等业务。这样的布局符合发展规律。通过互联网金融，房地产企业可以为房地产项目以及产业链上下游企业提供融资，加强对产业链上下游的把控和整合，实现产融结合。与此同时，在房地产传统业务利润下滑的局面下，火爆的互联网金融可以提供新的利润增长点。

不过目前万达金融的短板在于：首先，缺乏明星产品。蚂蚁金服旗下有支付宝、阿里小贷、余额宝等明星产品，由于布局早，拥有大量忠实的用户。而万达目前则缺乏能够聚拢足够多用户与商户的明星产品。其次，缺乏大数据基础。与线上数据相比，线下场景积累的数据量往往偏少；主要因为线下场景如百货购物等使用频率不够高，数

---

① 买来了"便利店之王"的万达金融,是在走一条什么样的路？[2016-05-21]. http://www.huxiu.com/article/149530/1.

据类型也以结构化数据为主。如何进一步拓展、整合线上数据和社交等方面的数据，是万达金融急需思考的问题。再次，缺乏技术积累。地产系互联网金融平台在创新产品开发、大数据资源、大数据运用等方面，难以与互联网系金融平台竞争，在云计算、区块链、人工智能等前沿技术上，更谈不上优势。而随着互联网金融的发展，资产端与资金端被大量开发，行业的竞争也将更趋向于技术的竞争，地产系互联网金融平台的发展将会受到限制。

综合来看，大型房企进军互联网金融行业，具备不错的资源优势，可以说是互联网金融领域的一股新势力。之前的互联网金融领域主要是互联网系与传统金融系，大型房企的进入，则代表着有实力的产业界巨头进入互联网金融领域，对于丰富互金的业务模式有积极意义。

三、大数据金融

金融行业是一个数据密集型行业，无论是传统的线下业务，还是新型的线上业务，其竞争的一个关键要素就是数据。金融行业与信息技术加深融合，已经成为发展的必然趋势，随着融合进程的推进，大数据的价值也必将日益凸显，大数据将成为代表金融行业的核心竞争力的新型资产。无论是新生的互联网金融行业，还是传统金融行业，未来成败的关键在于能否充分打造和运用大数据资产，深入理解和满足用户的需求。大数据为什么会应用于金融行业？原因在于海量的大数据分析技术可以有效解决在风险定价和信用评估过程中的信息不对称问题，可以使大量碎片化的信息整合成重要的相关关系和分类信息，有助于交易者做出正确判断。笔者从以下三个不同的视角梳理了大数据在金融行业的应用：第一个视角是大数据在金融行业精准营销的视角，通过分析用户在各大网站留下的痕迹，结合机器学习等技术来判断用户的喜好，进行产品实时推荐的优化投放，直击用户所需；第二个视角是行为金融视角，通过爬虫技术等方法来搜集投资者对金融事件以及上市公司的反应，根据其在互联网上的行为产生新一轮的用户行为数据,利用各种算法得到市场情绪或新闻事件对市场的影响程度,进而挖掘市场景气度、情绪度以及事件热点等指标;第三个视角是信用评价体系视角,大数据分析可以使大量碎片化的信息整合成重要的相关关系和分类信息,而利用这些信息不但可以更好地服务客户,增强客户黏性,而且也能降低和控制信贷问题中的违约风险。

在基于大数据的征信方面,美国的 ZestFinance 是其中的佼佼者。该公司利用贷款人的网络行为等大数据,随着云计算和搜索引擎的发展,来判断贷款人的信用水平,使得对大数据的高效分析成为可能。还有一些公司则利用申请者的社交网络,加以分析后得出信用评分。例如,德国 Kreditech 贷款评分公司、美国 Movenbank 移动银行、我国香港 Lenddo 网络贷款公司以及 TrustCloud 等新型中介机构,说服 Facebook 或其他社交网络开放资料,结合用户在各网站的活动轨迹,通过各种算法和机器学习等技术,分析客户社交圈的相关信息,并以此作为客户信用评价的基础,将社交网络资料转化成个人互联网信用[1]。

在我国内地,将大数据应用于互联网金融的典型代表是阿里小贷,它实现了从风险审核到放贷的全程线上模式,并通过大数据技术对贷前、贷中以及贷后三个环节的风险进行控制。阿里小贷主要服务于通常无法在传统金融渠道获得贷款的弱势群体,而且贷款具有"金额小、期限短、随借随还"的特点。除此以外,还有用友金融、随手记等大数据金融服务平台。

大数据技术的战略意义不在于掌握庞大的数据信息,而在于对这些含有意义的数据进行专业化处理。换言之,如果把大数据比作一种产业,那么这种产业实现盈利的关键,在于提高对数据的"加工能力",通过"加工"实现数据的"增值"。

大数据在金融业的另外一个重要的应用就是利用大数据进行投资。市场是由人的行为构成的,投资的游戏最终还是人的游戏。以投

---

[1] 互联网金融的跨界场景化变革,"黑天鹅"何时出现? [2016-05-06]. http://www.huxiu.com/article/114411/1.html?f=member_article.

资股市为例。股价的形成过程正是投资者内心预期变化的过程，是否超出预期才是决定股价涨跌的关键。投资者行为作为选股因子的有效性和价值性逐渐显现，为传统量化选股模型打开了全新的视角。股价的波动，非风动，非幡动，而是心动。大数据的出现使得量化投资者的"心动"成为现实。大量投资者在网页、股吧、微博、微信上留下的"痕迹"赋予外界以系统量化地研究投资者情绪和行为的可能性。如何让社交网站所产生的大量数据产生价值也是大数据在互联网金融领域的重要课题之一。从国外研究来看，大数据对金融投资的指导意义在理论层面和实际投资两个层面都已得到一定的验证。有些学者通过对网络文本信息的挖掘来分析大量投资者情绪。Da Z.，Engelberg J.，Gao P.（2011）[1] 的研究成果表明，每周的 Google 金融搜索数据能够预测股票市场变化。Preis，Moat，Stanley（2013）[2] 认为，通过搜索分析投资者在网络发帖和评论中表现出来的观点，能够很好地反映多空态度，同样也能够有效地预测未来股市的收益。在实际应用领域，国外市场也不乏金融与大数据成功结合的案例：根据 Twitter 的数据内容来感知市场情绪，从而进行投资，Derwent Capital Markets、CAYMAN ATLANTIC 等都是其中的代表。

四、互联网社交金融

社交为什么有金融属性？第一，金融关键在于要解决资金需求者和供给者之间的货币资金转移，而信贷往往依托社交的载体而进行。借贷常常是通过熟人、朋友，或者熟人的熟人、朋友的朋友，二度三度人脉开始的，之后才是陌生人借款，比如找当地民间借贷、典当行借贷，以及现在的 P2P。第二，在金融风险定价机制不完备的时候，社交资本成为金融定价的一个重要环节，比如联保、尤努斯格莱珉模

---

[1] Da Z, Engelberg J, Gao P, In search of attention. Journal of Finance, 2011, 66, 1461-1499.

[2] Preis T, Moat H S, Stanley H E. Quantifying trading behavior in financial markets using Google Trends. Scientific Reports, 2013, 3.

式。第三，社交化和圈子化可以解决人与人之间的相互信任问题，降低交易双方的信息不对称，有利于保障投资者的资金安全，形成健康的投融资生态。

随着商业场景维度的改变，金融已成为一种社交生活方式。最直接的例子：腾讯微信，亚洲地区最大的移动即时通讯社交平台，推出的微信红包。正是依靠社交平台的圈子化使得微信红包一夜成名，甚至成为年夜饭的主菜单。近乎为零的推广成本，是互联网金融应用场景化很好的产品实践。除此以外，阿里AlipayXLab宣布推出社交金融大数据系统"到位"（AlipayEverywhere），通过"到位"这款系统，每个人都可以发布个性化需求，借助由芝麻信用、消费习惯、行为模式、社会评价等因子构建的数据模型，并结合RCT技术，系统可以迅速、精准地为你匹配找到最合适的帮助者，并促成双方见面完成交易，实现金融转社交的路径。另外，社群众筹，用众筹的思想和方法切入社群，挖掘社群资源，实现社群价值最大化，也能实现金融转社交。

五、互联网支付业务

自2000年开始我国的电子支付迅猛发展，2010年便进入移动支付时代。我国支付业务的发展主要经历了以下几个阶段：第一阶段，电子支付发展缓慢，支付方式以网银为主。2003年以前，中国的电子支付发展较为缓慢，主要参与方为各大银行机构，支付方式以网上银行为主。第二阶段，第三方支付机构进入市场，加速电子支付发展。2003年以后，以支付宝为代表的第三方支付机构涉足支付业务，促进了电子支付市场的快速发展。第三阶段，银行、银联、第三方支付三足鼎立，全面进入移动支付时代。2010年以后，银行推出手机银行APP，进入移动支付时代。大公司以移动支付作为切入点，利用其在线上流量和线下场景的优势，挖掘用户价值，构建互联网闭环生态，完成战略布局。此后，以阿里、腾讯为代表的互联网巨头纷纷发力移动支付市场，依靠其强大的线上生态场景抢占市场份额。同时，跨境支付也因第三方支付的兴起而得到更优解决方案，区块链技术的应用将更大程度上解决跨境支付成本及效率问题。2015年，支付领域最引人注目的莫过于支付宝和微信支付之间的竞争，线下支付场景下沉、海外市场和跨境支付的拓展成为阿里和腾讯支付布局的主旋律。

这几年百度一直紧锣密鼓地布局，通过百度糯米、百度外卖推广它的百度钱包，并在2015年去哪儿网换股携程成为旅游行业大赢家之后，百度夺得了发展旅游场景的一张"好牌"。而小米也紧追其后，在2015年推出小米支付后，又全资收购捷付睿通，并获得央行批准，成立小米征信公司。京东也不甘示弱，在京东支付的基础上上线了"白条信用卡"[①]。

六、互联网借贷业务

在互联网借贷业务中，P2P借贷业务一直饱受争议，尽管存在着虚假运营、非法套现、跑路等违规现象，但整个行业在争议中不断做大。P2P网络贷款（Peer-to-Peer Lending）指的是个人或者法人通过独立的第三方网络平台相互借贷。P2P网贷起源于英国，发展于美国，崛起于中国。2005年3月，英国第一家P2P网贷公司Zopa成立。2006年2月，美国第一家P2P网贷公司Prosper成立。2006年5月，中国的类P2P网贷公司宜信成立。2007年5月，美国最大的P2P网贷公司Lending Club成立，并于2014年上市。2007年8月，中国第一家基于互联网的P2P网贷公司拍拍贷成立。从2011年开始，我国的P2P网贷市场开始爆发，平台数量和年度交易额均以每年5倍左右的速度递增。国内P2P市场发源于2007年成立的拍拍贷，2007—2010年间国内P2P网贷公司不超过10家，经过4年的探索期，到2012年已经形成一定的商业模式和规模，出现纯线上平台、O2O模式、债权转让模式、担保模式、混合模式等。从2013年开始，国内P2P网贷进入

---

① IT桔子年度盘点：2015 互联网金融领域大公司布局. [2016-01-13]. https://itjuzi.com/2015.

野蛮生长期，大量平台出现，大型机构开始涉足P2P网贷，生态雏形显现。尽管受E租宝等恶性事件影响，2015年度我国P2P借贷行业累计交易规模未能突破万亿，但仍然达到了9 750亿元，是2014年（3 000亿元左右）的3倍以上，呈明显增长趋势[①]。

P2P作为新的融资方式，尽管解决了中小企业贷款难的问题，却未改变融资业务本身的风险，加之目前国内P2P立法的缺失，行业监管不力，导致了部分众筹平台倒闭，也使得有关P2P融资的争议纠纷日益纷繁复杂。在P2P借贷业务繁芜生长又缺少监管的现实窘境下，一套有效平衡参与者利益和融资效率的风险管理体系是必不可少的。相信在解决了监管、风险管控等一系列技术问题后，P2P行业还将得到进一步发展，成为中小企业和个人融资的重要渠道。近年来P2P行业的迅猛发展直接影响了银行的传统放贷业务份额。在传统金融行业中，P2P业务开展较为成功的应属陆金所。作为平安的创新平台，小陆金所凭借其良好的公信力和品牌优势，以P2P业务起家，此后涉足P2B、保险、养老险、基金。2015年3月，平安高调宣布剥离小陆金所的P2P业务，加上平安旗下的信用保险和呼叫中心贷款业务，组成普惠金融事业部。2015年8月，陆金所汇合平安旗下的前海征信推出名为"人民公社"的P2P开放平台，允许其他P2P企业和产品入驻，转型P2P产品的"交易所"。陆金所已经成为互联网金融领域的标杆。从陆金所的成功经验看，当科技创新和用户体验成为行业内普遍标准的时候，反而是传统金融机构长期积累的资产优势能够成为更加核心的要素。毕竟，零售金融中理财产品的决定性要素是安全性和高收益。

传统银行曾经不屑于做或苦于成本高无法去做的小额贷款业务，如今被互联网金融所蚕食。依靠自身的大数据，得以系统地给用户信用进行风险评估，阿里和腾讯、京东都相继开发了小额贷款项目。他们向符合条件的中小企业和个人放贷，虽然利息较传统银行业务高，但有着申请门槛低、流程简单、放款迅速等优势。

---

① 零壹财经. 2016互联网＋金融洞见者说. [2016-04-07]. http://www.01caijing.com/article/ 3189.htm.

七、众筹业务

众筹作为一种新兴的融资方式,它借助互联网和社交网络平台的传播特性,面向社会大众发起,打破了传统金融设置高门槛、只针对特定群体发起的模式,实现了线上"一站式"投融资。鉴于其低门槛、低成本等特点,近年来众筹在国内外迅速发展。2015年是我国互联网众筹快速发展和积极变革的一年,随着平台数量的大幅增加以及电商巨头、科技媒体、传统金融机构的强势发力,行业整体规模急剧扩大,格局也发生重大变化。

截至2015年年底,全国正常运营的众筹平台已达303家,众筹成功项目总数超过2万多起,募集总额达140亿元,以产品众筹和股权众筹为主。2015年产品众筹累计筹款额超过30亿元,京东和淘宝双寡头合计占到70%~80%的市场份额,二八格局初露端倪。而DREAMORE、开始众筹等一些优秀的平台则积极探索新模式[1],努力打造新生活方式入口,重参与、重品味、重乐趣、重场景,而非单纯地重回报;京东、淘宝网向纵深方向发展,积极整合上下游产业链资源,提供除资金之外的人才、渠道、传播等多元化服务,创造和分享附加价值。

股权众筹近些年快速发展,2015年度的规模在50亿~55亿元,为2014年的4~5倍,各类机构紧锣密鼓加紧布局,行业仍处于跑马圈地阶段。股权众筹平台致力于培育、发展新型融资者和投资者,为项目方提供孵化资源、技术支持等,为投资者提供项目筛选、投后监督等一站式服务。电商巨头在股权众筹领域优势明显:京东金融打造众创生态圈,已覆盖京东各类资源、投资、全产业链服务等体系;阿里系的蚂蚁达客及其战略投资的36氪,也围绕自身生态圈大范围布局。其他平台也不甘示弱,充分利用自身资源,与大量的创投机构对接项目,和同行建立战略合作关系,共享项目和投资人资源。另外,

---

[1] 零壹研究院. 2015年中国互联网众筹年度报告. http://01caijing.baijia.baidu.com/article/329138

众筹业务中房产众筹业务突飞猛进，累计规模已增长到 20 亿元左右，势头强劲。混营型平台整体表现不佳，且数量大大减少。除此以外，还有一些新型业态引起行业关注，腾讯、平安、小米和 360 也均有众筹产品上线，其中最为典型的当属阿里的"娱乐宝"以及 DREAMORE 等社交化众筹平台。

近些年，整个众筹行业的一个明显趋势是大平台依托自身或合作方的优质资源，不断扩大影响力和市场份额，开始构建闭环生态，树立竞争壁垒，限制了很多中小平台的生存空间，甚至淘汰出局。截至 2015 年年底，大约有 84 家众筹平台停运、倒闭或转型，这其中包括曾经备受关注的垂直型农业众筹平台，如尝鲜众筹。现阶段决定众筹平台发展质量的关键早已不再局限于交易规模、项目数量或支持人数等简单数据。代替流量竞争，其背后是"场景"的崛起，以京东众筹等平台为代表，通过场景围绕项目来做各种设计、包装、推介等活动，让更多用户了解和体验。未来众筹业务发展的核心竞争力则在于平台是否能够为用户提供更高品质的生活，为项目方和投资方提供全方位支持和指导，促进项目的健康可持续发展，以及对整个行业的创新和发展有所帮助。

八、互联网保险和征信业务

"80 后""90 后"作为伴随着互联网的发展而成长起来的一代，已逐渐步入财富积累的年龄，他们对于证券、基金、保险产品的需求逐渐增大，他们不仅对风险的容忍程度较高，而且对互网络金融的接受程度也相对更高，有望成为有黏性的高附加值互联网金融用户。随着人口老龄化、城镇化进程的不断推进，保险业也逐渐由"被动销售"走向"主动需求"，迎来了互联网保险发展的黄金期。而保险的本质属性使其具有成本低、投资日益灵活等优势，相信将成为互联网化的金融产品中具有发展潜力的生力军。

另一个倍受瞩目的新兴市场则是征信行业，未来也面临着征信大数据的挑战。我国征信系统由央行征信中心负责,据悉当下中国仅有 30% 的人拥有信用记录,随着互联网金融的不断发展,现有征信体系已经无法满足市场需求。目前参与征信牌照抢夺的主要有以 BAT 为代表的互联网企业、第三方支付、P2P 平台等互联网金融企业以及传统征信机构等。尽管各具优势,但在未来的征信市场格局中,仍将展开一场激烈的互联网大数据与传统企业的角逐与较量。

【案例分析】 BAT 巨头的行业布局

未来的互联网金融行业将极有可能完成一次大规模的洗牌。在过去这一轮的互联网金融行业发展中,我们看到很多企业借着行业发展的东风完成了从零到一的蜕变,同时,作为最具有互联网基因的百度、阿里巴巴和腾讯(BAT),以及树大根深、作为金融行业守夜人的传统金融机构,它们的相互交融及合作给我们留下了无尽的想象空间。凭借着在互联网领域的积累和优势,以及在金融领域的布局,互联网界的三大巨头 BAR 依然走在互联网公司金融化的前列,见表 2.1。

表 2.1 BAT 巨头的行业布局

金融产品	阿里巴巴	腾讯	百度
支付	支付宝	微信支付、财付通	百度钱包
贷款	蚂蚁小贷、蚂蚁花呗	投资人人贷、微粒贷	百度小贷
理财	余额宝、招财宝	理财通	百发、百赚
保险	众安保险	众安保险	百安保险
证券	控股德邦证券	投资富途证券	N/A
银行	网商银行	微众银行	N/A
征信	芝麻信用	腾讯征信	N/A
基金	天弘基金	投资好买基金	大数据基金
众筹	淘宝众筹、蚂蚁达客	腾讯乐捐	N/A

BAT三大巨头各有优势，阿里凭借在电商领域的霸主地位，积累了大量线上、线下的用户，阿里巴巴旗下的支付宝是全球最大的移动支付公司。以余额宝的出现为标志，互联网金融开始让传统金融业猝不及防。余额宝挑战银行的不是产品和利息，而是一种新的服务和思维——它的服务便捷性、客户获取成本的低廉、对信用的理解以及互动的服务链，都大大促进了互联网金融业务的发展。以"蚂蚁金服"的阿里金融为例，它把支付宝、余额宝、蚂蚁小贷及筹备中的网商银行等全都融于旗下。阿里做金融的真正优势并不在于其客户量，金融业本质上也是一种信息产业，而阿里在获取判定客户的身份信用记录的真实信息以及监控客户的交易行为和踪迹上，具有传统金融业无法匹敌的优势。传统商业银行所使用的风险管理，是一种在信息不透明不对称的情况下不得已使用的手段，但电子商务与其最明显的差异在于：交易行为被置于信息越来越透明的环境当中，同时交易行为也是一种数据积累过程，而且采集获取信息的成本是超低甚至是零成本的，这对于传统商业银行来说是不可能完成的使命。这也就解释了为何成立仅两年的蚂蚁小贷可以向13万客户提供融资服务，贷款规模超过260亿元，而不良率只有0.72%。

腾讯依靠QQ和微信两大杀手锏，牢牢控制网络和移动社交领域，腾讯的金融产品在2015年占到了8 000亿美元的款项。而三者在互联网金融业务的发展方面，围绕支付的"二马"相争一直受到媒体的关注，似乎百度被人遗忘，但其实不然，百度这个拥有着雄厚技术实力的巨头正在以精准搜索为基础完成其在各个细分领域的布局。目前，百度钱包拥有4 500万用户。

第三节 互联网金融行业战略投资布局

对于互联网金融这样一个快速发展的新兴市场，机遇与挑战并存，我们很难精准预测其未来的发展结局,但把握其中的主要趋势和核心问题,同样可以帮助不同的市场参与者找准方向。对于互联网金融行业而言,值得关注的核心制高点主要有四个:基础设施、平台、渠道、场景[①]。下面我们将从这四方面来谈未来互联网金融行业的战略投资布局[②]。

一、创新基础设施

这里所指的基础设施主要包括支付体系和征信体系。金融机构的诞生和发展首先起源于支付。尽管支付业务本身并不是盈利的来源,但它是汇聚流量和积累数据的重要手段,其流量和数据是开展其他金融业务的底层基础。正是基于此,互联网金融巨头们同样以支付为金融的切入点。比如支付宝业务的发展推动了淘宝电商的繁荣,腾讯进入互联网金融领域也是首先从支付切入,并力求通过丰富的应用场景(如过年红包、理财和消费等)提升其微信支付的活跃度。目前的支付主要还是基于较为简单的买卖关系的交易支付,但未来是否有可能出现更广义的支付,例如基于社交或人情的双向支付甚至多边支付。可以说,支付领域的竞争才刚刚开始,未来可能不断地颠覆人们对支付的预期和想象。而作为基础设施建设的另一个方面,信用体系则面临的是中心化还是多元化的问题选择。海量的支付数据,经过特定的加工和分析就能够成为信用基础。随着大数据技术和社交网络的进一步发展,数据的种类、数量和处理分析的时效性将得到极大提高,互联网经济下个人的信用评价体系也将更为多元、立体和即时。随着《社会信用体系建设规划纲要(2014—2020)》的发布,我国社会征信的法律基础和标准体系有望在未来几年逐步完善。未来的征信体系是会继续维持政府主导的中心化格局,还是逐步朝向市场化、多元化发展?值得我们期待。

---

① 邓俊豪,张越,何大勇.互联网金融生态系统2020——新动力、新格局、新战略.波士顿:波士顿咨询公司(BCG),2014.
② BAT等八大巨头互联网金融布局分析.[2016-06-27]. http://www.01caijing.com/article/2737.htm.

二、延续平台模式

平台，是指连接两个或多个特定群体，为其提供行为规则、互动机制和互动场所（常常是虚拟场所）并从中获取盈利的一种商业模式。平台是百度、阿里、腾讯等互联网公司的商业模式核心。过去十年，这些互联网公司依托平台模式取得了巨大的成功，未来它们对互联网金融的探索也必将延续这一模式。这意味着，它们不一定会自己生产和提供产品，但能够提供供应商和客户之间的接口，将优秀的产品和服务提供商吸引到自己的平台上。拉卡拉公司创始人孙陶然在《平台战略》一书的序言中指出，一个成功的平台往往需要做好几件事：一是选择平台战略的企业需要有能力积累大规模的用户，二是需要提供给用户有着巨大黏性的服务，三是需要有合作共赢、先人后己的商业模式。成功的平台商们正在纷纷践行以上准则。首先，在积累用户方面，一些平台商通过社交圈的扩散实现了用户数几何倍数的快速增长，比如微信。其次，在建立客户黏性方面，一些平台商通过实现差异化、个性化的服务以及对服务的整合来增加客户黏性，比如平安一账通。最后，个性化服务主要体现在产品推介和定价的个性化上。传统金融的一个思维定式是：个性化的产品和定制化服务由于成本较高，因此只能用于服务优质高端客户，而长尾客户只能获得标准化的产品和服务。但随着大数据的应用和普及，个性化、定制化不再为高端客户专属。例如，亚马逊的推荐系统能够根据客户的人口属性、搜索、浏览、收藏和交易记录推算客户的需求和偏好，并向其推荐适合的产品。平台模式在互联网行业被广泛应用，因此互联网企业在进入金融业务时，也自然地延续了这一战略[1]。

三、整合多渠道

渠道的核心是多渠道整合，即客户能够自由选择在何时通过何种

---

[1] 波士顿咨询公司. 互联网+金融布局：四大制高点. 金融博览：财富，2015（4）：43-45.

渠道获得怎样的金融产品和服务，其背后是机构的不同渠道在产品和服务、流程、技术上的无缝对接。若要实现这种无缝对接，需要通过以下两方面的转型来实现：一是渠道定位从"以我为主"向"以客户为主"转型。传统的网银或移动客户端渠道，只是更多地将网点的流程电子化、网络化，仍是从金融机构流程管理的角度进行设计，而非从客户需求和便利的角度进行改造。因此，金融机构多渠道整合的关键并非在于技术，而是在于思维的转变。二是实体渠道功能和布局的转型。虽然金融机构在构建实体渠道上需要花费大量的人力和物力成本，但在可预见的未来，由于客户对实体渠道仍有一定的心理依赖，尤其是针对复杂产品和服务的面对面交流的需求不会消失，因此实体网点有其存在的必然性。除此此外，网点的整体规划和布局也需要适当调整改变，将目前单一的网点业态逐步调整为多种业态相互配合的布局，比如通过"区域中心综合网点"与"大量便捷网点"的形式以较低的成本覆盖更广泛的区域，或结合周边市场设立专业网点，如专业小微金融网点以提升服务针对性等[①]。

四、定位主要场景

金融的场景化，是指金融嵌入人们众多的生活场景中，尽管无法触摸，可实际上又无处不在。互联网公司可以通过两个维度来拓展其互联网金融版图：一是扩大目标客户群，二是占领客户的生活时间。扩大客户群的方法有很多种，比如地域扩张、年龄层扩展等。而占领客户的生活时间则必须要占据尽量多的应用生活场景，即流量入口。在众多生活场景中，占据用户时间流量最多的是娱乐、沟通、信息获取和消费这四大类活动。互联网金融巨头们针对客户时间的争夺也紧紧围绕这几大领域展开。在未来对场景的争夺战中，决定胜负的关键是要找准客户生活的主场景，并以此作为核心应用的切入点。这种主

---

① 虎嗅. 2020年的互联网金融会是怎样？[2015-01-12]. https://www.huxiu.com/article/105982.html.

场景可以线上，也可以线下，不一定占据客户最多的时间，但往往会决定着客户生活最基本的需求。

随着互联网金融的不断深入发展，传统金融行业和互联网公司都将面临诸多挑战与机遇。传统金融机构不仅仍将继续享有在专业、风险管控等领域的优势，与此同时，也将加大在渠道、场景端的创新力度。而互联网公司在平台、场景、渠道、基础设施四方面几乎都有布局，其中对场景的争夺已经通过一系列的收购并购开展，形成初步格局。接下来最有可能产生创新和差异化的领域是基础设施。基础设施建设既是对平台战略的深化，也可以通过对底层机制的完善来促进平台和生态体系的繁荣。

第四节　互联网金融行业存在的问题

互联网金融作为科技与金融的结合，是一个国家或地区创业和科技创新活跃度最重要的指标，是推动科技进步，促进科技成果转化最为活跃的助推器。李克强总理在2015年《政府工作报告》中多次提到"大众创业、万众创新"的理念，国务院、各部委也密集出台支持性政策，这些都不断为互联网金融的发展释放新的改革红利。可以说，今后的十年被认为是中国互联网金融行业"由野蛮生长到合规发展"的"黄金十年"，需要以长远眼光和全球视野来正视中国互联网金融事业所面临的发展机遇。在互联网和创业大潮的双轮驱动下，互联网金融新的投资模式也不断涌现：一个更高级、分工更复杂、结构更合理的形态正在形成，互联网金融市场也步入以变革和创新为引领的"新常态"发展阶段。我们如何以新的思维去认识这一仍在不断完善中的新生事物，又有哪些问题制约其今后的发展，这些都是我们需要思考的问题。

一、金融风险扩散

互联网金融具备互联网和金融双重属性,互联网金融的核心还是金融,互联网是其手段和方法,因此,互联网金融也将面临传统金融所面临的风险:系统性风险、流动性风险、信用风险、技术风险、操作风险等。同时,与传统融资市场相比,互联网金融为了实现低门槛、高效率的投融资,不断压缩和精简传统融资的程序,使得融资各环节的风险均暴露在互联网下,加之互联网涉及面广、关联性强、风险又呈几何级放大,使得互联网金融的不确定性更大,蕴藏着更大的风险,一旦出现大规模风险事件,将可能撼动整个金融市场。

鉴于互联网金融风险扩散速度快、关联性强等特点,下面着重介绍目前互联网金融行业存在的主要风险:

第一个风险在于数据获取。数据是互联网金融建模的基础,是描述用户的关键,如果数据层面出现偏差,再好的建模工具也无能为力[①]。随着网络投资的规模逐渐增大,技术改造越来越频繁,信息处理量和产出量日益增加。信息的快速增长在使世界变得清晰的同时,又形成巨大的干扰,如何提炼出有价值的数据信息是互联网金融面临的很重要的一个问题。而且随着信息干扰的增加,信息安全也越难保障,对冲干扰和防范安全的成本日益增高,随之而来的国民经济中附加的信息设施成本也越来越高。

第二个风险在于技术缺陷。近年来人人贷、拍拍贷等 P2P 平台先后多次遭到黑客攻击,而且国内互联网安全问题反馈平台乌云又曝出多家 P2P 平台系统存在严重安全漏洞。这些问题都反映了我国在互联网金融发展过程中 IT 技术和数据处理技术存在很大问题,是影响互联网金融企业能否长期、稳健发展的直接原因。

第三个风险在于操作人员的道德风险。大部分互联网金融企业仍拥有庞大的线下团队,存在一定的人员操作道德风险。目前,互联网

---

① 李丹. 互联网金融监管之棋局. 当代经济管理, 2014, 36 (8): 35-38.

金融行业仍然存在同业攒单的情况,甚至有一些中介为了提高业绩会帮助客户造假,或联合公司内部员工帮助客户造假。由于互联网金融行业仍处于起步阶段,其中有很多年轻的公司在快速扩张期,人员数量迅速增长,如果此时公司相应的管理和法律没有加以约束和限制,就非常容易出现人员操作的道德风险[①]。

第四个风险是信息不对称风险。互联网金融的虚拟性使得投资者和融资者在身份确定、资金流向、信用评价等方面存在严重的信息不对称性。互联网金融并未根本解决信息不对称问题,金融欺诈者往往会利用平台制造虚假信息误导投资者,形成欺诈风险。

第五个风险是信用风险。国内互联网信用业务目前没有完善有效的监管,也没有健全的消费者保护机制,因此其信用风险程度更高。比如一些P2P网贷公司"跑路"就是典型的信用风险的体现。

第六个风险是流动性风险。由于互联网金融的复杂性、联动性、跨界性和资金高速运转,操作过程中一旦其中一个环节出现问题,流动性风险就将成为显性风险,可能引发资金链的断裂,从而导致流动性风险,甚至引发系统性风险。

第七个风险是经营风险。由于互联网金融企业具有高杠杆的特点,存在洗钱套现的可能。而且跨行业、跨市场、跨机构多方合作的交叉性金融产品在市场上也日趋增多,这样往往会导致产品结构过于复杂、合同约定责任不清以及跨市场的风险传递等各类问题。因此,互联网金融作为新的融资方式,尽管改变了传统融资方式,却未改变融资业务本身的风险,而且传统的融资市场上已建立的风险管理和金融监管体系还不能完全覆盖互联网金融市场,再加上目前国内众筹立法的缺失,使得互联网金融缺少行业标准的参照及相应的行业监管,导致现有互联网金融企业经营风险日益增加。

---

① 李耀东,李钧. 互联网金融框架与实践. 北京:电子工业出版社,2014:456-459.

二、监管环境

随着移动互联网与金融行业的深度融合,"互联网+"的理念日益深入人心,互联网金融已发展成一种新的商业生态体系。然而,近期频频爆出一些分期类互联网企业的操作,比如"校园网贷"事件,显然这些企业不是借助互联网的魔力去解决挑战,而是利用监管空白,用了非常规的手法来牟取利益。金融创新,乃至互联网创新,不该等同于踩制度禁区,不该等于赚没监管到的制度红利。这些年,蓄意踩政策红线成了不少企业的"创新之道",虽然推动了政策的一定改良,但更多的是增加了整个经济的无序状态。现有的针对传统金融监管的法律很难监管新形态的互联网金融业务。尽管 2015 年 7 月 18 日中国人民银行等十部委发布了《关于促进互联网金融健康发展的指导意见》,明确了互联网支付业务由人民银行负责监督管理,银监会负责网络借贷以及互联网信托和互联网消费金融的监督管理,证监会负责股权众筹融资和互联网基金销售的监督管理,保监会负责互联网保险的监督管理,但此规范性文件的细节仍未完善。而在新规颁布之前,监管缺失、法制不完善等问题为违法投机行为提供了滋生的土壤,严重困扰着整个行业的发展。总之,追求"跨界""混业"已成为互联网金融不可阻挡之势,由此带来的大量创新活动,往往会无法明确界定风险责任,加之相应的法律规范和监管的缺失,导致行业风险大大增加,但用现有法律约束创新活动,又必然对创新的动力有所抑制。如何抓住互联网金融创新涌现的机遇而又有效防范风险,是监管面临的新课题之一。

三、互联网金融行业规则不明使得行业竞争秩序恶化

尽管近些年互联网金融的规模日益壮大,但互联网金融企业倒闭、跑路屡见不鲜,有的因经营不善而破产或关门,有的因风控(风险控制)不到位导致资金链断裂,有的涉非法集资、非法吸储等违法经营被查处。这些现象的产生归根结底在于互联网金融行业规则不明,

使得行业竞争秩序恶化。主要体现在以下几个方面：

（1）欺骗投资者。很多互联网金融企业为获取投资资金往往不择手段，通过找权威媒体做广告、政府官员背书等方法，利用投融资方的信息不对称，吸引很多抗风险能力低或不具备抗风险能力的投资者进入，比如中老年投资者，这些都无形中提前透支了互联网金融发展的后续潜力。

（2）扰乱金融秩序。不少民间融资平台利用网络平台的虚拟性和投融资者之间的信息不对称，发布虚假的信息来募集大量资金；有的钻各种政策的漏洞，采用借新还旧的庞氏骗局模式，甚至卷款潜逃，置监管法律法规于不顾，扰乱了正常的金融行业秩序，阻碍了互联网金融市场的健康发展，严重影响了投资者的信心[1]。尤其是 E 租宝平台事件爆发后，给整个互联网金融行业造成了严重的负面影响。很多投资者都认为互联网金融根本就是骗局不可信，并将在其他金融平台投资的资金撤回，严重影响了投资者的后续投资行为。这无疑是对金融市场的沉重打击，很多企业也将因此失去便捷的融资渠道和资金来源[2]。

四、互联网金融行业用户黏性低

当各家公司依托自身核心产品发展壮大，拥有海量用户之后，便开始尝试依托自身核心产品打造一站式的服务平台，更好地服务自身用户。例如腾讯曾依托即时通讯的优势地位，进军支付业务（财付通）和理财业务（理财通）。这种战略看似很容易获得成功，因为在拥有海量用户的产品上推广新产品，其被消费的机会非常大，但从实践来看，并非所有的产品都获得了成功。因为在互联网的市场竞争中，用户的转移成本基本为零，用户黏性较低，依托某款产品获得众多用户，并不代表其他产品就会对用户产生天然的黏性。而且随着移动互联网的

---

[1] 张康. 我国互联网金融的风险分析及管理. 商，2014，26：139-139.
[2] 罗明雄，唐颖，刘勇. 互联网金融. 北京：中国财政经济出版社，2013：353-357.

崛起，用户需求越来越垂直，平台的规模效应在个性化需求面前大打折扣。

第五节　互联网金融的行业监管

互联网金融带有互联网和金融的双重属性，但两者有着不同的行业精神。互联网精神主张"开放、平等、协作、分享"，金融精神则主张"稳健和责任"，也就是说，一个注重创新和开放，一个注重风险和规则[①]。互联网金融改变了金融业态，模糊了金融企业的界限，有力地推动了传统金融业的改革。但是互联网金融蕴含的风险较传统金融更为复杂，互联网金融涉及面更加广泛，业务更为多元化，风险更难防控，现有金融监管存在着一定的缺位。如何实行有效监管，使之既能鼓励基于互联网的金融创新又可防范系统性、区域性的金融风险，有效保障金融消费者的权益？根据互联网金融现在的发展状况，我们提出以下建议。

一、加强投资者权益保护

如何合理保护投资者是当前监管的薄弱环节，互联网金融时代的投资者面临更多风险和挑战，应该尽快制定针对互联网和移动支付、投融资产品、风险管理产品等的投资者权益保护相关法律和规则，建立健全互联网金融纠纷解决机制，强化对投资者的风险意识教育。除此以外，监管层需要对消费者或者用户的隐私数据进行明确界定，规定隐私数据的使用范围、方式和保护责任，同时规定禁止违规条款、侵权人和罚则等[②]。

---

① 姚文平.互联网金融:即将到来的新金融时代.北京：中信出版社，2014.
② 张虎.当前互联网金融存在的主要风险及问题. 2015. http://www.legal-risk.cn/n5688c13.aspx.

二、实行负面清单制度

对符合法律法规的创新业务给予空间的同时,实行"负面清单"制度,严禁互联网金融公司从事特定业务,比如不得进行自融自保,不得直接或间接归集资金,不得承诺保本保息,不得向非实名用户推介项目等,并将上述负面清单列入行业监管的重要内容。

三、加强金融平台资金监管

要求金融平台必须选择符合条件的第三方金融机构作为资金托管机构。资金托管机构承担实名开户、借贷交易指令等审核的责任,并对资金进行存管、划付、核算和监督。同时要求金融平台隔离自身资金与项目资金,进行分账管理。还要求金融平台设立风险保证金,当融资企业的项目超出约定时间还款时,该账户资金将专门用于弥补因融资企业的项目违约给投资者造成的损失,并由托管机构定期发布风险保证金账户的资金情况。

四、完善信息披露制度

目前,我国互联网金融平台的信息披露机制并不完善,问题较多,对信息披露的真实性、准确性与完整性三大基本原则均提出了挑战。究其原因,是因为网络层面信息披露的方式、主体以及对象发生了深刻的变化。在信息披露的电子化时代,传统信息披露方式已经不适应时代的发展。我国现有关于证券信息披露的监管框架虽然对披露主体、披露内容、披露方式、禁止行为、违规惩罚等多方面进行了规定,但是这些只适用于纸质披露时代,很难满足网络时代对投资者保护的要求。因此,应根据网络特殊性对信息披露进行重构:构建面向网络、基于网络的信息披露机制。制定互联网金融平台信息披露细则,披露的信息包括自身运营状况,如向投资者公布经营活动和财务状况、平台的合作机构以及资金托管机构信息;披露项目的信息,如投资者的投资项目、资金流向、项目方资质、金融风险等。

五、强化投资者的教育

从实践看，现有的投资者大多具有盲目、短视、投机的特点，缺乏长期投资的心态，E租宝事件无疑给参与其中的投资者带来了严重的损失和教训。在金融产品推陈出新、金融平台良莠不齐的当下，尤其应当强化投资者的风险意识，除了提醒投资人"投资有风险，投资需谨慎"外，还要告诫投资人采用多元化的分散投资策略来减少非系统风险。另外，建议互联网金融平台开通投资者风险教育专栏，监管层开设投资常识教育网站，增发通俗易懂的投资风险的宣传手册，加强投资者风险和投资意识，让更多消费者了解互联网金融的相关知识和模式，做出理性的投资判断，提高互联网金融合格投资者的参与率。

六、监管方要建立大数据监管模式

对监管对象报送的业务数据进行大数据动态分析，并建立相关风险分析模型和程序，利用大数据和机器学习技术主动分析并评估被监管对象的业务运行状态，做到事前风险预警，而不是对监管对象报送的相关结果进行监管分析。同互联网金融企业利用大数据来降低业务信用风险一样，监管层也可以利用大数据来分析互联网金融机构的业务是否存在违法违规现象。互联网的监管需要监管对象开放数据接口并建立监管数据分析中心，实时进行业务监控。要通过加强监管，减少互联网金融企业隐私被窃取、账户被盗用、数据被更改、黑客入侵、系统崩溃等事件的发生，切实保护用户的正当权益。

但在监管过程中要注意避免"一管就死"的问题，应该按照"创新有底线，监管有包容"的原则来制定监管政策。金融监管要深刻理解"大众创新，万众创业"的意义，避免一开始管得太死从而打消了市场参与者的积极性和创新的动力。在监管开放的同时，从业者的创新也要遵守底线，做到创新与守法兼顾。《关于促进互联网金融健康发展的指导意见》将P2P、股权众筹、第三方支付定性为金融业的中介，就是做平台。这就画了一条红线，即不允许其进行自营业务，不得非法集资、搞资金池，不能提供征信，客户资金必须在商业银行存管，监管既给创新以包容，又设定了底线。清晰的定位、明确的法律责任界定对完善互联网金融监管规则大有益处。要想结束互联网金融繁芜生长又缺少监管的现实窘境，必须对金融本质始终保持一颗敬畏之心。金融创新，乃至互联网创新，不该等同于踩制度禁区，不该等于赚法律漏洞的制度红利。金融的本质是风险和回报，只有通过正确的方法降低风险，并在此基础上提高回报，互联网金融才是有价值的[1]。

第六节　互联网金融的发展趋势

当下最为火爆的商业词语是互联网+。新的商业模式不断在移动互联网上涌现，作为商业润滑剂的互联网金融服务也应运而生。移动互联网最初改造了通讯社交，而后是资讯娱乐和生活交易，现在和未来则将改变金融服务。经历了行业的野蛮生长，光环的褪去，互联网金融行业开始慢慢走向规范，我们相信真正优质的互联网金融公司、互联网金融业务会在未来迎来新一轮的爆发和增长。在金融企业互联网化和互联网企业金融化的趋势下，金融市场和机构、业务版图将会重构，出现一系列金融发展的新趋势。

一、未来的互联网金融将平台化[2]

平台化意味着将资产、资金、支付、征信、风控、法律等环节串

---

[1] 谭磊,宋海旭.盛宴背后：解密互联网金融.北京：电子工业出版社,2014：103.
[2] 肖四如,肖可砾.互联网金融的发展趋势及深层影响.银行家,2015(03)：26-29.

联，以平台自身为中心形成完整闭环，进一步保障机构运营的高效和安全。真正的互联网金融平台，不仅需要机构具有较强的技术研发、金融产品筛选、风险控制、市场推广等能力，同时还需要有互联网金融基础设施进行支撑。随着互联网金融行业的成长和规范，平台化正成为发展新动向，这符合大多数互联网金融机构回归信息中介的监管要求，也反映出市场对于端口的争夺加剧了。近年来，互联网金融行业忙转型，平台化趋势露端倪。陆金所曾宣布向金融资产交易信息服务平台转型，有意淡化自身P2P网贷平台形象。据初步统计，目前市场上有70余家平台冠名"某金所"，约20家机构冠名"某金服"。除了传统的互联网金融机构外，BAT企业也在布局互联网金融平台化发展。2015年蚂蚁金服启动"互联网推进器"计划，拟在5年内助力1 000家金融机构向新金融转型升级，推动平台、数据和技术的全面开放。

二、未来的互联网金融将生活化

科技会使每个人无时无刻、无处不在地享受个性化金融服务。比如在支付领域，微信支付和QQ钱包连接了各类消费生活场景，它解决了很多行业的支付痛点，即使你在一个偏僻的路边店买东西，身无分文，也能用微信或者QQ钱包进行快捷支付。互联网金融生活化已是势不可挡的趋势。民生、兴业、华夏等多家股份行皆把发展社区金融提至战略高度，并大举开设轻型社区银行、智能旗舰店、综合金融服务门店等智能网点。

三、未来的互联网金融将社交化

互联网金融引入社交因素，可以提高投资人的活跃度和黏性，对平台获取用户有着极大的利好。所有的模式在社交网络上面，大大缩短了人与人之间的距离，提高了人与人之间的沟通效率，并且所有的信息都在社交网络上面，能够快速地传播。这也是为什么互联网金融与社交网络进行结合的时候,能够产生极大的化学作用的重要原因。比如微信金融在社交网络上的爆发性很有可能带动整个金融行业新一轮的变革,所以在微信红包之后,金融行业里面各个子行业的公司也基于互联网,结合新的社交网络跟金融业务去做一些新的尝试,比如微信转账。微信转账从2014年8月份上线到现在,已经在微信支付里面成为最大的支付场景,并且仍然在快速增长中,成为人们生活中必备的支付工具之一。保险行业是看到微信红包之后最快动起来的行业,各大公司纷纷在社交网络推出相应项目,比如厦门泰康推出了求关爱的项目,还有太平洋保险做了"救生圈"产品。其实原理就是基于社交网络熟人之间的互助这样一个驱动力来带动用户去买保险,这给他们带来了很多新的客户,也是新的尝试。未来保险公司还会推出全新的跟社交网络结合得比较紧密的社交险种,会有爆发性的增长。

互联网金融社交化的另外一个体现则是建立新的征信模式。用现在的征信模型我们很难精准地对个人用户进行评估,所以现在就连银行的信用卡覆盖率都没有达到一个很高的水平。但是社交网络里有每一个用户最全面、最完善的数据,通过用户在社交网络里的各种行为,可以为每个用户划出一个全新的社交征信模式。新的社交征信模式与传统的征信模型相结合,将会给以后的个人消费信贷带来全新的发展空间。

四、未来的互联网金融将场景化

互联网金融场景化主要是指将金融需求与各种场景进行融合,将金融嵌入人们众多的生活场景中,虽然无法触摸,可实际上又无处不在。通俗地讲,金融场景化就是将金融融入到人们吃、穿、住、行的日常生活和生产之中。在互联网金融场景时代,互联网商业场景与金融无缝对接,并伴随出现很强的溢出效应。用户的所有行为,包括支付在内的金融服务与社交互动,都将融入到具体的场景里。正如人们不会为了支付而去购物,而是在某个具体的消费场景里自然而然地使用微信支付或支付宝。而在流量红利逐步消失的当下，如何精准把握未来场景已成关键。互联网金融将会充分发挥大数据、云计算的优势，聚焦每个人，为用户提供更具个性化、更精准的服务。现在的互联网金融已经越来越具备场景化的特征，未来的金融产品，不再是一个静态的概念，而是人们愿意为一个具体的场景下面的方案买单，场景才是赋予产品意义的重要因素。随着互联网技术的不断发展变革，消费者行为习惯也必然会跟随互联网金融产品和服务进行相应调整。从趋势上看，金融产品与消费场景的融合将不断加深。从竞争上看，主要在于提高特定消费场景的把控能力和风险识别能力。传统金融机构、互联网巨头和创业公司利用各自的优势纷纷抢占增量市场，各机构在自己的风险容忍范围内不断试错，在风险和收益的动态平衡中寻找市场边界。也许在不久的将来，金融端会不断地向场景端扩展，而场景端也会不断向金融端渗透，最终的结果是金融端、场景端相互融合，实现金融服务与商户的交易场景、用户的生活场景无缝对接。

五、未来的互联网金融将被数据化

在中国经济新常态大背景下，我们以大数据应用为战略引领，实现了从"互联网+"到"大数据×"的融合效应，打通大数据成果向现实生产力转化的通道。互联网金融的产生，促使虚拟信用卡、网络贷和POS贷等新型金融应用纷纷找寻大数据的支撑。互联网金融将提供前所未有的海量数据，通过云计算等专业分析挖掘，建立以大数据为核心的信用体系，深层次、多维度分析银行的客户群。这就意味着，"互联网银行"在庞大数据流的推动下，不仅可以预测客户需求，还能积极响应客户不断变化的个性化服务，并提供相应的解决方案，最终成为客户可信赖的顾问、服务商以及价值聚合的枢纽，并且能大幅降低合作伙伴的运营成本和服务成本，快速实现规模经济。在过去的几年里，我们看到越来越多的机构尝试将"开放、平等、协作、分享"的互联网精神融入到金融服务，通过大数据、云计算、移动互联等技术应用于金融产品，促进金融的民主化和普惠。在这样的趋势下，金融生态系统必将会从一个相对独立的、静态的、模块化的工业时代，迈向一个融合的、动态的、碎片化的大数据时代。

第七节　结　语

随着2015年7月18日《关于促进互联网金融健康发展的指导意见》的颁布，互联网金融逐步从野蛮生长走向成熟。趋势已在，未来已来。尽管它无法完整地呈现在大家面前，但它会碎片化地存在于每个人、每个企业的微小变革中，无时无刻、无处不在地影响、改变我们的生活。

第三章　大数据

在科技日新月异发展的今天,"大数据"这一时髦概念已频繁地出现在各种媒体、网络上,在各行各业中我们也经常听到大数据的声音,看到大数据的身影。我相信,我们已经感受到大数据所带来的力量。大数据背后所蕴藏的巨大能量与系统功能已成为我们不可不知的基本知识。因此,本章将从大数据的概念、秘密、今昔、所带来的机遇与挑战、成功先驱者这五大方面带你走进大数据、了解大数据,并重新认识与你心中所想不一样的大数据。

第一节　何谓大数据

一、大数据等于数据大吗?

首先,在深入了解大数据之前,我们必须知道什么是大数据,也就是说,到底什么样的数据才能被称作或定义为大数据。许多人在第一次遇到"大数据"这一概念时可能会发出这样的疑问:大数据就是指数量很大的数据吗?现在大家都知道答案是否定的。大数据概念所蕴含的内容是多维、多方面的,数据数量大只是大数据当中很小的一个必要条件。

大数据即 Big Data,是用来描述呈指数级增长以及可用性的结构化和非结构化数据的一个流行名词。这一概念(或说法)较早见诸

apache org 的开源项目 Nutch 中，而当时的大数据仅仅是指在更新网络搜索索引的同时还需处理和分析大量的数据集。后来，在谷歌发布 MapReduce① 以及 Google File System 之后，大数据的定义中又多了数据处理速度这一层意思。研究机构 Gartner 还曾给大数据下这样一个定义，即大数据是一种基于新的处理模式而产生的具有强大的决策力、洞察力以及流程优化能力的多样性、海量的且增长率高的信息资产。另外，James 早在 2011 年，在其著作《大数据：创新、竞争和生产力的下一个前沿》一书中也给出了大数据的定义，即大数据是大小规格超越传统数据库软件工具抓取、存储、管理和分析能力的数据群。②

然而，以上这些定义都无法很好地诠释大数据，至少在数据量这一方面无法从最基本的量化角度来衡量大数据。随着科技的发展和时间的推移，我们可以肯定的是数据量会越来越多，于是大数据也会变得越来越庞大。庆幸的是，美国易安信（EMC）③ 公司给出了量化大数据的标准，即大数据是指大型的数据集，其规模一般在 10TB（Trillionbyte，太字节）左右，而通过多用户将多个数据集集合在一起，能构成 PB（Petabyte，拍字节）的数据量。④

主流的大数据定义最早是由行业分析师道格·莱尼（Doug Laney，目前供职于 Gartner 公司）于 2001 年提出的，他阐述了大数据三"V"层面的定义，即数量（Volume）、速度（Velocity）以及多样性（Variety）。⑤ 后来，国际商业机器公司（International Business Machines Corporation，IBM）将其扩展到四"V"，即三"V"加上第四"V"——真实性（Veracity）。现在，IBM 公司又从大数据的四"V"

---

① MapReduce 是一种编程模型，用于大规模数据集（大于 1TB）的并行运算。概念"Map（映射）"和"Reduce（归约）"是它们的主要思想，都是从函数式编程语言里借来的，还有从矢量编程语言里借来的特性。
② 黄颖. 一本书读懂大数据. 长春：吉林出版集团有限责任公司，2014.
③ EMC（易安信）为美国一家信息存储资讯科技公司，主要业务为信息存储及管理产品、服务和解决方案。
④ 1 PB=1 024 TB；1 TB=1 024 GB；1 GB=1 024 MB.
⑤ META Group3D. Data Management: Controlling Data Volume, Velocity, and Variety, 2001.

定义中概括出大数据所隐含的第五个"V"——价值性（Value）。

此外，在徐子沛（2014）笔下，大数据是指一般的软件工具难以捕捉、管理和分析的大容量数据，一般以太字节为单位。大数据之"大"，并不仅仅在于容量之大，更大的意义在于：通过对海量数据进行交换、整合和分析，可以发现新的知识，创造新的价值，带来"大知识""大科技""大利润"和"大发展"。

而最近，在Cavanillas等（2016）看来，大数据是指数据集如此之大或复杂，以至于无法使用传统的方法完全地对其进行处理。数据处理的挑战包括数据分析、采集、管理、搜索、共享、存储、传输、可视化、查询、更新和信息隐私等。该术语还通常指预测分析、用户行为分析或某些其他先进的能从数据中提取价值的数据分析方法，而很少指数据集的具体大小。

二、大数据定义知几何[①]

实际上，"大数据"一词最早出现在美国航空航天局（NASA）的科学家于1997年撰写的论文当中，其中描述了他们曾遇到的计算机图形可视化难题，而这个问题恰好"提供了一种有趣的挑战：数据集通常是相当大的，主存储器、本地磁盘甚至远程磁盘都不堪重负。我们称这种数据为大数据。当数据集不再与主存储器适配时，或当它们与本地磁盘不适配时，最常见的解决方法是获得更多的资源"。

2008年，美国一些著名的计算机科学家推广了大数据这一概念，并预测"大数据计算"将改变公司、科研人员、医务人员、我们国家的国防与情报行动的活动。然而对于所谓的"大数据计算"却从未在纸上给出明确的定义。

传统的有关数据库的权威定义是来自牛津英语词典（Oxford

---

① 本部分的主要内容来源于网页：http://www.forbes.com/sites/gilpress/2014/09/03/12-big-data-definitions-whats-yours/#18b4eed721a9。

English Dictionary，OED）。OED 对大数据的界定是"数据规模非常大，在通常的范围内，它的操作和管理目前都遭遇明显的挑战"（定义1）。

被大家所广泛引用的麦肯锡 2011 年大数据研究中强调了如何定义大数据仍然是个挑战。大数据（定义 2）即数据集的大小超出了传统数据库软件工具捕捉、存储、管理和分析的能力。不过，麦肯锡的研究人员也承认，"这个定义有某种主观性，并且需要从变动的视角来定义大数据"。

Mayer-Schönberger 和 Cukier（2012）曾在 *Big Data：A Revolution That Will Transform How We Live，Work，and Think* 一书指出，"尚没有严格的大数据定义"，但他们提出了可以利用大数据为我们做事的观点，即社会能够以新的方式产生有益的见解或者新的商品和服务的有效价值形式（定义3）。

在《工作中的大数据》一书中，汤姆·达文波特（Tom Davenport）认为，由于大数据"定义的问题，我（和其他我咨询过的专家）预测这个不幸的术语可能仅拥有相对较短的寿命。"不过，达文波特仍给出了大数据的定义，即新的、大规模的数据类型是最近十年出现的（定义4）[1]。

2014 年，维基百科正式给出了大数据的定义。实际上，该定义与OED 给出的定义相一致，即大数据是一个包罗万象的术语，针对任何数量如此庞大且复杂的数据，以至于难以利用手上的数据管理工具或传统的数据处理应用程序对其进行处理（定义5）。

随着时间的推移，大数据的定义也在不断变化，但这些定义与1997 年由美国航空航天局科研人员的定义仍有相似之处，并因此而揭示了大数据的弱点，即这里的"大"是与"传统"相对的且又不明确的意思。

除了上面的定义，Gil Press（2014）[2]认为大数据还有以下几种

---

[1] 来源于网页：http://www.forbes.com/sites/gilpress/2014/03/03/big-datas-new-and-old-clothes-tom-davenport-can-tell/.
[2] Gil Press. 12 Big Data Definitions: What's Yours? http://www.forbes.com/sites/gilpress/2014/09/03/12-big-data-definitions-whats-yours/#18b4eed721a9.

可能的定义：大数据这一工具能帮我们找到相关数据，并分析其影响（定义6）。大数据将企业和消费者IT融合在一起（定义7）。大数据为企业实现了数据从内部处理到外部挖掘的转变（定义8）。大数据为个人实现了从使用数据到创建数据的改变（定义9）。大数据实现了奥林普·马克西姆夫人和少校数据的合并（定义10）。你拥有的数据越多，你可能会得到更多的见解和答案（定义11），当然数据的收集也不应盲目。企业、非营利组织、政府机构以及个人，将来自多个来源的数据结合起来可能会导致更好的决策（定义12）。

有关大数据的定义目前多达12种，那么在你心目中大数据又应当如何定义呢？

第二节　窥探大数据的秘密

一、大数据的5V价值

在大数据时代，社会需要重新评估其所拥有的数据以及数据带来的价值，这是一次思想的转变，社会将从这次改变中获取巨大的收益。从网页、社交媒体、移动设备、可穿戴设备等信息源，每时每刻都有巨量的数据产生，然后流向数据存储商。经由数据分析师的分析处理，各类机构能洞察出在这个社会的内层发生着什么样的变化，并通过由此构建的人际关系网络，对人们偏好、选择、消费习惯、生活方式等的改变做出判断，进而更加有针对性地制订商业计划。他们知道该向用户推送什么样的新闻、推荐什么样的产品，他们拥有的是大数据时代带给他们的精准"炮弹"。那么，这样的大数据到底蕴含哪些价值呢？

从前述大数据5V定义中，我们可以清楚地了解到大数据拥有数量、速度、多样性、真实性以及价值性这五大显著特点。可以说，这5V既是大数据的典型特征，也是大数据的秘密所在。

数量（Volume），即数据的规模（scale of data）。数据容量的增加与许多因素是不可分开的。数据从采集、存储到计算分析，数据量都非常之大。据 IDC（国际数据公司）预测，全球将在 2020 年正式进入 ZB①时代，全球数据量大约每两年翻一番，当前 90% 的数据都是产生于过去两年间。预计到 2020 年，全球的数据量将达到 40ZB，相比 2005 年增长了 300 倍。②如此量大的数据得益于数据采集方式的多样性和便利性，数据的采集不再处于被动。并且，数据的存储成本将大幅降低。在过去，存储大量的数据是一个大难题。但随着存储成本的降低，其他问题也随之出现了，包括如何处理大数据中的数据相关性以及如何使用分析工具从相关数据中创建数值等问题。

速度（Velocity），即 speed of data：一方面是数据量的爆炸式增长，另一方面是对数据从采集、分析、创造价值整个过程的速度要求。我们需要知道的是，数据将会以前所未有的速度产生，并且需要我们及时处理。RFID 电子标签③、传感器和智能电表等正驱动着近实时地处理数据流的需求。对于大多数公司而言，以足够快的反应速度应对高增长的数据流速度是必需的。"秒级理论"（Second Law of Big Data）认为，要在秒级范围内给出分析结果，超出这个时间，数据就失去价值了。④金融、灾情预报、工业上需要实时操控的领域，都有赖于数据处理速度的提升。例如，美国国家海洋和大气管理局的超级计算机能够在日本地震后短短 9 分钟内计算出海啸发生的可能性，但就这 9 分钟的延迟对于瞬间可能被海浪吞噬的生命来说还是太长了。又如，与许多人的网购经历相同的是，电子商务网站会根据消费者的点击浏览历史和行为（如放入购物车）等实时发现顾客的即时购买意图和兴

---

① ZB，即泽字节（Zettabyte；万进级计数法中是"十垓"字节）。1 ZB= 1 024 EB=2^70 字节。
② 中国电子信息产业发展研究会. 大数据发展白皮书（2015 年）。
③ 射频识别 RFID（Radio Frequency Identification）技术，又称无线射频识别技术，是一种通信技术，可通过无线电讯号识别特定目标并读写相关数据，而无需在识别系统与特定目标之间建立机械或光学接触。
④ 再谈大数据的特征，感受数据之大. http://www.36dsj.com/archives/12729。

趣，并据此推送商品。大数据行业再一次印证了"时间就是金钱"。

多样性（Variety），即 diversity of data：随着移动设备、可穿戴设备、社交软件的飞速发展，数据形式和来源都在复杂化。今天的数据可能囊括了所有的数据类型。传统的数据库形式一般包括结构化的以及数字型的数据。而非结构化的文本文件、电子邮件、视频、音频、股票行情以及金融交易数据等也成为大数据的重要组成部分。管理、合并以及处理不同类型的数据已成为大多数公司的家常便饭。大数据入口主要有传统数据信息化、移动互联网、物联网三种。企业在实际应用中所使用的，不仅是传统的关系型数据库，还有以网页数据为代表的半结构化数据，以及图片、语音、视频等非结构化数据。各类社交媒体、主动和被动系统的传感器、公共平台都在产生和汇集数据。数据的多样性更表现在各行业数据之间互相连接所碰撞出的价值火花。各种各样的数据将更加立体地刻画用户群体的特征变化，乃至社会的衍变。

真实性（Veracity）：数据的真实性意义在于为决策提供支持。数据并非单纯的信息或知识。在大数据时代，每时每刻都流动着巨量的数据，人们总是尽可能地采集和存储一切可以得到的数据，以备不时之需。这就不可避免地会包含了很多"噪声"（noise）。大数据的价值在于"大"，但这也对后期的数据分析和清洗处理提出了要求。我们需要从错综复杂、包罗万象的数据中分析其结构，提取我们所需要的用于决策的信息。

价值（Value）：大数据的价值密度低与它的"大"密切相关。不间断地采集和存储，网页、传感器等源头源源不断地上传数据，有用的信息所占的比例变低。如何对庞杂的海量数据进行提纯分析，得出有用的信息，有赖于机器算法的进一步发展。然而通过深度分析四"V"特性的大数据，我们可以获得更大的价值。例如，一美国飞机引擎制造商使用大数据分析工具，预测由于引擎故障而导致航线干扰的准确率高达 97%。

此外，在我们常用的 SAS 软件中，还包含了对大数据五"V"定义以外的另外两方面的思考。一是变化性（Variability）。即除了增加速度和不同类型的数据，数据流可以与具有周期性的峰值数据变化不一致,即数据流的速度本身的不一致性。社会媒体是否也有类似趋势呢?日数据、季度数据和事件触发的峰值数据给管理提出了新的挑战。这其中还包括非结构化数据。二是复杂性(Complexity)。今天的数据可能有多个来源,而且它仍然是一个跨系统链接、匹配、清理和转换数据于一体的数据。因此,分析处理数据需要考虑各种数据之间的连接和关联关系,包括层次结构和多个数据之间的联系,否则很容易迅速失去对这些数据的控制。①

大数据因其"上帝视角",有利于社会资源的整合。商业机构通过用户消费习惯、偏好的分析,提供专业的服务,推送广告,将产品尽可能地分配给具有最大边际效益的消费者,一方面可以节约探索市场的成本,另一方面可以通过对消费者群体的分析制订合理的生产计划,整合产业链。征信机构可以通过对申请者消费行为、人际关系和他在互联网上留下的痕迹的分析,更加准确地评定申请者的信用情况,使很多传统信贷体系下无法贷款的人得到贷款的机会,使资源流向最需要的人。公共平台通过对社会人群特征、人际关系的分析,感知社会内层所发生的种种改变,感知政策阻力最小以及具有最大效益的方向,制定出更能提升社会福利的政策以及更有效率的资源分配方案。

二、大数据的价值遗憾

在大数据时代,商业机构都在费尽心思地收集、分析大数据,占据流量和数据的入口。比如,阿里巴巴的数据魔方、移动APP今日头条等通过采集用户个人社会化信息,建立起兴趣图谱向用户推荐文章,并且该应用会随着用户的不断使用而更准确地捕捉到用户的兴趣爱好。又如,互联网金融人人贷通过大数据积累信用,释放一些传统金融体系下未被满足但又广泛存在的巨大需求。②如今,大数据已经融入到我们生活的方方面面。在大数据的泡沫里,人们憧憬着如潮水般

---

① 参见 http://www.sas.com/en_us/insights/big-data/what-is-big-data.html。
② 百度百家. 董老师开讲了:系列一之大数据入门, http://yanglinhua.baijia.baidu.com/article/43780。

并夹杂着金钱的数据向他们涌来。然而,一切真那么美好吗?

我们需要认识到,通过大数据发现的信息是有风险的。大数据的"大"在带给我们无限可能的同时,也很容易让我们迷失。数据的采集来源越来越广泛,所有的数据都是不加分辨地一股脑收集存储起来,必然会引发数据价值比例低和虚假错乱信息隐匿其中的问题。另外,大数据的发现规律能力很大程度上依赖于机器在大模式上的归纳能力。机器很可能会一直在两个本身毫无实际关系的变量上寻求相关性,在这种情况下得出的相关性来自于机器的"不假思索"。并且,通过大数据下结论进而指导实践是存在隐患的。前些年,谷歌公司宣称它可以通过分析与流感相关的搜索项预测流感爆发的趋势。然而,事实证明谷歌的预测并没有得到很好的结果。[1] 大数据是与具体的应用场景相结合的,离开了场景,归纳得出的结论很可能失效。大数据只能总结过去,却无法左右未来。在 Facebook 大获成功之前,互联网巨头们的数据分析结果显示社交网络没有大的发展机遇,但 Facebook 成功以后,巨头们的想法却与之前完全相反。为此,谷歌公司 CEO 施密特在采访中还谈到:"我在谷歌犯的最大错误,就是没有(让谷歌)在社交网络兴起之时参与进来。"大数据的归纳能力是值得肯定的,但如果盲目地按照以前的规律指导未来的活动,不仅会让行动者错失先机(在很多新的领域,可以获取的数据量很小,开拓精神比归纳能力更重要),而且,人们也会逐渐丧失创新能力。事物是不断发展的,社会出现的新规律、新现象,大数据都需要时间去适应。对于罕见事件,大数据也无能为力。在科学研究领域,大数据只是一种辅助的工具。图灵奖得主吉姆·格雷提出科学研究的四类范式,认为除了之前的实验范式、理论范式、仿真范式以外,新的信息技术已经促使新的范式出现——数据密集型科学发现(Data-intensive Scientific Discovery)。[2] 第四范式,即所谓的数据密集型科学发现,就是我们所称的"大数据"。

---

[1] 行业资讯网. 大数据傲慢:我们能从谷歌流感趋势预测的失败中学到什么?. http://www.199it.com/archives/396471.html.

[2] Jim Gray. 第四范式:数据密集型科学发现. 潘教峰等译. 北京:科学出版社,2012.

然而，不论数据分析能力有多强，科学家们还是要进入实验室，基于对物理、生物、化学等学科的理解，通过脚踏实地地做实验来探索规律。科学追本溯源、探索真理的追求，是大数据所不能给予我们的（大数据只能告诉我们是什么，不能告诉我们为什么）。

大数据在用户隐私保护方面也有诸多值得思考的问题。对于与消费者相关的互联网公司而言，它们在大数据时代的定位尚未明确。对于这些公司，数据的价值有"粗粒度"价值和"细粒度"价值。"细粒度"的研究对象更细致，对象的标识也更清晰。比如，某一个人的九型人格类型是粗粒度信息，而这个人在特定情境下的行为记录是细粒度信息；某一个产品的影响人群是粗粒度信息，而该产品在信息推送过程中不同用户所产生的不同反应则是细粒度信息。相比于"粗粒度"信息，"细粒度"信息更能够帮助公司提高用户体验，提供精准、贴心的服务。大数据的未来，必然是对"细粒度"进行分析进而制定有针对性的营销策略，但"细粒度"信息又涉及个人的身份信息和隐私安全保密问题。很多数据来自网页和传感器的采集，但目前有些应用和传感器在数据传输过程中用户身份信息容易被获取进而被识别。倘若有朝一日，数据公司达成共享平台，用户的信息在各个平台共享，很可能我们将生活在一个"透明"的空间中。

图 3.1　大数据时代，信息是最有价值的资源[①]

---

① 图 3.1 来自于百度图片。

技术是把双刃剑，我们既可以利用大数据来发现庞杂信息背后的规律，发现用户习惯进而提供更精准优质的服务，解决很多实际的问题；当然也可能会因使用不当而导致信息泄露，从而使人们处于危险之中。如现在有相当一部分公司，滥取客户信息，并守着客户信息这座自身无法将其转化为价值的矿山，最终只有将它们不加处理地卖给别人，消费者的隐私就这样被泄露。虽然目前的数据采集手段已经非常丰富，从以前的被动式问卷调查、用户反馈等变成了主动式的网页和传感器采集传输等，数据的获取过程已经不需要再询问消费者，但恰恰是这种隐藏于表面下的数据洪流让用户"被监视"。大数据是个系统工程，从数据采集、计算到应用于决策是一个很长的流水线，而每个环节都存在严重的人才稀缺问题。目前，缺少的不是有数据的公司，而是能够从数据中挖掘出价值的公司。利用数据创造真正有意义的价值才是当前亟待解决的重要问题。

"大数据"强调的是计算处理大数据、分析提炼信息的技术和能力，其应用价值在于从庞杂错乱的数据中发现细粒度信息的价值。大数据的发展不是一个资本泡沫，而是社会发展的诉求。我们应规范数据采集和应用的规章制度，把握好技术的尺度，在不侵犯隐私的情况下，为生活提供更多便利。

第三节 大数据的今昔

一、数据何以是大数据[①]

可能很多人都会好奇这样一个问题：数据这一普通概念到底是如何晋升为大数据这一时髦概念的？早在七十年前，学者们就开始尝试

[①] 本部分内容主要来源于福布斯：http://www.forbes.com/sites/gilpress/2013/05/09/a-very-short-history-of-big-data/.

用数据量的方法来量化数据的增长率,也就是所谓的"信息爆炸"[①]。以下是大数据发展过程中的重要里程碑事件。

1944年,Fremont Rider出版了专著 *The Scholar and the Future of the Research Library*(《图书馆研究的学问与未来》)。他估计,美国的大学图书馆藏书量每隔十六年将翻一番。基于这样的增长速度,他又推测耶鲁大学图书馆在2040年将有约2亿册的藏书,而这些图书将占据超过6 000英里长的货架,同时还需要逾6万人的编目工作人员进行维护。

1961年,Derek Price出版了 *Science Since Babylon*(《自巴比伦以来的科学》)一书,通过观察科技期刊和论文数量的增长率,他给出了科学知识增长率图。他的结论是,新的期刊数量已呈指数倍增长(而非线性增长),并且每十五年将翻一番,而每半世纪期又将呈十倍增长。Price称这种增长为"指数增长法"。

1967年11月,Marron和Maine在著名的ACM通信杂志上发表了 *Automatic data compression*(《自动数据压缩》)一文。他们指出,近年来提出的信息爆炸概念使得所有的信息存储都必须保持在最低的限度。

1971年,Arthur Miller在 *The Assault on Privacy*(《隐私攻击》)一书中写道:"太多的信息处理程序似乎是在衡量一个人的存储容量。"

1980年4月,Tjomsland在第四届IEEE大容量存储系统研讨会上给出了题为"从这里我们何去何从?"的演讲。他认为,大量的数据被保留是因为用户没有识别过时数据的方式,而用于存储过时数据的惩罚比丢弃可能有用的数据的处罚更不明显。

1990年9月,Peter J. Denning在美国科学家杂志上发表了 *Saving All the Bits*(《存储所有的字节》)一文。他说:"科学家的当务之急是存储所有以字节为单位的数据。然而,信息流的速率和数量已向我们

---

① 信息爆炸(information explosion)一词最早出现在1941年出版的《牛津英语词典》中。

的网络、存储设备以及检索系统和人的理解能力等提出了挑战。"

1996 年，Morris 和 Truskowski 在 *IBM Systems Journal*（IBM 系统杂志）上发表了 *The Evolution of Storage Systems*（《存储系统的演进》）论文，他们认为数字存储正变得越来具成本效益。

2000 年 11 月，Francis X. Diebol 在计量经济学会第八次世界大会论文《大数据动态因素模型的宏观经济测量和预测》中指出："大数据是指可用的、潜在的相关数据的数量（有时在质量上也是如此）爆炸，这在很大程度上是最近的和前所未有的进步，是数据记录和存储技术的结果。"

Meta 集团的分析师 Doug Laney（道格·莱尼）于 2001 年 2 月发布了一份题为"三维数据管理：控制数据流量、流速和多样性"（简称为"3Vs"）的研究报告。十年后，"3Vs"已经成为大家普遍接受的大数据三个维度的定义，虽然当时大数据一词本身并没有出现在莱尼的报告中。

2007 年 3 月，John F. Gantz，David Reinsel 和 IDC（国际数据公司）的其他研究员共同发布了题为"膨胀的数字宇宙：预测截止到 2010 年的全球信息增长"的白皮书。这是对每年数字数据创建量和复制量估计和预测的首次研究。据 IDC 估计，2006 年全球产生了 161 艾字节（EB）[①] 的数据量；而在 2006 年至 2010 年期间，每年增加的信息量将增加超过六倍至 988 艾字节，或每 18 个月翻一番。实际上，根据 2010 年和 2012 年相同的研究报告，每年创建的数字数据量已超过这一预测，新的预测数据更新为：2010 年达到 1 227 艾字节，而在 2012 年增长到 2 837 艾字节。

2008 年 12 月，Randal E. Bryant 等发布了"大数据计算：在商业，科学与社会创建革命性的突破中"报告。他们写道："正如搜索引擎已经改变了我们如何获得信息的方式一样，大数据计算的其他形式能够

[①] 艾字节（exabytes），计算机存储容量单位，简称为 EB。1 EB=1 024 PB= 2^{60} 字节。

并且将会改变公司、科研人员、医生以及我们国家的国防和情报行动的活动。大数据计算也许是过去十年计算领域中的最大创新。我们才刚刚开始看到其收集、整理和处理数据的潜能。"

2010年2月，Kenneth Cukier在《经济学家》上发表了题为《数据，无处不在的数据》的特别报告，提到："……世界包含了一个难以想象的、巨大的数字信息容量，而这一容量也正急剧增大……从商业到科学、从政府到艺术，无处不在，我们都能感受到数字信息量带来的影响。而科学家和计算机工程师们为这种现象创造了一个新的名词：'大数据'。"

2011年5月，麦肯锡全球研究院的James Manyika等出版了 *Big Data: The Next frontier for Innovation, Competition, and Productivity*（《大数据：创新、竞争和生产力的下一个前沿领域》）一书。他们估计，到2009年，美国经济几乎所有部门平均存储的数据至少为200千兆字节（两倍于1999年美国零售商沃尔玛数据库存储数据大小），每家公司将拥有超过1 000名的员工。总体而言，他们估计，在2010年，将有7.4艾字节的企业新数据以及6.8艾字节的消费者新数据被存储起来。

2012年5月，Danah Boyd和Kate Crawford在《信息、通信和社会》杂志上发表了论文《大数据的关键问题》。文中他们认为大数据是一个集文化、科技和学术为一体的现象，并且依赖于以下三因素的相互作用：① 技术：最大限度地提高计算能力和算法的准确性以收集、分析、链接和比较大的数据集；② 分析：使用大数据为经济、社会、技术和法律索赔绘制模式；③ 神话：人们普遍认为大数据能为我们提供情报和知识的高级形式，以产生在此之前是不可能发生的、真理性的、客观性的和准确性的见解。

…………

从隐隐约约看到大数据的身影，到大数据这一名词的最终正式提出，再到大数据已全面遍布到社会各个领域，谜一般的大数据已为我们开启了崭新的时代。

二、我国大数据发展之路①

经过多年信息化建设和互联网发展，我国已经成为数据大国。易观国际统计结果显示，2015年我国大数据市场规模已达102亿元，2017年有望达到170亿元。申万宏源报告分析称，10年后"大数据"可撬动万亿元级的GDP。② 把握时代脉搏，紧跟发展机遇，在新形势下，我国政府和企业也融入了大数据发展的潮流中。

在政策的推动下，我国建立和发展了一批大数据交易中心。从2014年北京大数据交易服务平台开始，依次在武汉、贵阳、徐州、河北、上海等地建立了大数据交易中心。贵阳是大数据战略的"试验田"。截止到2016年7月，贵阳大数据中心可交易的数据产品已经超过3 500个，交易金额突破1亿元。据了解，这些数据产品的数据源来自不同行业领域，最终能够登上交易平台的并非底层数据，而是通过数据脱敏、清洗、分析、建模后安全的、可交易的数据产品，包括金融大数据、政府大数据、医疗大数据、社会大数据等30大类别，涵盖种类丰富，应用领域广泛。③

目前，我国大数据产业市场主要有三大类型：第一种是以百度、阿里巴巴、腾讯为代表的互联网企业；第二种是以联想、华为、浪潮、曙光、用友等为代表的传统IT生产厂商；第三种是以拓尔思、亿赞普、海量数据为代表的大数据新兴产业。④ 除此以外，还发展了数据自营、租售、平台、仓库、众包和外包等主流商业模式。

我国互联网企业在大数据发展中具有独特的优势，最为明显的表

---

① 本部分的编写参考了王宝（2016）《全球大数据发展布局现状分析》、乔健（2016）的《美国大数据政策的发展趋势》和张茉楠（2015）的《发达国家如何布局大数据》等。
② 山东省商务厅. 2015年我国大数据市场规模已达102亿元. http://www.shandongbusiness.gov.cn/public/html/news/201603/368273.html.
③ 贵阳大数据交易所 http://www.gbdex.com/website/.
④ DTDATA. 企业大数据发展现状与应用分析，http://www.dtdata.cn/news/show-1104.html.

现就是掌握了数据流量的入口。以阿里巴巴为例，它凭借淘宝网这一购物平台掌握了海量的顾客交易及其信用数据，并积极搭建数据的流通、收集与分享的底层框架[①]；而百度的优势在于海量的数据，即沉淀十多年的用户行为数据、自然语言处理能力等，据此还发布了大数据引擎，有望在政府办公、医疗、金融、教育等多行业深入发展[②]；腾讯凭借QQ、微信这两大社交平台，掌握了大量的用户关系数据和社交数据，其研发的产品注重用户体验，运用大数据改进产品是其思路[③]。而传统的IT厂商，利用他们在硬件、存储方面的优势进行发展。例如，华为率先推出了华为云服务，整合了高性能的计算与存储能力，为大数据的挖掘和分析提供了专业且稳定的IT基础设施平台；浪潮互联网大数据采集中心已采集了超过2 PB的数据，还构建了五大类数据分类处理算法。这些IT厂商还为企业搭建大数据平台，提供专业的数据存储、交换、分析设备和技术支持。

三、大数据的国家战略

（一）发达国家

美国总统科学技术顾问委员会（PCAST）于2010年向奥巴马和国会提交了《规划数字化的未来：美国总统科学技术顾问委员会给总统和国会的报告》，其中指出大数据技术具有十分重要的战略价值，然而联邦政府对其研发的投资并不足，故建议联邦政府制定应对大数据的战略。此后，奥巴马政府采取了一系列主题为"我的大数据"的倡议（My Data Initiatives）和措施。2012年3月，美国投资两亿美元启动了"大数据研究和发展"计划，该计划涉及国防、能源等六个联邦政府部门，主要用于大力推进大数据的收集、访问、组织与开发利用等相关技术的发展，进而大幅度提高从海量复杂的数据中提炼有效信

---

① 阿里研究院，http://www.aliresearch.com/.
② 百度大数据，http://bdp.baidu.com/.
③ 腾讯大数据，http://bigdata.qq.com/.

息与获取知识的能力与水平。2014年5月，美国又发布了《大数据：抓住机遇，守护价值》的白皮书，其中提出："大数据虽然正改变着世界，但它并没有改变美国人对于保护个人隐私、确保公平以及防止歧视的坚定信仰。"从白皮书所代表的价值来看，美国政府更看重大数据为经济与社会发展所带来的创新动力，而对于可能与隐私权产生的冲突，则以解决问题的态度来处理。该报告最后还提出了六点建议：推进消费者隐私法案、通过全国数据泄露立法、将隐私保护对象扩展到非美国公民、对在校学生的数据采集仅应用于教育目的、在反歧视方面投入更多专家资源和修订电子通信隐私法案。①

2011年12月，欧盟颁布了《开放数据战略》。它以开放数据为核心，以创新、增长和透明治理为引擎，将重点立足于数据处理技术、数据门户网站与科研数据基础设施三方面的投入，旨在为欧洲企业与市民提供自由获取欧盟公共管理部门所有信息的途径，并建立一个汇集不同成员国以及欧洲机构数据的"泛欧门户"。当前，欧盟正在研究制订数据价值链战略计划,通过以数据为核心的连贯性欧盟生态体系，让数据价值链的不同阶段产生价值，以最终实现"大数据"的最大价值。该战略计划包括开放数据、云计算、高性能计算和科学知识开放获取这四大战略，其遵循的主要原则为：高质量数据的广泛获得性，包括免费获得公共资助数据；作为数字化单一市场的一部分，欧盟内部数据的自由流动；寻求个人潜在隐私问题与其数据再利用潜力之间的适当平衡，并赋予公民以其希望的形式使用自己数据的权利。

英国商务、创新和技能部于2013年10月31日发布了《英国数据能力发展战略规划》，旨在使英国成为大数据分析的世界领军者，并使公共部门和私营部门、企业界和学术界、公民和消费者均能从中获益。为保障该计划能顺利实施，英国政府还专门成立了信息经济委员会。在信息经济委员会的指导下，还成立了研究部门透明委员会

---

① 综合参考了：张茉楠. 发达国家如何布局大数据. 新重庆，2015（9）：47-48. 乔健. 美国大数据政策的发展趋势. 全球科技经济瞭望，2016（5）：1-4.

(Research Sector Transparency Board)、开放数据研究所（The Open Data Institute）和信息化基础设施领导委员会（E-infrastructure Leadership Council）。前者主要研究制定英国政府的数据公开制度；中者则与企业联合，研究分析英国政府开放数据，培育创新产品和服务；后者为政府的大数据存储和分析所需的计算基础设施、技术支持提供建议。

2012年6月，日本IT战略本部发布了《电子政务开放数据战略草案》，迈出了政府数据公开的关键性一步。为确保国民能够方便地获得行政信息，政府将利用信息公开的方式标准化技术实现统计信息、测量信息、灾害信息等公共信息，在紧急情况下能以较少的网络流量向手机用户提供信息，并在网络上实现行政信息全部公开且可被重复使用的目标。同年7月，日本总务省ICT基本战略委员会发布了《面向2020年的ICT综合战略》（草案），指出提升日本国际竞争力，大数据应用不可或缺，其战略重点为关注"大数据应用"。次年6月，安倍内阁正式公布了新IT战略——《创建最尖端IT国家宣言》，全面阐述了2013—2020年期间以发展开放公共数据和大数据为核心的日本新IT国家战略，目标是将日本建设成一个具有世界最高水准的广泛运用信息产业技术的社会。

（二）中　国

2015年，我国加快了大数据战略的发展进度（如图3.2所示）。2015年1月，国务院部署加快发展服务贸易，以结构优化拓展发展空间，提出升级创新模式，重点利用大数据、物联网等新技术打造服务贸易新型网络平台。2015年2月，确定运用互联网和大数据技术，加快建设投资项目在线审批监管平台，横向联通发展改革、城乡规划、国土资源和环境保护等部门，纵向贯通各级政府，推进网上受理、办理、监管"一条龙"服务。2015年3月与5月，还制订了"互联网+"行动计划以及编制了软件及大数据产业"十三五"规则，此时大数据产业第一次明确出现在规划中。同年7月，国务院办公厅印发了《关于运用大数据加强对市场主体服务和监管的若干意见》。意见指出,要提高对市场主体的服务水平,加强和改进市场监管;推进政府与社会信息资源的开放共享,提高政府运用大数据的能力,同时积极培育和发展社会化征信服务。2015 年 9 月,国务院印发了《促进大数据发展行动纲要》,系统部署了大数据发展工作。纲要要求加强顶层设计和统筹协调,大力推动政府信息系统和公共数据互联开放共享,加快政府信息平台整合,消除信息孤岛,推进数据资源向社会开放,增强政府公信力,引导社会发展,服务公众企业。2015 年 11 月,党的十八届五中全会公报提出要实施"国家大数据战略",这是大数据第一次写入党的全会决议,标志着大数据战略正式上升为国家战略,正式开启了大数据建设的新篇章。2016 年 3 月,《中华人民共和国国民经济和社会发展第十三个五年规划纲要》指出,实施国家大数据战略,把大数据作为基础性战略资源,全面实施促进大数据发展行动,加快推动数据资源开放共享与开发应用,助力产业转型升级和社会治理创新。[①]

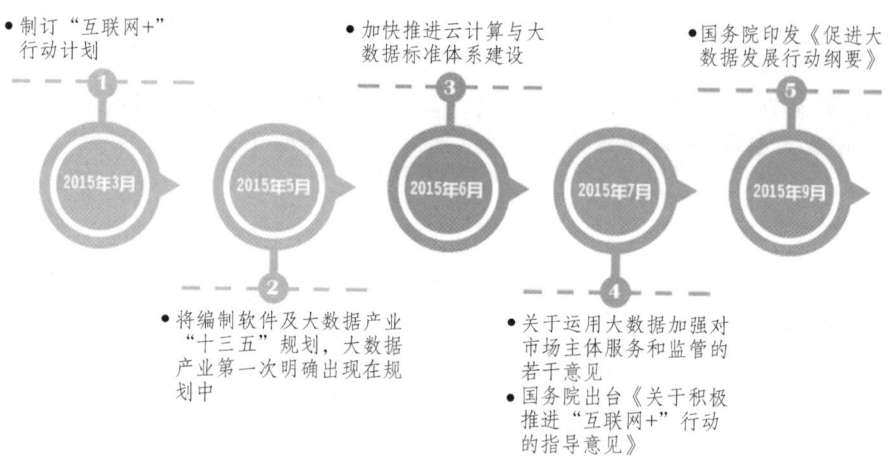

图 3.2　2015 年中国大数据战略发展进度[②]

---

① 该部分内容摘自《十三五规划纲要——拓展网络经济空间》。
② 图 3.2 来自 http://www.ocn.com.cn/zt/shujuzhongguo.shtml。

总之，综观发达国家与我国的情况，大数据已成为国家层面的战略部署，大数据的地位绝非一般。

（三）战略投资与大数据

随着当前互联网技术和信息化的新发展，大数据已经成为驱动全球信息时代发展和经济增长的重要基石和战略资源，其与多个领域良好的交叉性正引领相关产业的转型升级，同时也为产业生产力提供了创新的源泉。在新的形势下，投资环境、竞争对手、运行规则的确切含义已被修正、更新，市场的界限日益模糊，信息战略地位的竞争趋于全球化，新行业、新领域、新工具层出不穷。面对大数据时代的挑战，战略思考和战略眼光从来没有像今天这样意义重大，如何利用大数据得天独厚的优势重新建立"核心投资战略"，从而有效降低成本、减少风险、提高运作水平、改善产品和服务质量、获得规模经济，这是所有产业、领域面临的同样挑战和机遇。

新的时代有了新的表象，同时也提出了新的战略投资要求，高新信息技术开发与产业化的战略性选择、高新信息技术的创新速度和产业化速度、专业人才队伍的规模与储备及人才培养速度、要素投入方向、规模及速度业已成为新一轮竞争的焦点，这一切都将决定着谁能登上经济发展的战略制高点。事实上，激烈的角逐早已全面展开。回顾前文的内容，早在2013年6月，日本就恢复了新的IT战略，制定了新的以发展开放公共数据和大数据为核心的国家战略。2014年5月，美国联邦政府发布了《大数据：抓住时代机遇，坚守传统价值》的白皮书。随后，德国、英国、法国也相继发布了国家大数据方针战略。2015年9月，国务院颁布的《促进大数据发展行动纲要》也为我国大数据发展指明了方向。种种迹象表明，各个国家都竞相把大数据上升为国家核心战略，并将基于大数据的战略投资作为提升经济竞争力的必要手段。

虽然大数据时代的出现无疑是全球性竞争加剧的同义句，但是有一个事实却是不容忽视的，竞争在生产胜利者的同时也制造了失败者。对于每一个现代企业来说，无论现在是处于领先地位、维持地位、还是防御地位，无疑都面临着一种新形势下全新内涵的挑战，但伴随着大数据产业的发展和数据资产化的加深，相关层面也将得到巨大的发展和投资的机会。战略投资环境的急剧变化、竞争程度的日益激烈只是其中的一方面，国家政策持续利好、市场结构不断优化、市场规模逐渐增大、产业落地效应增强等一系列良好驱动因素都将使得大数据领域投资成为热点。

在信息技术融合应用的新时代，大数据就是重要战略资源，为战略投资提供了新的可能、新的机遇。如何顺应时代的要求、把握大数据产业发展带来的重要战略机遇，开发并应用好大数据这个重要的战略资源，同时通过战略投资带动大数据技术的长足发展，从而形成一个良好的投资循环链条，实则为新时代投资占领制高点的首要问题。那么战略投资方应当如何切入大数据领域呢？

首先是行业角度。大数据首先可应用于政府办公、金融、电信、互联网等几个方面，而且亦可在医疗、零售、交通等领域大有作为，因为得益于这些行业长期发展过程中累积的巨量数据。这些行业与人们的生活息息相关，即使在过去没有传感器等数据采集器的时候，依然凭借广阔的用户群体和上下游商业生态关系收集了属于自己的独特数据。同时在这些行业去部署传感器进行数据采集的成本也是相对较低的，这样就解决了数据源的问题。行业与人们生活的高度相关性决定了大数据在这些行业的变现能力将直接而具有持续性。人们对于提高生活品质、工作效率有很大的诉求，而"大数据化"能给这些行业准确地刻画客户人群，分析用户群体，并且针对性地推出产品、服务，降低成本，贴合用户需求。在需求驱动下，技术才能更快地转化成利润。这些利润空间也是巨量的。投资于行业是本着从需求出发来投资。如果投资方本身已经在这些行业有所积累，最好从自身行业开始做起，不仅可以拥有自己独特的数据，而且凭借已经构建好的用户关系，上下游关系将助力"大数据化"。如果投资方想投资其他行业布局多元化发展，一定要充分分析相关数据。盲目的需求驱动可能会浪费大量的成本。除了与人们生活具体相关的方面外，在"智慧城市""智慧地球"、政府办公等方面，也有很大的发展空间。

另一个角度是大数据在产业链中的位置。大数据产业链大致由存储服务提供商、数据源提供商以及数据可视化与分析厂商三部分组成。大数据产业链的底层是存储服务、数据查询传输服务提供商，这类厂商通常拥有自己独特的存储技术与专业优势。在存储服务之上，有很多数据源公司。其中一部分是传统行业的厂商，它们在长期的发展中累积了大量用户数据，然而缺少有效的数据分析手段。此外则是新兴的互联网、可穿戴设备厂商等，他们掌握了数字时代的流量入口。而从数据源处购买数据，数据的可视化和分析厂商便可为客户提供产品、用户分析，并提供策略、发展建议等。当然，这是大数据从数据转换为利润的关键一环，并且更重要的是凭借智力因素。总之，大数据产业链中的各类厂商各有优势，投资方在进行投资时应该考虑自身优势，并结合自身条件和未来发展规划明确自己在大数据产业链中的定位，这样才能更好、更具有针对性地发展。

战略投资是公司围绕未来发展规划所进行的长期投资，投资规模大、周期长。在进行大数据战略投资时，建议以需求为导向，结合自己的优势与特点，综合权衡风险和收益，不盲目跟风。只有这样，才能扬长避短，把资本集中到最能持续强效变现的地方。

第四节 机遇与挑战

正如阿里巴巴集团董事局主席马云在淘宝十周年晚会的卸任演讲中所提到的，"大家还没搞清PC时代的时候，移动互联网来了；还没搞清移动互联网的时候，大数据时代来了。"如今看来，大数据时代确实早已到来，且在大部分人还未察觉时就以一种前所未有的速度和坚决的态度渗透到世界的细枝末节，改变着我们的生活方式、传统的思维模式，孕育着更多颠覆性的创新，但也可能潜伏着更大的风险……

诚然，大数据时代不仅意味着大机遇、大变革，同样也伴随着大挑战、大冒险。那么，如何在这一场没有硝烟的隐形的数据战场中始终保有速度与激情，一举拿下战斗的制高点，完成一场华丽的大冒险，必是这一个时代我们所面临的永恒话题。

一、机　遇

身处数据洪流，大数据是否真的能为我们带来翻天覆地的变化，而这种变化是否又能超越人的想象，总是令人既紧张又兴奋？大数据时代的确包含着无限的未知与可能，并以一个骄傲者的姿态等着我们去揭开它神秘的面纱。2011 年，科学（Science）杂志出版的专刊 *Dealing with Data*[①] 通过对大数据特征的详细分析，指出如果能有效地利用大数据，深挖数据洪流的巨大潜在价值并有效地对其利用，将会成为促使社会发展的良好助力。维克托·迈尔-舍恩伯格在《大数据时代：生活、工作与思维的大变革》[②] 一书中也曾明确指出，"大数据不仅改变了人们的生活，而且还改变了人们的思维方式，而更多的改变正在酝酿之中，随时可能爆发。"作者还详细地论述了在大数据时代思维、商业和管理三个方面的变革。由 Klubeck M.编著的《量化：大数据时代的企业管理》[③] 一书中也提到了，随着大数据时代的到来，各个行业都将离不开大数据，同时也就怎样在大量的数据中挖掘有效信息展开了一系列深入的探讨。尽管这一时代危机重重，但是毫不影响人们的征服欲望，其所蕴含的巨大红利确实值得人们为之放手一搏。

（一）火热的大数据掘金浪潮

在大数据时代，数据的挖掘既是基础，也是核心。谁能够释放数据

---

① Overpeck J T, Meehl G A, Beny S. Dealing with Data. Science, 2011, 331（6018）：639-806.
② 维克托·迈尔-舍恩伯格. 大数据时代：生活、工作与思维的大变革. 周涛，译. 杭州：浙江人民出版社，2012.
③ Klubeck M. 量化：大数据时代的企业管理. 北京：人民邮电出版社，2013.

洪流中潜在的巨大能量，谁就将掌握未来时代的解码器，并成为数据掘金的第一人。如今，越来越多的企业纷纷投入大量人力、物力从而保持大数据挖掘工作的有效运行，大家都期待借此挖掘出大数据的商业机遇。

从科学研究到医疗保险，从银行业到互联网，各个不同的领域都在讲述着同样的故事，越来越多的公司在数据"矿山"中挖掘到自己的第一桶金。素有"数据提炼厂"之称的 Acxiom 便是这群掘金者中的佼佼者，其凭借过去 40 年间对"离线数据"的集大成，采取"机遇数据"市场营销的营销策略帮助企业精准定位它的潜在客户，从而得以雄踞一方数据沃土。更值得一提的是，麻省理工学院研究者 John Guttag 和 Collin Stultz 创建了一个计算机模型，利用数据挖掘的方法对海量的被心脏病患者弃用的心电图数据进行筛选，竟能识别出更多的、无法通过现有的风险筛查探查出的高危病人。如今，数据挖掘甚至也成了 NBA 教练们的新式法宝，他们利用 IBM 公司开发的数据挖掘应用软件 Advanced Scout 来提高训练质量、优化作战组合，效果竟出奇的好。Pro Flowers 借数据挖掘 ASP 服务——HitBox 在很大程度上提高了工作效率。蒙特利尔银行采用 IBM DB2 Intelligent Miner Scoring 系统实现了精细化营销。Target 根据"大数据"模型准确判断并制订了全新广告营销方案从而使得其在低迷经济环境中仍能不败……可以想象到，各行各业没有一刻停止对大数据"蓝田"的挖掘，因为他们清楚地知道，这看似碎片化、毫无关联的大量数据中实则隐藏着无数商业的秘密，孕育着无限的机遇和潜在的成功。

就数据本身而言，它实际上是没有意义的。只有当数据对实体行为产生影响时才会成为有效的信息，即数据为信息的表现形式，而信息则是数据的实质内涵。如果没有一个较好的方法挖掘数据，信息量爆炸和信息量极度匮乏所呈现的结果实为"殊途同归"。大数据的核心是价值，大数据挖掘和分析最终目的还是为了给社会带来更好的效益。而如何针对如此庞大的数据量构建一个合适的、有价值的信息提取方案，使其实现从量变到质变的飞跃，是当下一个亟待解决的问题，同样也是大数据时代一个值得牢牢把握的"大机遇"。

（二）大数据时代 BI 的新表现

大数据改变了固守的传统数据思维，也打破了商业智能的制约，并为创新和价值转型提供了一个广阔的平台，为商业智能插上了一双金色的翅膀，而我们作为大数据的制造者正在体验这一切的改变。近年来，人们逐渐认可大数据对商业智能的推动作用，并呼吁新的商业模式的出现。Brown 等人认为在大数据时代，应时发展新的思维和技术对企业的成功具有决定性的作用。大数据能够对新的、具有破坏性与隐藏性的商业模式产生作用，进而指出企业在大数据背景下竞争的新标志：恒久的实验、完全定制化和新颖的商业模式[1]。《大数据云图》[2] 一书中也指出了大数据对商业领域产生的重要影响，以及如何利用正确的工具在大数据时代构建更丰富的企业模型，从而重塑企业的核心竞争力。朱志军等（2012）在《大数据——大价值、大机遇、大变革》[3]中介绍了大数据产生的背景、特征和发展趋势，从实证的角度探讨了它对社会和商业智能的影响，并认为大数据正影响着商业模式的转变，将可能带来新的商业机会。可见，大数据时代的到来确为商业模式、商业智能注入了一股全新的活力，期待其更为出色的表现。

1. 大数据为 BI 搭桥铺路

"商业智能"（Business Intelligence，简称 BI）的概念最早由加特纳集团（Gartner Group）于 1996 年提出。商业智能作为一种工具，主要为企业提供技术来处理现有的数据，并将其转化为知识、分析和结论，从而帮助决策者做出正确的决定。它是以一种帮助企业高效利用数据增强决策能力的技术形式而存在的。大数据的出现彻底改变了商业智能的市场环境，为商业智能的蓬勃发展搭桥铺路，为其打破传统数据的范畴并带来了大量新鲜、多样的数据，从而使商业智能整体效

---

[1] Brown B, Chui M, and Manyika J. Are You Ready for the Era of "Big Data". Journal of McKinsey Quarterly, 2011, 71(2): 739-741.
[2] 大卫·芬雷布. 大数据云图. 盛杨燕，译. 杭州：浙江人民出版社，2014.
[3] 朱志军，余丛国，闫蕾. 大数据——大价值、大机遇、大变革. 北京：电子工业出版社，2012.

率得到大幅提高，整合能力得到不断提升，并引领着管理信息化走向一条更为广阔的道路。

2. 大数据与 BI 相辅相成

大数据能够基于 BI 工具进行大容量数据处理和非结构化数据处理，其更多地关注对非结构化的历史数据的挖掘与应用，更偏向于对 Web、社交网络等非结构化海量数据进行分析。为了化解数据洪流所带来的严峻危机，商业智能相关产品都纷纷在性能方面做文章，将内存计算、列式存储等技术引用到传统的数据处理过程中，在 IBM、Oracle、SAP 等的相关产品中都可以寻其踪迹。与此同时，专注数据分析的 SAS 也在其新一代数据分析工具中引入名为 HPA 的高性能分析引擎，主打的同样是高性能。[①] 从某种意义上来说，大数据与 BI 是相辅相成的，大数据无疑是对 BI 的一个完美补充，而 BI 则为大数据应用提供了更多的可能性，二者将会向更深层次的融合发展。

3. 大数据拓展 BI 商业潜能

面对汹涌而来的数据热浪，传统的数据仓库实际上早已无法对数据洪流做出有效的回应，而日新月异的大数据技术恰好能为我们提供宝贵的、大规模的数据集，以应对难度日渐增加的数据分析和环境日趋复杂的商业决策。自大数据时代的到来，更多的事物变得能够数据化，行为习惯、购物偏好、社交关系、社会热点等均可数据化，每个人都成为数据的制造者，根据一个人的数据记录很可能拼凑出其一生的数据生活。这一系列打破传统的变化让更灵活的商业智能拥有了更好的可拓展性、更为广阔的发展场景。例如，Oracle 商业智能的企业平台版 Oracle BIEE 从大数据技术中得到启示，开始通过 Web 为客户提供更为有效、全面的服务，商业智能的 Web 化和服务化的潮流趋势可见一斑。新的时代必然呼叫 BI 更多新的表现。如何开发出灵活可控的 BI 工具，是大数据和 BI 面临的共同机会和挑战，我们有理由期待新一轮商业模式的颠覆革新。

---

① http://www.ccw.com.cn/article/view/31669.

(三) 大数据驱动安全的新实践

机遇与挑战就像硬币的两面，两者一定是并存的。数据安全面临着来自新技术、政策方面的风险，同样也意味着新的征程、新的契机。齐向东在第三届中国互联网安全大会开幕演讲中表示："现在是一个非常好的机遇期，也是网络安全技术正发生变革或发生颠覆的关键阶段。传统的网络安全蛋糕会快速地增大，企业安全市场在未来五到十年里至少会扩大五至十倍。在增大的蛋糕里，会给每个公司提供大的舞台。"广袤的发展前景下必将催生众多安全企业群雄逐鹿的盛况，这对整个行业来说无疑是很好的发展机遇。

1. 大数据催生安全创新

总裁 Amit Yoran 在 2016 年 RSA 大会演讲中提到，"我们需要政府制定相应的政策来帮助维护信息安全（而不是阻碍安全）以及为相关的人才发展提供机会。弱化加密机制虽然给执法和追踪嫌疑犯带来了一时的方便，但从长期来看，这将为更多不法分子打开攻击的大门。"诚然，看似平静的大数据海洋实则暗藏着巨大的风波，各个领域时刻面临着被监控的威胁和隐私被侵犯的隐忧。多方力量就当前的安全威胁展开了认真思考，一系列安全产品得以应运而生。例如，用于威胁调查的 Webroot Bright Cloud 方案，表现出了极高的可操作威胁情报即时访问能力；BugBlast 则能够从安全漏洞测试工具处获取关于实时威胁的对应结果，从而建立面向特定应用程序安全性之视图，Nubo 则旨在为全部 iOS 与 Android 设备提供原生应用体验。新的时代赋予了安全新的生机，安全防御技术走向智能，威胁情报成为未来安全防御杀手锏，安全生态圈成为技术创新的补充。

2. 大数据为安全保驾护航

在网络空间中，大数据是更容易被"关注"的大目标，现如今各种网络攻击手段的先进性、隐蔽性、持续性及其强大的支撑性，都已经超出了传统网络安全技术的应对能力。全球网络安全行业都在研究探讨利用大数据技术提供各种网络安全服务，为安全保驾护航。大数据技术本身具有良好的可拓展性，使得利用其研发高性能、抗攻击的安全 DNS 系统成为可能。此外，利用现有的大数据技术和平台资源还可防护网站攻击、定位攻击来源，同时还能向网站提供加速、缓存、数据分析等功能。

在大数据时代，我们从未停止寻找安全与最前沿技术趋势的契合点，安全驱使技术趋势摆脱羁绊，高新技术为安全保驾护航。当安全遇上大数据，是幸运、机遇，是风险、冒险。一个全新的安全生态系统必将随着大数据生态系统的日趋成熟而逐渐形成，源源不断的数据创造力必将不断地驱动安全向前迈进。

二、挑　战

大数据开启了新时代的大门，数据化带来的机遇和红利滚滚而来。然而，伴随着大数据热浪的袭来，关于大数据的问题层出不穷——大数据来势汹汹，人们拼尽浑身解数是否能将其征服、收为己用；大数据的量很大，如何采用有效的方式甄别核心的信息、得出核心的结论；大数据获取渠道如此之多，如何消除噪音、降低偏倚；面对一波又一波的网络攻击，我们是否能够捍卫自己的主权……在大数据的背景下，这些问题被进一步放大，也给我们带来了极大的挑战。

早在 2008 年，计算机社区联盟（Computing Community Consortium）在一篇报告 *Big data computing: Creating revolutionary breakthroughs in commerce, science and society* 中就提到了大数据时代的挑战以及解决大数据问题所需的一些技术。其后，美国知名专家学者联合发布的白皮书 *Challenges and Opportunities with Big Data* 中也曾提出大数据所面临的若干挑战。的确，作为一个新生的领域，大数据的出现尽管意味着大机遇、大变革，拥着巨大的客观价值，但是也面临着人才、技术、安全等诸多方面的大挑战。机遇与挑战如影随形，这是在大数据广袤天地探险的第一要义，如何化险为夷、转危为安，则需要我们在未来与现实的穿梭中不断实践，得出真知。

时髦概念背后的深层功夫与系统能力

（一）人才挑战

每个人都是数据的创造者，从而使得数据在"量"上不断膨胀，这种直观的剧烈膨胀使运用变得难以掌控。数据的起点是人，终点也必将归于人。随着时光的推移，如何有效地实现"量"到"质"的飞跃成为大数据的核心，而人在这一进程中必然扮演着一个不可或缺的角色。如何发挥主观能动性把数据变"活"，如何将零散的数据有效串联，如何通过分析挖掘还原消费者最根本的诉求，如何最大限度地解码未来需求的可能性……一切的一切都对"人"这一神奇的物种发出挑战，人才资源的极度匮乏与分析能力的极高要求，使得大数据的掘金之路困难重重。

1. 思维模式转变

大数据的出现打破了传统数据的疆域限制，新的、灵活的思维方式呼之欲出。对大数据挖掘、运用时，不再仅仅依赖一小部分数据采样，而是要把所有数据有效利用"活"。虽然抽样分析的方式在过去很长一段时间都表现出了极高的执行力，获得了广泛的认可，但这一方式并不能继续满足大数据的根本诉求，违背了大数据的内在要求。因此，大数据的出现实则催促着传统思维方式的转变。例如，阿里小贷对银行的影响给了我们很多启示。在技术剧烈变化的条件下，如果思维方式跟不上，企业经营或资金监管都可能出大问题。

另外，面对快速的、多源的、结构复杂的海量信息，人们的畏难情绪时有出现，因此很多时候人们选择了妥协。但是，这一选择并非最理想的结果，并不符合社会持续发展的需要。面对汹涌喷发的数据洪流，我们应当保持乐观的心态，并且乐于接受，敢于打破原有的思维范式，扩充数据分析量，有能力、有技术就要不断迎难而上、挑战自己。同时，我们也应当改变思考问题的方向，更应关注事物之间的相关关系，而不再探求难以捉摸的因果关系，谨慎地根据实际需求度量标准、选择方案。

崭新的时代为我们提供了广阔的发展场景，创新的思维为我们提供了科学的思维依据和方法。只有改变传统的思维模式，打破固有的疆土，寻求共同永续发展，才能促进社会高质量的发展。

2. 先验知识不足

大数据自其形成之日起就以惊人的速度席卷全球，其发展态势的快速与我们先验知识的匮乏形成了强烈的对比，我们如果跟不上时代的步伐，难免会遭遇时代的洗牌，最终湮灭在大数据的浪潮中。诚然，近些年来各行各业在大数据战略和网络经营方面进行了积极探索，并将实践经验不断提炼形成一套知识体系，但是，大数据相关的先验知识基础总体上还是很薄弱，知识积累的速度远远没有赶上数据成长的速度，知识力量不够强大，使得海量数据价值密度偏低，这必将是大数据发展道路上的一颗绊脚石。

3. 专业人才匮乏

塔塔咨询服务公司（TCS）调查显示，IT行业人才缺乏，而且符合条件的大数据分析人才更是少之又少，这是许多企业在寻求、打造与部署大数据系统所面临的一个严峻考验。大数据体量之大、内容之杂、覆盖之广，势必对分析人士的要求高于以往。分析人士必须对多方面的知识有一个综合的掌控，其所具备的专业技能应包括数学、统计学、数据分析、商业分析和自然语言处理等多个方面。因此，寻找这样的人才无疑是十分困难的。

4. 技术挑战

大数据时代数据体量庞大，分析较以往显得更为复杂，结果呈现的形式更为多样。变化莫测的数据和程序繁复的分析过程远远超出了传统数据处理范围，这成为大数据时代技术更新的一个巨大挑战。

5. 数据集成之苦

要想对大数据进行有效的深度挖掘，就必须先完成对数据的集成，剥离出松散数据中的关系和实体，对数据进行清洗，从而保证数据的高品质。事实上，数据抽取和集成并不是一项全新的技术，传统数据库领域对此问题已经有了比较成熟的研究，也摸索出不少行之有效的处理方法，例如，Materialization or ETL Engine 方法、Federation Engine or Mediator 方法、Stream Engine 方法等。然而，随着新数据源

时髦概念背后的深层功夫与系统能力

的不断涌现，各种应用场景的不断出现，越来越多的数据散布于不同的数据管理系统中，使得数据集成的难度进一步加大。数据集成似乎不是一个新问题，但大数据时代对数据集成又提出了新需求，因此也面临着新的挑战。

（1）数据的多样性。这种多样性不仅体现在数量、范围上，还更多地体现在数据结构、渠道的广泛上。较传统数据结构的单一形式，其不再拘泥于一种形式。据研究表示，这些结构复杂的数据增长的速度比结构化数据快 10~50 倍。[①] 同时，较传统的数据源的单一，其生产方式的多样性变化更加丰富。手机、平板电脑、GPS 等产生的数据量爆炸式增长，带有更明显的时空维度特征。这样复杂多变的数据必然加大了数据集成的难度。

（2）数据的有效性。庞大的体量和蕴含的价值并不一定呈现正比关系，即数据量大并不等同于价值同比增加。大体量的数据意味着数据噪声的增多，使得数据的清洗过程变得更为艰难。首先，如何选择合适的标准对数据进行清洗以保证数据的有效性，是让各行业人员都十分头大的问题。因为如果清洗粒度过细，则很容易滤掉有用信息；反之，粒度过粗又无法达到清洗的效果。其次，处理如此多的爆炸式增长数据绝非易事，对机器硬件以及算法都是严峻的考验。

（3）管理的风险性。大数据的管理风险问题日益突出，如何对大数据进行有效的存储和管理显得尤为重要。如果不能妥善解决此类问题，将可能造成"大数据就是大风险"的可怕后果。

6. 数据分析之难

传统范畴的数据分析已经形成了一套行之有效的体系，并且在不断的实践中提出了不少高效的数据挖掘技术，其在处理较少数据量时也表现出了良好的执行力。然而，井喷式的数据增长给传统的技术分析带来了更严峻的考验和挑战。

（1）分析的时效性。信息是有时效性的，随着分秒的流失，彼时

---

① 鲁惠林. 大数据及研究综述. 现代商贸工业, 2016, 16: 40-41.

的形态与此时的形态会有一个质的差别。由于数据知识价值随时间的推移而衰减，各个领域都开始出现实时处理的需求，从而保证数据的最大化时间价值，这也在一定程度上对数据实时处理提出了新的要求。虽然已有研究成果较多，但尚未形成一个通用的大数据处理框架，各种技术存在严重的各方割据问题，支持的应用类型也相对有限。因此，急需在现有的数据处理模式基础上进一步提升分析速度，以满足大数据的特殊要求。

（2）分析的动态性。大数据时代的数据模式变化多端，如何将分析工具设计得更为简单和高效从而适应大数据时代的需求，是分析大数据的主要挑战之一。要利用好大数据就必须对其进行快速处理，激增的数据若是得不到及时的处理，不但不能解决问题，反而会因为数据的日趋庞大而变得更加复杂。对爆炸式数据及时处理的要求是大数据模式区别于传统模式的一个主要特征。

（3）结果的难测性。以现有技术得到一定的分析结果并非难事，但是对其结果好坏的衡量却是大数据时代数据分析的新挑战。衡量的标准并非只有一种，如何根据实际选择则是令人头疼的问题。

鉴于数据分析和挖掘的核心地位以及大数据独特的时代特征，传统的分析技术应根据具体的需要做出相应调整，从而在碎片化的数据中提炼出更多有益的知识，在关联并不明确的数据中预测未来需求的可能。

7. 数据解释之艰

数据分析是大数据处理的核心，结果的展示却是关键的最后一步。如果分析的结果正确但是缺乏恰当的解释，则会导致用户难以理解甚至误导用户。现有的数据解释方法很多，其中文本形式输出就是小数据量时一个最优的选择。然而，现如今的大数据分析产物更为复杂，采用传统方式基本不可行。针对成果缺乏、表现力缺乏以及成果过度夸大等并存的现象，如何将关联复杂的结果形象通俗地传递给受众，实为一个严峻的考验。

（1）成果缺乏表现。庞大的数据群使分析变得困难，结果也呈现出更加复杂的变化性。大数据规模的巨大使得超规模的可视化面临诸多挑战，主要是在原位分析、用户界面与交互设计、大数据可视化等方面提出了新的要求①。

（2）成果过度夸大。企业对大数据项目的"过度承诺"在客观上使其成为一个卖点，促使客户购买欲望膨胀，大幅提高了销售额、营业额，但是长此以往，这种过度承诺和交付的不足，必然会导致业务与技术的分离，甚至造成更多不必要的损失。

虽然如何更好地解释大数据结果的研究仍处于起步阶段，但已经有了初步的成果。孟小峰等学者提出可在两个方面来提升数据解释能力，一是引入可视化技术，一是提高用户在分析过程中的参与度。这些思路都为大数据解释的完善提供了全新的方向。

（二）信息安全挑战

1785年，英国著名哲学家Jeremy Bentham提出了"圆形监狱"理念②。200年后的今天，我们似乎也生存在这样一个"圆形监狱"之中。在大数据时代，我们是数据的创造者，却不是其控制者。我们的生活被数据化、被挖掘、被提炼，然后在绕过当事人的情况下被拍卖给出价最高的竞拍者。皮尤研究中心研究显示，91%的人认为消费者已经失去了对个人数据的控制，而88%的人认为在网络中留下的不准确信息很难删除。数字社会可能成为我们无法想象的圆形监狱。③ 在这个时代中，数据生态最显著的特点就是"失去控制"。④ "棱镜"就是一个典型的大数据安全案例，其所掌握的备份数据足以拼出一个人一生的网络足迹，而"星风"计划则监视了全球通信大数据，小甜饼cookies窃取了个人网络

---

① 孟小峰, 慈祥. 大数据管理、概念、技术与挑战. 计算机研究与发展, 2013, 50（1）: 146-169.
② Bentham J. Panopticon: Postscript; Part II: Containing a plan of management for a panopticon penitentiary-house. London, T. Payne, 1791, 29-95.
③ Simon B. The Return of Panopticism: Supervision, Subjection and the New Surveillance. Surveillance & Society, 2005, 3(1): 1-20.
④ Gross G., FTC: Congress Should Rein in Data Brokers. Available at http://www.pcworld.com/article/2168060/ftc-congress-should-rein-in-data-brokers.html.

隐私，间谍软件的存在更是让我们无处藏身……这一系列骇人听闻的事实引发了人们的思考：在大数据时代，信息安全到底该何去何从？

1. 披露风险增大

大数据时代，人们通过各种社交网络在不同的时间、地点产生了诸多的数据足迹，这些数据看似没有规律，实则具有累积性和关联性。若有意识地将这些数据化行为拼凑在一起，则极有可能将数据制造者的信息暴露无遗。在大数据时代，如何有效地保护隐私实际上面临着技术和人力的双重考验：一方面，数据集中管理增加了数据泄漏的风险，另一方面，对于敏感数据的所有权和使用权并没有明确的界定，信息泄漏的风险难以回避。

2. 公开与保护矛盾

数据是具有价值属性，若仅仅为了信息安全而将其雪藏，其价值是根本无法得到体现的。从某种意义上来讲，数据公开是有必要的，具有许多正向的积极作用，政府可以根据公开的数据了解整个经济的运行情况从而指导社会的运行，企业则可以从公开的数据中了解客户的需求从而实现预测未来需求的可能……因此，大数据时代安全的界定有别于传统的数据安全领域，主要体现在不暴露用户敏感信息的前提下进行有效的数据挖掘。数据的公开与保护实为一组矛盾体，如何在尽可能少损失数据信息的同时最大化地保证信息安全尚未出现非常好的解决办法。值得注意的是，Dwork 在 2006 年提出的新差分隐私（different privacy）方法，或有望成为解决大数据隐私保护问题的可行方案。

3. 数据动态变化新要求

大数据时代数据的快速积累和变化除了对处理技术提出新要求外，也给信息保护出了一道难题。现有的信息安全保护技术主要基于静态数据集，而实际上数据模式和数据内容变化多端，在这种更加复杂的环境下实现对动态数据的利用和隐私的保护将更具挑战意义。

（三）大数据成本问题

随着时间的推移，数据量的雪球越滚越大。传统的商业巨头沃尔

时髦概念背后的深层功夫与系统能力

玛每小时处理的客户交易超过一百万条，输入数据库中的数据超过2.5PB，这个数字相当于美国国会图书馆数据存量的 167 倍；淘宝一天内产生的数据可达到甚至超过 30TB，这仅仅是一家互联网公司一日之内的数据量。而资源利用率低、扩展性差以及应用部署复杂性，使得大数据对世界而言可能并不全是机遇，成本是每一个行业都必须直面的问题。成本价格不断上涨与数据中心存储规模不断扩大形成强烈反差，高成本成为各个领域中制约大数据快速发展的一个主要瓶颈。在大数据管理系统中，成本主要有两个部分，一是硬、软件的巨额设备支出，一是技术后续开发的昂贵费用。在理想状态下，回报率应与系统利用率成正比，但是实际情况并没有预期的好。从以往的一些研究成果来看，研究者们倾向于从以下两个方面来改善大数据巨额的成本问题，一是考虑采用新型低功耗硬件，二是引入可再生的新能源。如果这些方面能够实现，将在很大程度上降低成本，提高回报率。目前市场上出现了一些用大数据预测风电和太阳能的工具，如 IBM 宣布的"HyRef"技术（混合可再生能源预测）、Pecan Street 项目等，极大程度上推动了能源管理领域新的产品、服务和经济机会的诞生。由此，大数据所引起的高成本问题有望通过大数据本身找到新的突破口。

总之，未来是大数据的时代，未来的竞争也是大数据的竞争，面对大机遇我们不能盲目自满，面对大挑战我们不能妥协不前，唯有保持初时上路时的速度与激情，披荆斩棘、乘风破浪，一段充满智慧与力量的文明画卷必将一一展现！

第五节　成功的先行者[①]

究竟如何"开采"大数据这座丰富的矿藏，成为一个令无数英雄

---

① 本节的编写参考了百度百科和盘点全球十四家大数据公司（http://sanwen8.cn/p/pa1XY2.html）等。

着迷的问题,因为谁都期盼从大数据的金矿中挖掘巨大商业成果。当前,伴随着大变革、大机遇的到来,传统的王者企业已经站在了大数据时代的最前沿,各门各路新起之秀的实力也不容小觑。

一、国外先驱

在国外,各行各业已被数据淹没,我们所看到的由数据创造的价值只不过是冰山一角[①],那些走在前沿的公司早已分享了这一盛宴。谷歌公司每天处理的数据量超过 24 PB,这等同于处理上千倍的美国国家图书馆所有纸质出版物所含的数据量;Facebook 这个创立不足十年的公司,每天更新的照片量超过 1 000 万张,这为 Facebook 公司挖掘用户喜好提供了大量的数据线索;谷歌子公司 YouTube 每月接待多达 8 亿的访客……在这个特殊的时间点,国外的大多行业都把握住了大数据的脉搏,开始利用大数据为自己服务。

(一)IBM:得天独厚的王者

IBM 是一个拥有 100 多年历史的公司,就其发展历程而言,生动地为我们展示了一个主流服务组织将大数据与企业连接的坚定决心,并且充分展示了其向业务软件中嵌入分析功能的实力。2011 年 5 月,IBM 公司正式推出了 InfoSphere 大数据分析平台。该大数据分析平台包括 Big Insights 和 Streams,二者具有互补的功能。其中,Big Insights 基于 Hadoop,通过对大规模的静态数据进行全面的分析和多节点的分布式计算,大大提升了数据的处理能力。例如,丹麦能源企业维斯塔斯(Vestas)公司通过使用 Big Insights 大数据软件,通过分析 PB 字节级别的天气数据,改善了风力涡轮机的放置位置,从而获得了最佳的能量输出效果。据了解,以前需要数周才能完成的分析工作,现在仅需不到一小时。Streams 则是采用内存计算方式分析实时数据。其前

---

① 维克托·迈尔-舍恩伯格著. 大数据时代:生活、工作与思维的大变革. 周涛,译. 杭州:浙江人民出版社,2012.

身为美国国土安全部出于反恐目的而与 IBM 合作的项目,然而这个项目最终发展成一个商用的项目。

IBM 在大数据应用和开发方面可以说是处于业界的领先地位,拥有 500 多个编程人员和工程师,以及 15 000 次的 IBM 客户参与,而且 IBM Power Systems 全线产品均可运行 Linux。作为 Systems 旗下的一条子产品线,Power/Linux 能够使用更少的处理器来获得更好的系统性能,并满足大数据、开源和行业解决方案工作负载的需求,帮助企业尽展大数据分析洞察智慧。

(二)谷歌:无人能及的数据巨头

谷歌在搜索界的地位是无人能及的,但谷歌的产品和服务早已不局限于搜索。如今谷歌的产品包括广告(AdWords)、交流与分享(Drive 和 Hangouts)、开发资源(OpenSocial)、社交网络(Google+)、地图(Google Maps)、流媒体(Google Play)、统计工具(Analytics)、操作系统(Android 和 Chrome OS)、桌面和移动应用(Gmail)以及硬件(Galaxy Nexus)等。因此,如果对其拥有的海量数据进行深度挖掘,将极大提升谷歌搜索甚至所有谷歌服务的价值。

2011 年年底,谷歌又推出了基于 Web 服务的 BigQuery。通过该服务,开发者可以使用谷歌的架构来运行 SQL 语句,以实现对超大型数据库的操作。具体而言,BigQuery 可以对开发者上传的超大型数据进行直接交互式分析,而开发者无需投资建立自己的数据中心,其引擎可以快速扫描高达 70 TB 未经压缩处理的数据,并且可立即得到分析结构。

(三)沃尔玛:让购物变得简单

在 2012 年财政年度报表上,沃尔玛记录了 4 440 亿美元的销售额,这个数字比奥地利的 GDP 多 200 亿美元。如果沃尔玛是一个国家的话,它将是第 26 个世界最大的经济体。如果将沃尔玛的所有两层商店空间平摊在同一地方,将超过 9 亿平方英尺,达到 34 平方英里(88.06 平方千米),大约是曼哈顿的 1.5 倍。沃尔玛全球移动部门的掌门人 Thomas 曾表示:"完美的购物单就是你根本不需动手,只要你一打开它,它就在那里,这就是我们想要的效果。"

实际上,沃尔玛是最早利用大数据而受益的企业之一,它曾拥有世界上最大的数据仓库系统。在上世纪 80 年代,沃尔玛就率先开发了数据交换系统(Electronic Data Interchange,EDI)与供应商信息系统直接对接的功能,实现了商品的自动补货。在 2007 年,沃尔玛已建立一个超大的数据中心,其存储能力高达 4PB。为了加强数据的共享,沃尔玛还投资 4 亿美元发射卫星进行全球数据联网。通过全球联网,沃尔玛数千家门店可在一小时内对每种商品的库存、上架以及销售盘点一遍。大数据分析技术使得沃尔玛能够实现对市场动态做出积极响应。通过对消费者的购物行为等非结构化数据进行分析,沃尔玛成为了最了解顾客购物行为习惯的零售商,并创造了"啤酒和尿布"的经典商业案例。

沃尔玛曾进行了一系列的收购,诸如 Kosmix(沃尔玛实验室前身)、Small Society、Set Direction、One Riot、Social Calenda、Grabble 等多家中小型创业公司。而这些创业公司要么精于数据挖掘和各种算法,要么在移动社交领域有所专长。由此可见,沃尔玛进军移动互联网和大数据挖掘的决心。如今,沃尔玛在大数据上的投资已开始产生回报。我们相信,在沃尔玛的带动下,传统行业也会慢慢意识到大数据的重要性,从而有助于加速大数据时代的全面发展。

(四)ZARA:遇见未来时尚圈

ZARA 是西班牙 Inditex 集团旗下的一个子公司,它既是服装品牌,也是专营 ZARA 品牌服装的连锁零售品牌,是全球排名第三、西班牙排名第一的服装商,并在 56 个国家(或地区)设立了超过 2 000 家的服装连锁店。走进 ZARA 的店内,可以发现柜台和店内各个角落都装有摄影机,店铺经理随身带着 PDA(Personal Digital Assistant,个人掌上电脑)。经理通过 ZARA 内部全球共享咨询网络,每天至少两次给总设计部人员传递资讯,由总部做出决策后立刻传送到生产线,改变产品样式。

时髦概念背后的深层功夫与系统能力

ZARA 为了增强网络巨量资料的串联性，于 2010 年在欧洲 6 个国家建立了网络商店，之后又于 2011 年分别在美国、日本推出了网络平台。ZARA 通过这一系列举措，不仅增加了营业收入，而且线上商店还强化了双向搜索引擎以及资料分析的功能。这不仅有利于决策者更精准地找到目标市场，而且也能向消费者提供更准确的时尚讯息，达到了双赢的效果。除了台面上的设计能力，台面下的"大数据之战"将成为更加重要的"隐形战场"。运用大数据分析，ZARA 最短 3 天可以推出一件新品，一年可推出多达 12 000 款时装。

（五）亚马逊："云"端上的智者

亚马逊的老本行是图书音像制品销售，但现在这只是其业务的一个组成部分，而且已不再是公司的核心业务。如今，亚马逊已经成为一家坐拥千万大数据，并以此获得持续利润的云计算企业。将电子商务的数据合并在这些大数据之中，仅仅是亚马逊将数据转变为现金的一种方式。

在亚马逊弹性计算云（Amazon EC2）和简单存储服务（Amazon S3）的基础上，亚马逊又推出了"弹性 MapReduce"服务系统。该系统是在 AWS 平台（AWS Enterprise BPM Platform，业务流程管理开发平台）之上实现的能够迅速扩展的 Web 服务，大大简化了新的 MapReduce 应用。因此，弹性 MapReduce 服务系统自推出以来就拥有广大的受众。

（六）甲骨文：高集成度的平台

甲骨文公司（Oracle）是全球最大的企业软件公司，也是继 Microsoft 后全球收入第二大软件公司。"大数据"的概念一经提出，甲骨文当即应时而行，推出针对大数据的众多技术产品来满足企业需求，与此同时也使自身不断增值。

2011 年 10 月，甲骨文正式推出 Oracle 大数据机（Oracle Big Data Appliance），为许多企业提供了一种处理海量非结构化数据的方法。

对于那些正寻求更高效方法来采集、组织和分析海量非结构化数据的企业而言，Oracle 大数据机尤其具有吸引力。Oracle 大数据机同 Oracle Exadata 数据库云服务器、Oracle Exalytics 商务智能云服务器以及 Oracle Exalogic 云服务器一起组成了 Oracle 最广泛的高度集成化系统产品组合，其拥有强大的优化企业数据仓库的能力，可帮助客户获取和管理各种类型的数据，还可结合现有企业数据来分析并获得新的见解，从而帮助客户在充分获取信息的情况下做出最恰当的决策。

（七）NetApp：只为简单而生

美国网域存储技术有限公司（Network Appliance，Inc，简称 NetApp）是 IT 存储业界的佼佼者。自 1992 年创立以来，NetApp 不断以创新的理念和领先的技术引领着存储行业的发展，其市场业务表现亦出众超群，常年保持极高的成长率，并不断拓展用户群，其客户领域包括通信、金融、能源、政府、制造、教育及各类媒体、各种企业和服务提供商。

NetApp 公司倡导向数据密集型的企业提供统一的存储解决方案，用以整合网络上来自服务器的数据，并有效管理爆炸性增长的数据。以 NetApp 中最有名的对象存储平台 StorageGRID 为例，它是一个久经验证的对象存储软件解决方案，用于管理 PB 级、全球分布的存储库，这些存储库包含企业和服务提供商的图像、视频和记录。通过消除数据块和文件中数据容器的典型约束，StorageGRID 提供了强大的可拓展性。

（八）Sybase：大数据分析不再是难题

Sybase 公司成立于 1984 年 11 月，是全球最大的独立软件厂商之一，致力于帮助企业等各种机构进行应用、内容及数据的管理和发布。Sybase 的产品和专业技术服务主要是为企业提供集成化的解决方案和全面的应用开发平台。

时髦概念背后的深层功夫与系统能力

Sybase 公司提出的 Sybase IQ 是一款为数据仓库设计的关系型数据库。与大多数关系型数据库具有不同架构的 IQ，主要用以支持大量并发用户的即时查询。它的设计与执行进程优先考虑查询性能，其次才是完成批量数据的更新速度，而传统关系型数据库引擎的设计则是既考虑在线的事务进程又考虑数据仓库。

其次，Sybase IQ 是面向大数据的高级分析平台，它将大数据转变成可指挥每个人行动的情报信息，从而使得整个企业的用户在业务流程范围内轻松具备大数据的分析能力。IQ 极大地降低了数据的存储成本，而且通过其强大的可拓展性为企业提供了灵活的选择。另外，IQ 相比传统的数据库更容易维护，且不需要人工经常调优。简单的扩展实现以及快速的部署时间等，都大幅度地降低了企业开发数据仓库的成本。

二、国内先行者

在国内，大数据刚兴起，一些行业也正步入大数据的实践和应用，努力布局大数据业务体系以迎接大数据时代的到来。比如，阿里巴巴通过数据实现转型升级，从一个电子商务公司转型为集数据服务、金融和平台于一体的综合型公司。又如，盛产数据的传统电信公司——联通，与 IBM 公司合作，共同研发出一套客户流失率分析和营销管理的平台，该通过这样联通减少了客户流失。现如今，越来越多的企业投入到大数据事业的建设中，成就了一个又一个商界奇谈。

（一）阿里巴巴：数据魔方的奥妙

大数据刚提出之际，阿里巴巴就敏锐地捕捉到大数据的巨大潜能。从 2005 年开始，淘宝拥有了第一个真正意义上的分析师，踏上了运用数据来解决企业运营问题的征程。在不断深入研究的过程中，阿里巴巴发现不仅要学会使用数据，还需要针对数据开展更为主动的管理，即如何用活数据。在这个过程中创新是断然不可缺少的。

2010年3月，淘宝正式宣布将首度面向全球开放网站所有交易数据，并将这一计划命名为"数据魔方"，商家、企业及消费者将可以有原则、分层次地获取其原始交易数据。这一战略让淘宝赢得了人气上的巨大胜利。自2011年起，阿里巴巴便开始有目的、有计划地主动收集数据，并在此基础上创造更为优质的数据，让新数据更好地服务于企业运营，从而实现了"以数据养数据"的良性循环。2012年，阿里巴巴提出大数据战略，通过资源共享与数据共通创造商业价值。同年的"双11"销售热潮中，阿里巴巴以云计算为基础的数据服务，对数以亿万计的消费者需求信息进行捕捉，形成一张庞大的数据关系网，极大地帮助了各大网商灵活调整销售决策。凭借其独到的远见以及数十年的不懈努力，阿里巴巴已成功地搭建起一个先进、可靠的数据中心，获得了市场的认可及支持，并为企业长足的发展提供了强而有力的网络支撑。

（二）京东：技术驱动的数据宝库

不仅是阿里巴巴，京东为了更好地应对互联网化，并提升其核心竞争力，提出了"技术驱动"的口号。其技术的核心和内涵就是云计算和大数据，京东通过利用大数据和云计算驱动其自营B2C、开放业务和金融业务的发展。京东从2009年京东数据部的正式成立，到2010年依照职能对象的不同拆分为两个服务团队，再到2012年年初两个技术团队应时代要求合二为一，一路分分合合也终于尘埃落定，确定了基于Hadoop的分布式开源技术架构，并在此基础上开发出了JDW企业级数据仓库，集群的总存储量达50 PB以上，成为名副其实的大数据。"京东大数据"集成了京东在线销售数据以及其他几家主要线上销售商网购数据，具体包含了主要消费类别网购的售价数据与销售数据，涉及多个销售领域。其主要以月度为频率，采取多线并行、实时统计、定制化全国仓库数据抽取方式，真实、有效地反映了各种消费品的销售情况以及售价，并以此为基础，形成了针对单一客户和用户群更为精准的需求画像、购买指数，帮助业务人员更好地决策和判断,从而为消费者提供更为优质的服务。此外,"京东大数据"还与复旦大学联合推出了一系列"复旦—京东信息消费指数",这一指标体系能够更好地反映当前信息经济消费情况,并为政府决策、行业发展、消费者行为模式等提供更多有价值的信息。这也是目前我国首个用于评估电子商务、"互联网+"等信息要素集聚程度以及绩效表现的综合性指数。

(三)中信银行:华丽大转身

中信银行信用卡中心是我国银行业为数不多的几家分行级信用卡专营机构之一,也是国内最具竞争力的股份制商业银行信用卡中心之一。2013年11月,在中信银行与腾讯联合举办的"中信银行QQ彩贝联名信用卡"仪式上,中信银行信用卡中心总裁陈劲表示,该行信用卡发卡量已突破2 000万张,未来将充分利用互联网基因和大数据技术挖掘客户需求。

随着业务的迅猛增长,中信银行信用卡中心在数据存储、系统维护和数据利用等诸多方面都面临着巨大的挑战。为了应对激烈的市场竞争以及业务规模的线性膨胀,从2010年4月至2011年5月间,中信银行信用卡中心采用EMC Greenplum数据仓库解决方案,实现了近似实时的商业智能(BI)和秒级营销,运营效率得到全面提升。Greenplum方案是中国股份制商业银行信用卡中心的第一个企业级数据仓库系统,也是我国首个第三代技术的银行数据仓库系统。采用"无共享"的开放平台的MPP架构的Greenplum数据仓库解决方案为中信银行信用卡中心提供了统一的客户视图,能更清楚地获取客户的价值体系,从而为客户提供更有针对性和专业性的营销服务。此外,Greenplum解决方案使得系统维护变得更为便捷、简单,也正因为如此,中信银行信用卡中心每年减少了大约500万元的数据库维护成本,而这又有助于减少解决方案的总成本。

(四)长虹:共同发展才是硬道理

2013年9月16日,IBM与长虹集团正式宣布"绵阳IBM大数据分析竞争力中心"成立。该中心以大数据分析和科学管理为核心，推动长虹集团战略实施和自身转型发展，从而实现绵阳市智慧城市的落地。早在1999年，长虹就使用ERP系统成功地完成了对集团的系统化管理。随着时间的飞逝，ERP系统已成为长虹信息化的基石，为长虹现阶段实施大数据战略奠定了坚实的基础。2009年，长虹集团成立了虹信公司，开始对外输出软件业务，让更多企业能使用到长虹信息化的成果。2012年，长虹虹信公司的收入高达2.5亿元，还为中国西南片区的中海油、云天化和巴斯夫等提供了系统的专项服务。

对于长虹来说，大数据服务并非新起楼阁。随着长虹家庭互联网技术的成熟与整套产品的落地，云计算、大数据服务这些新兴业务也将成为公司的新增长领域。而围绕大数据商业模式创新的长虹已积极开展多项相关技术合作与开发，包括与中国科学院软件研究所进行大数据挖掘项目合作，与中国科学技术大学进行数据存储、图像识别、算法、云服务平台关键技术等方面的合作，与西安交通大学共同研发人脸识别、手势识别等技术。这些软件的研发为长虹带来更为宽阔的视野，从单一智能终端走向多个智能终端的连接、交互和协同，这是对现有智能终端形态的一次大的颠覆。

大数据时代背景下的长虹，无论在软件还是硬件方面，都占据着相当明显的优势，同时更具备了各个软件之间的相互融合，有望帮助用户实现这样一个梦想："当你坐在沙发上，电视机会自动打开，并且调到你最喜欢的频道"。

（五）中国移动：大数据的应用者

随着移动互联网时代的到来，"大数据"逐渐成为一个炙手可热的名词。国际上一些知名的电信运营商早已纷纷加大在大数据和移动信息化业务上的投入。作为中国最大的电信运营商，中国移动也正凭借大数据的东风崭露头角。早在2007年，中国移动跨入互联网的进程就已经悄然开始，其切入点正是企业信息化业务，致力于开拓企业信息化市场。而在新时代的背景下，时任中国移动董事长奚国华又提出了大数据时代全新的移动互联网战略,即构筑"智能管道"、搭建"开放平台"、打造"特色业务"与提供"友好界面"。这十六字方针,体现了中国移动在移动互联网时代开启之际的全新战略定位。

在业务量方面,中国移动用户总数超过 6 亿人,全年受理营业业务 300 多亿次,完成统计报表数亿张;支撑网连接数十万台营业和客服终端,既包括中国移动自有营业厅,也包括部分合作营业厅、代销代办点和第三方等。在支撑能力方面,全年处理几万亿张计费话单、几千万张结算单,全网 OLTP(联机事务处理)处理能力接近 40 亿 tpmC[①](每分钟内系统处理的新订单个数),存储的有效容量近 20PB。这些数据都表明中国移动是一家名副其实的大数据拥有者。

作为大数据的拥有者及应用者,中国移动通过不懈的努力,在数据应用方面所取得的成绩有目共睹,在云计算实践应用方面也在不断探索。中国移动主要是基于 Hadoop 大数据产品族之上自主研发大数据平台产品,提供更为完善的大数据能力与完整的大数据解决方案,这为中国移动 IT 系统的大数据平台建设打下了坚实的基础。中国移动"大云"大数据平台就是一款集安全、数据采集、存储和处理、能力和应用以及运维和运营管理为一体的大数据平台产品,其核心组件包括大云 Hadoop 数据平台(BC-Hadoop)、"大云"大数据仓库系统(BC-HugeTable)、大云大数据运营管理平台(BC-BDOC)等,其已先后被应用于多个单位、部门的 42 个项目,在生产系统中部署了超过 1 000 台服务器。

目前,中国移动企业信息化系列产品已得到 270 万家企业客户的认可,广泛应用于各大领域,成为助力企业高效运作、引导大客户不断创新、推进中小企业快速成长、携手各方合作伙伴共赢的强大动力。由此可以看出,中国移动在满足企业客户信息化需求上,正在形成一套成熟的信息服务产业链。

---

① tpmC 值在国内外被广泛用于衡量计算机系统的事务处理能力,是"每分钟内系统处理的新订单个数"的英文缩写。

第六节 结　语

是的,我们的确正值大数据时代。正如 IBM 公司所描述的那样,大数据能以更大的容量、更快的速度、更多的品种以及更真实的数据帮你获得更大的价值。凭借更大的数据量,你可以更全面地掌握你的项目的过去、现在以及未来可能的发展情况;以更快的数据速度,你可以根据实时、更新的数据做出更好的决策;拥有更广泛的数据种类,你可以对手头上的事情提出更细致入微的看法。而随着数据准确性的提高,你可以更加确信你拥有更真实、更干净、更一致的数据。大数据跟互联网一样,对于企业和社会都十分重要。因为更多的数据可能会导致更准确的分析,而更准确的分析则可能导致更加有效的决策,进一步,更好的决策可能意味着更高的运营效率、更低的成本以及更少的风险。

总之,不管大数据已拥有 5 "V" 还是将来有可能的 n "V" 价值,抑或是已作为我国"十三五"国家发展战略规划的重要组成部分,大数据终将改变整个世界的行为和思维方式。[1]

---

[1] 特别感谢西南财经大学金融学院硕士研究生王阳和博士研究生易彪参与本章的编写。

第四章 区块链：数字疆域的信用主权

第一节 引　子

"一带一路"开启了国际经贸合作的新篇章，产业创新、金融创新与区域合作创新面临新的机遇。区块链的快速发展与应用，有利于突破传统的社会、经济地缘关系的制约，构建创新型的信任与跨疆域主权影响力，为"一路一带"的新型国际合作提供有力支持。

一、虚拟世界的信任

（一）大数据带来的变革与问题

众所周知，信用是资源得以重新配置的基础。那么信用的基础是什么？大数据产生之后，信用的成本又是怎样变化的呢？传统信用的基础是货真价实的实体，可想而知，传统信用的成本非常高。但是有了大数据以后，信用的成本在降低。比如阿里巴巴（简称阿里）的余额宝可以提供 5 000 元的小额贷款，而传统金融机构是难以做到的。阿里之所以能做到，是因为它掌握了企业的信用情况，即掌握了企业大量交易数据，而这些交易数据反映了企业的经营状况。又如蚂蚁金服旗下的蚂蚁微贷推出一个名叫蚂蚁花呗的信贷产品，可以每个月向客户在无抵押情况下提供 1 000 到 30 000 不等的数额贷款，可在天猫、淘宝上购物，而传统金融机构同样无法做到。蚂蚁金服之所以敢这样做，是因为开通蚂蚁花呗的条件是需要客户的芝麻信用分值达到 600 分以上，而芝麻信用是依据支付宝系统展现有关用户的信用历史、行为偏好、履约能力、身份体质和人脉关系等五个维度的数据,从而做出分值判断,进而分析出可能的信用情况。从数据提炼出的信用,大大降低了信用的成本,可以说大数据起到了变革性的作用(韩锋,2016)。

然而个人或企业在阿里产生的信用不能适用于其他机构,如大数据用户在阿里产生的信用不能运用于微信,反之亦然。因此大数据互联网公司并没有产生去中心化的信用资源,它不能运用于全球信用市场。(韩锋,2016)。

(二)从大数据到区块链的迁移

大数据产生的信用仍是中心化的,而区块链技术却能产生去中心化的信用,并解决了一份资产用于两处的难题,如在资产支付给甲但还没得到确认的时候再支持给乙。那么区块链技术是如何解决这个难题的呢?区块链技术用盖时间戳的办法解决了重复支付的难题,即每笔交易的时间戳印迹避免了重复支付的可能。比特币的设计者中本聪设计"挖矿机制",挖矿工就是记账员,全网无数矿工为大家记账,为每一笔交易盖时间戳。他们的积极性主要靠竞争和市场的行为,因为他们要争夺每十分钟的全网唯一合法记账权,争取25个比特币的奖励。然而获得奖励有两个前提:第一,盖的时间戳是正确的;第二,证明你的算力是最高的,是全网这十分钟里最快的,你就能抢到所谓合法记账权。成千上万个矿工节点为比特币盖时间戳记账,这样每十分钟一个区块,每一笔都是交易;十分钟竞争出来一个合法记账权,下一个十分钟大家又可以竞争下一区块的记账权,所以区块链是一个单链,每十分钟一个,就是这么形成的。这种方式间接地保证了资产的唯一性与合法性。因此,区块链走的是一条利用市场配置资源的力量让信用的产生成本不断下降的路(韩锋,2016)。

二、数字化主权

随着信息时代的到来,大数据在降低信用成本的同时,也带来了大数据垄断和信息所有权错位的问题,大数据本应是我们拥有支配权,现状却是互联网公司利用我们的大数据赚钱(关莉莉,2016)。

以 BAT 为代表,大数据成为互联网公司的盛宴。但是目前已经出现了一些问题。首先是事实上在形成数据的孤岛。互联网公司都会宣称互联网本质是共享、透明、去中心化。可是,每家互联网公司都把自己掌握的大数据作为企业的资源,他们是不会和社会分享的。其次是数据所有权错位,这个问题更严重。例如个人在随时随地向微信提供大数据,这些数据腾讯知道个人却未必清楚。腾讯可以凭借这些数据分析个人行为,包括信用,但是这些数据资源,本来的拥有者——个人——却并没有享有其中产生的效益。"百度卖吧"事件就是数据所有权错位的体现。这样的错位是对消费者利益的侵害,大数据给互联网公司带来收益,但是侵犯了消费者的权益(关莉莉,2016)。

要解决数据将来所有权属于谁的问题,首先必须能够低成本地获得信用资源,只有这样,才能解决数据共享和数据产权模糊之间的矛盾。中国人民银行提出要尽快推出数字货币,其中技术层面提到的选择之一是区块链技术。也许有一天,工资可能不用再发到个人手上,而是登记在区块链上,而数据全网共享,个人就有了全球的信用。如果微信很多社交的数据存在区块链上的话,到那时候你的数据控制权将不属于别人,私钥在个人手里,属于个人。资产的所有权清晰,将对建立信用市场产生巨大的推动作用(韩锋,2016)。

三、比特币的故事

比特币(Bitcoin)是通过开源的算法产生的一套密码编码,是世界上第一个分布式匿名数字货币,通常用来标识商品或服务价值,作为虚拟货币的基本单位,简写为 BTC,如 100BTC(贾丽平,2013)。如 2010 年 5 月,佛罗里达程序员用 1 万比特币购买价值为 25 美元的比萨优惠券。据 CoinDesk 估算,目前全球约有 6 万商家接受比特币交易,其中中国是比特币交易增长最为迅速的国家①。比特币使用遍布整个 P2P 网络节点的分布式数据库来管理货币的发行,记录货币的交易和账户余额信息,并使用密码学的设计核查重复消费,保证货币流通各个环节的安全性(贾丽平,2013)。

比特币是迄今为止最为成功的区块链应用场景。据区块链实时监控网站 Blockchain.info 统计显示,平均每天有约 7 500 万美元的 120 000 笔交易被写入比特币区块链,目前已生成超过 40 万个区块。加密货币市值统计网站 coinmarketcap.com 显示,截止到 2016 年 2 月,全球共有 675 种加密货币,总市值超过 67 亿美元,其中比特币市值约占 89%,瑞波币和以太币分别居第二、第三位;比特币供应量(即已经挖出的比特币数量)已经超过 1 500 万枚,按照每枚比特币 389.50 美元的价格估算,其总市值已超过 59 亿美元,在世界各国 2015 年 GDP 排名中占据第 144 位。换言之,在没有政府和中央银行信用背书的情况下,去中心化的比特币已经依靠算法信用创造出与欧洲一些小国体量相当的全球性经济体。预计到 2027 年,全球 10% 的生产总值将会通过区块链技术存储(袁勇,2016)。

区块链技术为比特币系统解决了数字加密货币领域长期以来所必须面对的两个重要问题,即双重支付问题和拜占庭将军问题。双重支付问题又称为"双花",即利用货币的数字特性两次或多次使用"同一笔钱"完成支付。区块链技术的贡献是在没有第三方机构的情况下,通过分布式节点的验证和共识机制解决了去中心化系统的双重支付问题,在信息传输的同时完成了价值转移。拜占庭将军问题是分布式系统交互过程普遍面临的难题,即在缺少可信任的中央节点的情况下,分布式节点如何达成共识和建立互信。区块链通过数字加密技术和分布式共识算法,实现了在无需信任单个节点的情况下构建一个去中心化的可信任系统。与传统中心机构(如中央银行)的信用背书机制不同的是,比特币区块链形成的是软件定义的信用,

---

① CoinDesk Report [Online], available: http://www.bitcoin86.com/news/3527.html, February 21, 2016.

这标志着中心化的国家信用向去中心化的算法信用转变的根本性变革（袁勇，2016）。

第二节 时代热潮

一、概念热潮

（一）百度指数

在百度指数中以"区块链"为关键词进行指数搜索，时间设置为"全部"，发现在2011年1月1日至2015年8月22日，在区块链整体趋势中，区块链搜索指数周平均值为0；在2015年8月22日至2016年8月14日，在区块链整体趋势中，区块链搜索指数周平均值呈现快速增长的趋势，并于2016年5月22日至2016年5月28日达到最高值2 678，随后的一段时间内，该值虽呈现略微下降的趋势，但一直高于1 856。搜索指数主要显示互联网用户对关键词搜索关注程度及持续变化情况。搜索指数的算法是以网民在百度的搜索量为数据基础，以关键词为统计对象，科学分析并计算出各个关键词在百度网页搜索中搜索频次的加权。从网民对区块链的关注程度可知，虽然区块链于2008年在比特币中就已经在运用，但是区块链真正成为潮流且被政府、金融机构等关注是开始于2015年下半年。

下面从媒体指数角度来观察区块链的关注程度。媒体指数主要显示媒体在互联网上对特定关键词的关注及报道程度与持续变化情况，是各大互联网媒体报道的新闻中与关键词相关的、被百度新闻频道收录的数量，采用新闻标题包含关键词的统计标准，数据来源、计算方法与搜索指数无直接关系。在对区块链的媒体指数进行搜索时，设置时间为2015年8月至2016年8月，发现从2015年8月至2015年12月，该值为0；2016年1月至2016年3月，该值保持在较低的范围；

2016 年 4 月至 2016 年 8 月，该值出现较大的增长，即区块链在该段时间内得到媒体较高的关注。截至 2016 年 8 月，新闻标题中含"区块链"一词的报道有约 19 200 篇，而新闻全文中含"区块链"一词的报道高达 71 500 篇。

（二）CNKI 收录

在 CNKI 中，输入"区块链"进行"全文"搜索，截至 2016 年 8 月 14 日，共搜索到 227 篇文献，其中，2015 年 15 篇，2016 年 212 篇。由此可见，区块链技术虽然早在 2008 年就被运用在比特币的设计中，其受到学者的关注却是最近两年才开始的，尤其是 2016 年区块链受到了前所未有的关注。

（三）新浪新闻

在新浪新闻搜索"区块链"，设置为"新闻全文"，发现从 2009 年至 2014 年，有关"区块链"的新闻仅有 28 篇，2015 年有关"区块链"的报道有 104 篇，而从 2016 年 1 月 1 日至 2016 年 8 月 14 日，有关"区块链"的报道有 1 311 篇。由此可见，虽然区块链是从 2008 年比特币中诞生，却一直到 2015 年才开始流行，2016 年则迅速火热，预计未来很长一段时间内，区块链热潮将会愈演愈烈。

二、概念演变

（一）区块链技术

区块链技术起源于 2008 年由化名为"中本聪"的学者在密码学邮件组发表的奠基性论文《比特币：一种点对点电子现金系统》，目前尚未形成行业公认的区块链定义。从狭义来讲，区块链是一种按照时间顺序将数据区块以链条的方式组合成特定数据结构，并以密码学方式保证的不可篡改和不可伪造的去中心化共享总账，能够安全存储简单的、有先后关系的、能在系统内验证的数据。广义的区块链技术则是利用加密链式区块结构来验证与存储数据、利用分布式节点共识算法来生成和更新数据、利用自动化脚本代码（智能合约）来编程和操作数据的一种全新的去中心化基础架构与分布式计算范式（袁勇和王飞跃，2016）。

益言（2016）认为区块链是指一串使用密码方法相关联产生的数据块，每一个数据块中包含了过去十分钟内所有比特币交易的信息，用于验证其信息的有效性和真伪性并生成下一个区块。本质上，区块链就像是一个用于记录和更新交易的平凡数据库。

柳进军（2016）认为区块链是指通过去中心化和去权威化的方式多方维护一个可靠数据库的技术方案。该技术方案把一段时间系统内、任意多个节点的全部信息交流数据，通过密码学算法计算和记录到一个数据块，并生成该数据块的指纹用于链接下个数据块和校验，系统所有参与节点来共同认定记录是否为真，从而实现数据的自我证明。

以上关于区块链的定义或概念虽不完全一致，但均离不开狭义和广义的概念。综上，区块链具有以下特征：

一是去中心化。相较于现有主流数据库私密且中心化技术架构，区块链系统是由大量节点共同组成的点对点网络，其不存在中心化的硬件或管理机构，此网络中任一节点的权利和义务都是均等的，且整个系统可以在任一节点被损坏的情况下正常运作，稳定性极高（蔡钊，2016）。

二是去信任。区块链系统中每个节点之间是匿名的，通过采用一套数学算法，使得整个区块链系统中所有节点无需在相互信任环境下进行自动安全数据交换，排除了人为干预影响，同时使得系统中每个参与节点的隐私得到保护（王硕，2016）。

三是公开性。整个系统运作是公开透明的，任何人都可以通过公开的接口查询整个区块链系统上的数据记录（蔡钊，2016）。

四是不可篡改性。区块链系统上每个节点可获得一份完整的数据库拷贝，一旦新信息通过验证即可添加到区块链上，并会永久地存储起来，除非同时对整个系统中超过 51% 的节点进行控制，否则修改任意单个节点上的数据库都是无效的，具有很高的可靠性。当系统中的节点越多、数学计算越复杂，数据安全性就越高（蔡钊，2016）。

（二）区块链技术的应用

区块链科学研究所创始人梅兰妮·斯万认为，区块链将给社会带来三个层次的变革：1.0 是货币；2.0 是整个金融领域的应用；3.0 是超越货币市场之外的其他应用（李莹和陈左等，2016）。

马殊玥（2016）也认为区块链已经或即将发生从区块链 1.0 到 3.0 的演变。区块链 1.0 主要是指支撑比特币的基础技术。区块链 2.0 是其在金融业务上的延伸，其应用涵盖金融机构、金融工具和智能合约。区块链 3.0 包括行业中的新兴应用，除了银行和金融科技，它包括在备案管理、知识产权管理、物联网、教育应用和政府管理等诸多方面的使用。

崔清北（2016）认为区块链技术在中国将会从以下几个领域率先突破：一是加密数字货币。中国央行已经在研究并准备推出数字货币。数字货币的推出，一定是基于相应的区块链技术，在一定程度上有助于人民币的国际化。二是股票交易和外汇交易。已经有中国的区块链公司在开发基于证券和股票交易清算系统的区块链技术应用和基于区块链技术的外汇交易产品。三是政府信用及认证系统。四是商业平台。中国将会有新的以区块链技术为代表的商业平台出现，挑战目前以阿里为代表的电商平台。

布比创始人兼 CEO 蒋海在论坛上指出，目前布比更多地将技术集中于商用级的区块链技术支持服务，具体包含三个领域：第一，数字资产领域，除常见的积分、入住卡外，还包含其他数据化的资产；第二，贸易金融领域；第三，股权领域，提高股权交易便捷性（陈龙强，2016）。

武文斌（2015）认为，根据应用中记账与交换媒介的分离程度，涉及区块链技术的衍生应用分为货币、资产映射、应用栈和面向资产四类,层级越高,其分离程度越深。第一层,比特币及其同类货币,如 Peercoin、PPcoin;第二层,在虚拟货币和实物资产本身间建立映射关系,如 Mastercoin、Conterparty;第三层,在虚拟货币与实物交换行为之间建立映射关系,如 Codius、Eris;第四层,主打比特币海外转账特性,如 Ripple、Stellar,此类应用目前已在欧洲几家银行中推广(张波,2016)。

目前,国际上有关区块链的讨论集中在2.0,其主要应用领域有:一是点对点交易。如基于点对点技术(即P2P)的跨国境支付和汇款、贸易结算以及证券、期权等金融衍生品的买卖。二是记录。区块链具有不可篡改、延续的特点,因此可以用来记录各种信息;在反洗钱行动中,可轻而易举且真实获得各种客户身份及交易资料。三是确定产权。如土地所有权、股权等财产的所有权验证和转移等。四是智能管理。利用区块链技术设定的智能合同拥有自动检测是否具备生效环境的功能,一旦条件满足,合同会自动处理,从而实现智能管理(宋湘燕和黄珊,2015)。

三、数字世界与数字主权趋势

(一)数字世界

数字化技术的三大核心分别是数字存储技术、数字传输技术和数字处理技术。需要注意的是,由于数字化技术的出现,数据表达形式已经从原来单一的线性静态文字型逐步增加音频视频混合、图形图像融合、静态动态一体、平面立体兼顾和虚拟现实共存的多媒体表达(陈德人,2005)。人们所熟知的传统出版媒介,如报纸、杂志、音像等,随着信息技术的不断发展而殊途同归于数字化(曹继东,2014)。又如在数字技术、网络技术的推动下发展起来的数字出版,能够极大地提高信息传播的效率,为人们传递、获取、掌握信息提供了便利,数字出版所带来的内容生产数字化、管理过程数字化、产品形态数字化和传播渠道网络化,使得信息共享日益广泛与深入(张波,2016)。任何可以数字化、存在于数字形式或由数字化方式生成的产品，都可以列入数字化资产的范围。数字资产有利于资源的优化配置，经过数字化技术的处理，文字、图片、声音和影像都可以被简化为同样的 1 和 0，可以同时或分别地被重复使用。从 1994 年互联网诞生以来，以网络为载体的数字化内容快速发展，目前数字多媒体数据占据网络流量的一半以上（王田田，2016）。以上描述的数字化资产是构成数字世界的重要元素。由此可见，数字世界大量存在于网络空间。数字世界又可被称为网络世界、电脑空间，其中包括数字化的事物、事物间的联系以及人的活动，是人类思想的物化，是一个人类可以活动于其中的人工世界。虽然人类还处在不断认识数字世界的过程中，但已经意识到数字世界正在为人类社会注入新的活力，而这种活力可以让人类社会发生翻天覆地的变化，因此，一场世界级的主权争夺赛正在拉开帷幕（余秦勇和李长红，2014）。

（二）数字主权趋势

数字化资产是属于数字世界的重要元素，随着信息技术的高速发展，语音、图片和视频等非结构化数据经过数字化后形成数字化资产进行流通，未来房屋、汽车、土地等实物资产也可能由一纸证明演变为可度量的数字化资产，甚至进化为新时代的"实物货币"，实现真正的万物互联，所有个体都可能成为重要的节点。其中面临的主要难题是数字化资产的确权问题。因此，未来数字化资产如何确权的问题将会成为研究的趋势（陈龙强，2016）。

网络作为数字世界的载体，网络空间成为人类激烈开拓的疆域，并在不知不觉中形成"一方独霸"的局面。这一独霸的主角是美国。因特网最初是美国的一个军事项目，上个世纪 90 代被用于商业活动，随后迅速拓展，逐渐成为当今社会进步和经济发展的重要基础设施。因特网是通过根节点来控制全网，即使是用户或节点增加，也只是因特网的拓展，并不能形成真正意义上的互联网。我们现在所用的网络，可以说与美国因特网是接入关系，还达不到平等互联关系，各国只是拥有因特网的使用权,并没有控制权。美国是因特网技术规则的制定者,是因特网核心基础设施的管理者以及因特网核心资源的分配者,这些造就其在网络世界的霸权地位(余秦勇和李长红,2014)。

2013年,美国利用自身网络技术优势,直接接入微软、谷歌、苹果、雅虎等9家网络巨头的中心服务器,对世界各国领导人实施监视、监听的"棱镜门"计划被曝光,网络世界中的国家安全受到严重威胁,网络主权一时得到世界各国的关注。同年,联合国发布有关国际安全决议,决议内容的本质是承认国家拥有信息和通讯领域的主权,也即数字主权。数字主权是国家主权在数字世界的延伸和表现,一个国家是可以独自发展、监督和管理其本国数字世界事务的,国家网络不容任何国家入侵和攻击。

随着世界各国政府和人们对数字世界认识的逐渐加深,"一方独霸"的网络格局终会瓦解,人类将会在平等的数字世界中发展。

第三节 区块链战略

一、区块链创新

(一)数字货币

数字货币是一种基于区块链技术和网络技术产生和发展的虚拟货币,是区块链技术最广泛、最成功的运用,代表着未来发展的趋势。由于无第三方中介、无需相互信任环境及频繁交易的特点,数字货币具有较高的流通价值。通过研发对冲性金融衍生品作为准超主权货币,数字货币拥有相对稳定的价格。同时以主权货币背书为基础,具有比较牢固的交易信用基础。另外,相较于传统纸币的发行,数字货币可以节省高昂的发行和流通成本,为经济交易活动增加了便利和透明度。一旦区块链信用体系在全球范围进行展开,数字货币作为全球通用支付工具也将成为现实（蔡钊，2016）。

  2015 年，数字货币在欧洲相关国家和地区的交易量超过了 10 亿欧元，可以看出，数字货币作为一种金融工具是被欧洲的大多数国家所认可的。同样，数字货币也吸引着我国，2014 年央行成立专门研究数字货币、区块链技术的团队。2016 年 1 月 20 日召开的人民银行数字货币研讨会指出，我国数字货币研究团队要积极吸取国外有关数字货币研究的重要成果和经验，进一步推进前期工作，建立更为有效的组织保障机制，进一步明确央行发行数字货币的战略目标，做好关键技术攻关，开发数字货币的多场景应用，争取央行早日发行数字货币（蔡钊，2016）。

  （二）社交网络

  社交网络是指类似于微博、微信的网络沟通平台。社交网络需要用户将信息发布至一个中心服务器上以实现共享，而区块链上的共享不需要中心化服务器，使用者直接通过 P2P 的方式沟通。社交网络上信息的防篡改性很差，而区块链中的信息具有很强的防篡改性。社交网络的作用在于拓展人们现实生活中的社交圈，使用人数越多，社交网络越具有活力，而区块链却可以适应小型组织中的信息共享。区块链除了实现信息共享外，还具有储存信息的功能。社交软件每天可以产生大量大数据，而这些大数据被供应商垄断，且其所有权也不属于我们。大数据作为未来经济社会的核心，要是能有一款软件把我们的大数据储存起来，放在区块链上保证数据的真实有效性，在需要开展金融业务时，可以把私钥授权给银行评估我们的信用，银行所提供的信贷额度必然会提高更大的幅度和更低的成本。将来的社交软件能做到以上的大数据共享，人人都有自己大数据的控制权，必然会受到追捧（关莉莉，2016）。

  （三）智能合约体系

  由于目前信用成本高昂，跨国交易只能在超大型跨国贸易公司之间进行，否则跨国交易一旦发生意外，纠纷就会演变为跨国官司，其信用成本是小公司远远不能承受的。智能合约设想就是利用区块链技术把合同架构在区块链上，通过 HASH 数保证合同的真实有效性，并且由于有了算力保证合同的信用，可以让合约自动执行，完成智能合约上的相关数据即可对合同所涉及的相关财产进行清算，让纠纷情况没有发生的可能，从而保障了交易的合法有效，让小型公司跨国交易变为可能。数据被上传至区块链，通过设置区块链上的数据处理程序，智能合约及自动交易就可能在区块链上实现。目前，加拿大籍编程天才 Vitalik Buterin 创建的 Ethereum 系统已初步实现了这种可能（关莉莉，2016）。

（四）大数据

比尔·盖茨曾经说过，传统银行要么改变，要么像恐龙一样灭亡。情况正如比尔·盖茨所言，与拥有大数据的互联网公司相比，银行处于劣势。而区块链技术提供了一种新的思路，即依靠区块链本身全球承认的低成本信用体系来降低银行的信用成本，例如用户的个人资产、收支情况这些大数据一旦被区块链证明可信，银行就可以给其授信。去中心化的区块链本身的信息共享性质，打破了银行常常陷入的信息不对称的窘境。互联网垄断了大数据，可降低信用成本来牟利，银行只有利用区块链的去中心化进行创新，依靠区块链技术夺回市场份额，重新取得金融核心地位（关莉莉，2016）。

（五）数据鉴定

区块链系统中的数据是具有时间戳的，且具有不可篡改的、任一节点的数据的损坏不会对系统产生影响等特点，可随时知道某项数据存在与否，并保证了数据的真实性，这些特点使得其很适合应用于各类数据审计工作与公证领域（袁勇和王飞跃，2016）。目前，Factom 公司利用区块链技术建立不可更改的审计和公证流程，其维护了一个基于时间戳的、永不可更改的区块链数据网络，企业或者政府机构将一些审计数据、医疗数据、供应链数据、财产权相关数据等通过 Factom 底层数据的应用将数据存储到区块链网络中，很大程度上减少了进行独立审计、管理、监管的成本和难度。瑞典德勒是一家提供专业审计服务的公司，其利用区块链技术设计出解决方案帮助他们的审计师加快审计进程，实现了低成本和高效率的实时审计。

（六）代理投票

代理投票是基于区块链分布式集体验证、永不可篡改、公开透明等特点，高效、低成本地实现企业股东投票的一种创新应用，取代了目前广泛运用的由一套繁杂程序构成的股东代理投票机制。其基本思路是每位投票人只需要下载投票软件，提交身份验证并完成注册，再提交投票结果，投票结果一旦被成功提交即可通过网络发送至分布式数据化的投票登记系统且永不能被撤销，待投票全部结束后，汇总出投票结果。该种投票流程同时又能展现出安全、透明等属性，很适合应用于政治事务中，实现政治选举。另外，一些厂家可借助区块链在代理投票上的应用获得大规模用户对特定产品的投票评分与意见，实现产品的改进，提高销售业绩（秦谊，2016）。

国际清算银行在 2015 年 11 月发布的《数字货币报告》中明确指出，数字货币与"分布式记账"技术应用的创新给很多领域造成广泛影响，尤其是在支付系统与服务上，其颠覆性的创新将改变现存的商业模式与系统，并塑造出一个全新的金融、经济、社会互动与衔接模式（孙建钢，2016）。

二、区块链与行业结合

（一）金融领域

区块链技术由于具有去中心化、不可篡改和加密安全等特点，在国内外越来越流行，从而进入金融机构的视野。其在金融领域的应用主要是解决信用问题，降低交易成本，实现更高效和标准化的金融服务,扩大金融共享,保存监管记录和审计痕迹等。

第一,区块链技术通过技术背书而非中心化信用机构来促成交易。当前金融体系仍主要靠中心化方案来解决信用问题,即通过政府、银行等中心化的权威机构来建立信用。基于区块链的智能资产能构建无需信用的借贷关系。智能资产的核心思想是控制所有权。在区块链上已注册的数字资产能通过私钥随时使用。在互联网上借钱,可将智能资产作为抵押,智能合约的自动执行可锁定抵押的智能资产,而贷款还清后可确认合约条件来自动解锁,借贷双方出现争议的概率由此大幅降低。

第二,区块链技术能实现机构间的直接交易而大幅降低成本。以跨境支付为例,在传统支付模式下需要两三天的处理时间,而区块链采用点对点的支付方式,只需几秒至几个小时即可完成。西班牙桑坦德银行(SANTANDER CENTRAL)研究,通过减少跨境支付、证券交易及合规中的成本开支,区块链技术每年能为银行业节约150亿至200亿美元。

第三,实现更高效和标准化的金融服务。目前银行中后台部门从事大量账目登记、结算等功能,部分复杂交易还需要人工记录和操作。同时,在复杂交易项目中,往往要涉及多个交易主体,需多方沟通和核对。区块链中的智能合约可通过将操作规则或协议代码化,自动执行,减少人工干预,从而实现更高效和标准化的金融服务。

第四,区块链技术对扩大金融共享大有帮助。比如在肯尼亚和菲律宾已发展出以比特币为桥梁的国际汇款工具,使没有银行账户的人,通过手机 APP 就能即时跨境收发款项。比特币之所以能实现全球货币和支付的功能,很重要的原因是区块链技术实现了不同国家或地区、不同政治文化背景人群的信用共识,从而能突破机构、地区甚至国家的信用局限。

第五,区块链可保存监管记录和审计痕迹,为监管、审计等提供便利并能有效控制欺诈、手工输入错误等操作风险。由于交易确认即完成清算和结算,还大大降低了交易对手的风险。区块链的分布式网络和共识机制,也减少了金融机构受到黑客攻击、服务器宕机等系统风险（李莹和陈左等，2016）。

（二）通信领域

过去，不管是 E-mail，Skype 还是微信，对这些传统的通信工具，人们的设计思路都是考虑如何把信息以最快的速度传送给对方，在所有节点中找最短或者最快的路径把信息复制过去。但是通信可通过区块链去中心化的方式，完全颠覆这种设计思想。每当它需要发一封信时，不是发给单个人，而是发给全网的每一个人，每一个人都可以收到这封信，但是只有拥有钥匙的人才可以打开。这种方式不仅实现了信息的传输，而且非常安全，因为无法被跟踪，虽然每个人都收到了信，但是却不知道谁有钥匙能够看到这封信。它用去中心化和密钥的方式，完成了通信目的。所以它不仅能够实现信息传输，而且能够实现从信息安全到路径安全的最高级别安全（张波，2016）。

（三）域名管理领域

传统域名管理是非常中心化的结构，它通过统一的组织来协调，而其中影响力最大的毫无疑问就是美国。通过区块链技术，可以把域名管理系统变成分布式的结构，系统中每个节点都可以对域名进行解析，而不再需要通过中心化管理。在这种情况下，任何一个节点的损失都不会对整个域名系统造成问题（张波，2016）。

（四）公证领域

使用区块链提供认证服务，能对所有的文件、文书或者是数据资料进行公证。它最大的优势是不依赖公证公司提供信用。公证公司只是提供一个解决方案，通过这个解决方案，能让更多的人把数据信息——指纹保存在分布式的比特币区块链上（张波，2016）。

（五）医疗领域

目前比较知名的案例是飞利浦医疗和 TIERION 进行合作,让飞利浦医疗通过区块链技术来完成关于病历资料的认证，或者是病历方面的隐私保护（张波，2016）。

（六）投票领域

基于区块链的分布式共识验证、不可篡改等特点，可以低成本高效地实现政治选举、企业股东投票等应用；同时，区块链也支持用户个体对特定议题的投票。例如，通过记录用户对特定事件是否发生的投票，可以将区块链应用于博彩和预测市场等场景；通过记录用户对特定产品的投票评分与建议，可以实现大规模用户众包设计产品的"社会制造"模式等（袁勇和王飞跃，2016）。

（七）物联网产业

区块链技术的特点让它能够实现一些在中心化模式下难以实现的商业模式。在物联网产业，已经有机构提出要使用区块链技术去管理上百亿个物联网设备的身份、支付和维护任务。利用区块链技术，物联网设备生产商能够极大地延长产品的生命周期和降低物联网维护的成本（王田田，2016）。

（八）高铁物流

IBM认为区块链在物流领域具有广泛的应用前景。在构建四通八达的高铁网络的基础上，区块链技术的应用将使高铁物流如虎添翼。例如当高铁货运集装箱是将食品从一个地区运输到遥远的另外一个地区，假如存在食品变质风险，货物供需双方可以采用嵌入区块链的应用合同解决方案，观察整个运输过程中集装箱的温度，或监测货物的全程质量，从而提高高铁封闭式物流的应用效率，拓展高铁跨域物流范围。

三、数据世界与区块链实质

（一）区块链使得数据世界更加安全可靠

区块链技术最早是由中本聪提出的，它是一个依靠网络用户之间相互证明的去中心化的信用体系。区块链可以被理解为一个基于计算机程序的公开账本，它可以记录在区块链上发生的所有交易。区块链中的每个节点都可以将其记录的数据更新至网络，每个参与维护的节点都能获得一份完整数据库的拷贝，这就构成了一个去中心化的分布式结算网络，可以在无须第三方介入的情况下，实现人与人之间点对点式的交易和互动。而且由于在 10 分钟内该区块中的信息将会被拷贝至网络中的所有区块，实现全网数据同步，数据一旦被写入区块就不能被撤销和更改（袁勇和王飞跃，2016），因此，区块链使得数据能够去中心化地可靠存储。

传统数据库和区块链都有数据存储的功能，然而区块链的性能远超数据库：传统数据库需要建立在一个中心服务器上，而区块链的分布式存储机制使网络中每个节点都拥有整个网络的数据；传统数据库由于保存在一个中央服务器上，数据被篡改的风险非常大，而在区块链中，分布式的存储和透明化的查询使数据被篡改的可能性大大降低；传统数据库可以被离线保存在一个服务器上，而区块链要求所有节点都必须接入网络，这种在线保存的方式保证了数据的时效性（秦谊，2016）。

区块链的高冗余存储（每个节点存储一份数据）、去中心化、高安全性和隐私保护等特点使其特别适合存储和保护重要隐私数据，以避免因中心化机构遭受攻击或权限管理不当而造成的大规模数据丢失或泄露。与比特币交易数据类似，任意数据均可通过哈希运算生成相应的 Merkle 树并打包记入区块链，通过系统内共识节点的算力和非对称加密技术来保证安全性。区块链的多重签名技术可以灵活配置数据访问的权限，例如必须获得指定 5 个人中 3 个人的私钥授权才可获得访问权限（袁勇和王飞跃，2016）。因此，区块链使得数据存储更加安全可靠。

（二）区块链实质：全球共识的低成本信用认证

区块链技术具有三个重要性质，即共识决策、分布式安全和低成本信用。① 共识决策。所谓的共识决策，即由于区块链本身的原程序是开源的，任何人都可以下载进行挖矿，其挖矿方法就是解决随机碰撞问题，是得到全球认可的，也就是说比特币区块链的这一种信用认证是全球共识的，放在比特币区块链中进行授信的数据其信用结果也是全球都会承认的，这也就保证了这项技术在全球的推广。共识决策还指在区块链上任何数据的更新都会被同步至整个网络，区块链网络上的任何节点都可以查询整个区块链上的数据记录，这提高了网络上数据的可审计性。同时，区块链使用者能够实时获得区块链中的全部数据，消除了信息不对称造成的风险，提高了用户对网络中信息的信任度。② 分布式安全。区块链的设计使它能够有效预防故障与攻击。比特币区块链由全网各个节点组合形成，是去中心式的，不会因所谓中心发生问题而殃及各个节点，哪怕被攻破也只是一个节点的问题，不会对全网造成影响。只有一方掌握全网 51% 的算力才能进行攻击，但以现在的算力情况而言，其攻击成本极高。区块链上进行的金融交易不会由于传输问题受到干扰。③ 低成本信用。由于几乎所有的文件或资产都能够以代码或分类账的形式体现，这意味着这些数据都可以被上传至区块链。区块链是依靠消耗算力进行信用锚定的，以大量算力来保证其信用，由于币值上升，越来越多的算力涌入到这个系统中，也就间接地保护了系统本身的安全（袁勇和王飞跃，2016）。因此，区块链的实质是提供一种全球共识的低成本的信用认证。

第四节　区块链与数字疆域

一、数字领土

数字世界被认为是除土地、海洋、领空、太空四大领域外人类活动的另一空间。在数字世界中，人类可以实现现实社会中无法完成的事情，为人类社会带来大量的活力，数字主权也逐渐成为世界各国争夺的对象，而主权的行使是需要建立在一定的领土之上的，为此，我们需要保护国家的数字领土不被侵犯。

网络是数字世界的载体，成功捍卫网络领土，是我国数字领土安全的保障。我国网络安全问题屡有发生，2009 年，中国三大播放软件之一的暴风，其网站的域名解析服务器受到攻击，导致我国多省陆续出现互联网网络故障；2010 年，全球最大的中文搜索引擎百度，因域名被黑客劫持，导致全网瘫痪；2013 年，我国的域名解析节点受到某种程序的攻击，大面积的 CN 域名网站无法正常打开；2014 年，以".com"".net"结尾的网站同样无法正常使用。对于一个国家而言，网络安全可不是个人无法上网浏览网页、查询资料那么简单，它会使整个国家的铁路、民航、电力等完全瘫痪，造成无法估量的损失。近些年甚至出现网络武器，不法分子通过网络攻击造成他国的基础设施瘫痪，从而谋得利益（南婷和刘元旭，2014）。

360 网站安全专家董方指出，我国对根域名几乎是没有掌控权。我国的关键互联网设备缺乏自动化，同时网络核心设备路由器、服务器、大型计算机以及软件绝大部分是被美国垄断，造成网络态势和风险感知能力低下。一个国家有领陆、领水、领空、底土，在数字世界应该也需要数字领土。对于我国而言，捍卫数字领土也就是捍卫网络领土，我们应建立比较完善的域名解析服务器监控以及风险处理系统，增加研发资金和人才队伍投入，尽快建立自己国家的根域名服务器，进一步保证我国网络安全，从而捍卫国家的数字领土[①]。

二、跨主权世界的主权争夺

清晨，当你坐在舒适的高铁座椅上继续你的旅程，拿起手机打开微信浏览朋友圈，你的操作信息立即被终端存储；当你牵着狗狗在公园散步时，你的手机 GPS 定位早已经将你所处的位置发送给运营商；

---

① http://txjs.chinamil.com.cn/junshity/2014-01/23/content_5747349.html

时髦概念背后的深层功夫与系统能力

无论你走在哪里，你的头顶上都会出现监控。这就是大数据时代——一个让人感觉奇妙又畏惧的时代。大数据不仅改变公共卫生领域，更是颠覆了商业、金融领域，对于人类社会的进步有着非比寻常的作用（李勇和许荣，2016）。由于大数据的发展对先前以国土疆界为界限的安全概念做出了挑战，数据主权成为各方跨主权世界主权争夺的焦点。

大数据时代的数据数量大到我们根本无法想象，我们所用的手机、个人电脑、汽车甚至一些数字电视都可以成为数据来源的载体。阿里巴巴于2014年3月7日在数据峰会上指出，其数据平台事业部的服务器上，累计处理的数据已超过100 PB，等于104 857 600 GB，相当于580亿本藏书[①]。面对如此庞大的数据，究竟谁是它的主人呢？

随着云计算和大数据技术的发展，数据主权这一概念逐渐出现在人们的视野中，其中包括数据的生成、收集、存储、分析、应用等各个环节。从大的层面来说，数据主权是国家主权的一部分，是指一个国家对自己国内网络、信息系统中数据具有自主管理的权力，这种权力不容他国侵犯。从中间层面来说，数字主权是指互联网公司对于用户所发表的内容和个人数据的永久使用权，当然这必须是通过合法渠道取得的权力。从小的层面来说，数据主权意味着个人隐私不受侵犯（冯伟和梅越，2015）。

2012年瑞士达沃斯论坛做出的《大数据，大影响》报告指出，一个国家的综合国力的重要组合部分还应包括其拥有的数据规模、活性及解释运用的能力。数据主权不仅关系到个人隐私权力的保护、企业对数据的处理权，还关系到国家对自己国内数据管理的权力。如果国家能够开发数据的价值，数据主权则是保障这些价值被开发出来的前提和基础（冯伟和梅越，2015）。

为夺得数据互联网上的主导权，世界各国间的数据主权争夺日益加剧。一些发达国家先后提出"数据治国"的相关发展战略目标。美国将大数据视为一项重要的战略资产，并提升到国家战略层面，同时

[①] http://www.199it.com/archives/200418.html.

还提出了信息网络安全战略、国家安全战略、国家信息网络安全战略等。欧洲国家也开始有所行动，欧盟投资 1 亿欧元用于科学数据基础设施的建设，并将"地平线 2020 计划"的优先领域设定为数据信息化。美国于 2000 年 12 月同欧盟签署《安全港协议》，协议明确规定，欧盟附属公司在传输数据之前，需要告知数据收集本人其相关数据被收集以及数据处理结果，并且只有在得到此人同意以后才能传输给第三方，同时必须保证此人能够查看被收集的数据。而美国在"9.11"恐怖袭击之后，签署了《爱国者法案》，赋予美国联邦政府获得全球民众私人数据信息的权力，其情报机构可以直接进入微软、谷歌、雅虎等大型互联网公司的服务器和数据库，以获取全世界的数据。这一法案严重威胁了各个国家主权的安全（杜雁芸，2016）。

我国在数据主权争夺方面面临着诸多挑战。我国的法律体系不够健全，有关数据主权界定、规范方面的法律条文是空白的。对本国数据的保护能力有限，无法对数据跨境流通做出限制规定。电信行业和一些应用程序关于数据的存储及应用的法规严重缺失，个人信息泄漏情况严重。相较于西方发达国家，我国信息产业起步晚，大数据处理能力较差，数据存储、分析等环节仍依靠"他人"。如我国一些重要行业数据存储多使用国外设备，并形成了垄断场面，比较熟悉的是 IBM 公司，在我国银行业所处的份额竟高达 80%，思科则严重控制我国网络上的相关数据传输，更不要说一些用于处理数据的基础软件。

三、区块链的战略意义与布局

（一）区块链的战略意义

2016 年 5 月 30 日—31 日，第一财经技术与创新大会就金融科技最新、最前沿领域区块链技术的发展现状和未来进行了全方位的探讨。作为以去中心化理念、分布式共享记账技术为核心的区块链，未来将嵌入金融领域的诸多环节，例如增信、确权、股权登记、金融贸易、数字资产等（陈龙强，2016）。

时髦概念背后的深层功夫与系统能力

区块链未来在资产确权方面将带来全新的革命。在资本市场层面，如果任何一项技术能够把原来不确定产权的事物明确产权了，那么对整个市场将是巨大的变革。清华大学 i-Center 导师、量子物理博士韩锋表示，"第一代互联网信息解决了信息的自由传递，但是没有解决去中心化以及资产所有权的问题。"以中国目前的房产确权为例，即便在当下，相比国外，中国的房产确权仅仅迈出了一小步，获得了 70 年的使用权。正是由于拥有了这一项资本市场的明确产权，人们进而拥有更多能够承担资本市场风险的能力（陈龙强，2016）。

区块链也将引领增信领域的巨大变革。目前中国拥有网民数量约为 7 亿人，如果每一个网民通过区块链技术即便增加几万元的增信额度，那么从全国范围来看，增加的额度将是几万亿元，而且在区块链层面证明你所有的信用都是在全球通用的（陈龙强，2016）。

区块链解决了股权交易中信息不对称问题。2015 年 12 月 30 日，纳斯达克通过区块链平台完成了首个证券交易。纳斯达克表示，区块链账本已经把股票发行给一位不愿意透露姓名的私人投资者，通过去中心化账本证明了股份交易的可行性，而不再需要任何第三方中介或者清算所。以前，纳斯达克在处理此类股份交易时，需要经过大量的非正式系统，如今可以区块链技术取代其纸质凭证系统。将每一家公司每笔股权交易的信息都放到区块链上后，公司融资多少、估值多少一目了然，交易变得公开透明，解决了原来信息不对称的问题，使得投资决策更为简单、高效（陈龙强，2016）。

区块链技术与金融市场应用有非常高的契合度。区块链可以在去中心化系统中自发地产生信用，能够建立无中心机构信用背书的金融市场，从而在很大程度上实现了"金融脱媒"，这对第三方支付、资金托管等存在中介机构的商业模式来说是颠覆性的变革；在互联网金融领域，区块链特别适合或者已经应用于股权众筹、P2P 网络借贷和互联网保险等商业模式；证券和银行业务也是区块链的重要应用领域，传统证券交易需要经过中央结算机构、银行、证券公司和交易所等中心机构的多重协调，而利用区块链自动化智能合约和可编程的特点，能够极大地降低成本和提高效率，避免繁琐的中心化清算交割过程，实现方便快捷的金融产品交易；同时，区块链和比特币即时到账的特点可使得银行实现比 SWIFT 代码体系更为快捷、经济和安全的跨境转账，这也是目前 R3CEV 和纳斯达克等各大银行、证券商和金融机构相继投入区块链技术研发的重要原因（袁勇和王飞跃，2016）。

区块链在资产管理领域的应用具有广泛前景，能够实现有形和无形资产的确权、授权和实时监控。对于无形资产来说，基于时间戳技术和不可篡改等特点，可以将区块链技术应用于知识产权保护、域名管理、积分管理等领域；而对有形资产来说，通过结合物联网技术为资产设计唯一标识并部署到区块链上，能够形成"数字智能资产"，实现基于区块链的分布式资产授权和控制。例如，通过对房屋、车辆等实物资产的区块链密钥授权，可以基于特定权限来发放和回收资产的使用权，有助于 Airbnb 等房屋租赁或车辆租赁等商业模式实现自动化的资产交接；通过结合物联网的资产标记和识别技术，还可以利用区块链实现灵活的供应链管理和产品溯源等功能（袁勇和王飞跃，2016）。

就金融领域而言，区块链技术未来将运用在增信、确权、股权登记、金融贸易、数字资产等方面。区块链还在物联网产业、医疗领域、公证领域、域名管理领域、通信领域等领域有着广泛的运用。因此，区块链战略对我国具有至关重要的意义：一是在未来的应用中占据主动，争取国际话语权。我国应该积极推动以区块链技术支持金融机构和金融市场的发展战略，商业银行等金融机构应积极参与国际国内关于区块链相关规则的研发和制定，申请区块链技术专利，形成我国所特有的技术优势，扩大国际影响力。二是为央行发行数字货币铺平道路。央行可以从各种区块链联盟、实验室反反复复地尝试、探索中吸取经验，少走一些弯路，有利于数字货币的顺利发行。三是提高国家金融监控效率。通过有效利用区块链技术，国家金融监管部门能够监控每笔交易，进而管控金融业的资产状态以及可能发生的风险，维护整个金融持续、稳定地发展。四是有利于我国普惠金融、共享金融的开展。基于区块链技术很容易实现金融覆盖不足和经济欠发达地区低成本、高效率的资金转移[①]。

（二）区块链布局

无论是技术本身还是其商业模式，区块链都足以产生影响和改变世界的力量。抓住关键点，布局区块链技术相关产业正当其时（柳进军，2016）。

一是安全方面。区块链技术与大数据和云计算密不可分。尽管区块链通过公有链和私有链管理以及可编程货币，在保证个人隐私的同时将每一笔交易清楚地记录在区块链上，可以极大提升交易活动的便利性和透明性，在安全性方面表现出超强的适应性。然而随着区块链技术的不断成熟，尤其是当真实资产在网上映射时，针对加密与隐私的攻击性行动将不可避免，大数据安全就成为区块链中的首要问题（柳进军，2016）。

二是性能方面。区块链的去中心化并不是没有中心，而是形成众多的分中心，因此，在区块链上，具有海量数据存储和处理能力的超级节点必不可少，即便是一般节点，由于数据持续积累的原因，会导致广播和交易确认时间增加，因此区块链对数据计算能力要求会越来越高，对具有"超算"能力的芯片需求会不断增大。以往"超算"核心芯片大都可从市场购买，随着异构计算的崛起，编程模式变得更加特殊，市场公开销售较少，因此，加强"超算"芯片的自主研发是必由之路（柳进军，2016）。

三是应用方面。应用层面关键要在核心算法及平台建设方面持续突破。区块链技术本身核心算法逐渐成熟，但具体到各个领域的应用层算法，需要结合行业特征进一步开发；区块链即服务（BaaS）平台是搭建技术本身与实际应用之间的桥梁，通过平台可以减少交易中介，从而加快交易速度，降低交易费用。尤其是企业级的区块链服务平台，

[①] http://news.hexun.com/2016-05-14/183863330.html.

将成为区块链技术重要的盈利来源，微软、IBM 已瞄准目标，率先而行（柳进军，2016）。

四、区块链投资战略的各国现状与趋势

（一）区块链在国外的应用现状

有资料显示，美国和欧洲所有大型金融机构都有 10 至 20 个区块链项目的内部开发和评估。硅谷投资机构 MagisterAdvisors 预计，2017 年银行将会在区块链技术上投资超过 10 亿美元（李莹和陈左等，2016）。欧美金融业直到 2015 年年初才认识到区块链技术是一个潜在的分布式总账制度。随着区块链技术的使用从比特币市场逐步升级，它越来越多地被应用到金融领域。当前，包括纳斯达克、纽约证券交易所、花旗银行在内的数十个金融机构都在开展区块链金融创新（张波，2016）。

2015 年 12 月，纳斯达克宣布，该公司的合作伙伴 Chain.com 成为其 Linq 区块链技术的第一个用户，后者在向一名私人投资者发售股份时使用了这项技术。纳斯达克认为区块链技术拥有被用于公开市场的潜力，利用这种技术可将清算和结算所需要的时间从原来的三天缩短至短短 10 分钟（张波，2016）。

2015 年，纽约证券交易所宣布投资比特币交易平台 Coinbase，高盛集团投资了比特币消费者服务公司 Circle，大型贸易公司 DRW 控股有限责任公司旗下的子公司则在尝试加密货币的交易（张波，2016）。

2015 年，巴克莱银行、西班牙毕尔巴鄂比斯开银行、澳大利亚联邦银行、瑞士信贷集团、摩根大通、道富银行、苏格兰皇家银行集团和瑞士银行等 40 多家金融机构达成了一项合作，将为区块链技术在银行业中的使用制定行业标准和协议。2016 年 2 月，摩根大通已经与由前摩根大通主管 Blythe Masters 创建的公司（数字资产控股公司）合作开展一项区块链技术试验项目，这项技术可以降低交易成本和复杂性（张波，2016）。

时髦概念背后的深层功夫与系统能力

2016年1月20日，区块链财团R3 CEV发布了首个分布式账本实验，使用了以太坊和微软Azure的区块链即服务（BaaS），并连接了巴克莱银行、BMO银行金融集团、瑞士信贷银行、澳大利亚联邦银行、汇丰银行、法国外贸银行、苏格兰皇家银行、道明银行、瑞士联合银行、意大利联合信贷银行以及富国银行等11家成员银行。根据R3的声明，这些银行会通过分布式账本上的代币资产来模拟交易，而无需中心化的第三方参与（张波，2016）。

2016年2月，欧洲央行发表咨询报告，披露正在探索将区块链技术应用于地区证券和支付结算系统（王文嫣，2016）。

2016年2月，迪拜政府宣布成立区块链研究委员会，这个国际区块链研究委员会有32名委员构成，包括政府机构（智能迪拜局、智能迪拜政府、迪拜多种商品中心）、国际公司（思科、IBM、SAP、微软）以及区块链初创公司（BitOasis, Kraken 与 YellowPay）。研究委员会拟定的第一个试点项目是总部在迪拜的比特币服务初创公司BitOasis与迪拜多种商品中心（DMCC）合作，第二个项目是DMCC与比特币交易所Kraken合作，帮助DMCC在选定的金融操作中催化区块链技术（张波，2016）。

英国政府于2016年的1月份发布的长达88页的《分布式账本技术：超越区块链》白皮书中指出，英国政府鼓励区块链技术的深入研究，且说明了在数字货币和区块链网络的立法过程中政府的重要作用。另外，英国政府希望开发出一种供政府和公共机构之间使用的应用系统，利用分布式账本技术，保障政府的隐私不被侵犯。俄罗斯曾是比特币强硬的反对者，随着区块链技术被全世界熟知，俄罗斯态度发生改变，甚至俄罗斯央行准备进行比特币合法化，并实行监管[①]。

此外，韩国和澳大利亚在区块链技术上也进行了不同程度地探索。如韩国的证券交易所Korea Exchange公布了开发基于区块链技术的交易平台的决定，以及澳大利亚的澳洲证券交易所试图构建基于区块链技术的交易系统。

---

① http://news.zol.com.cn/596/5966205.html.

除了金融领域外，国外对区块链技术的应用还包括通信领域、公证领域、医疗领域、投票领域等。如最早人们是在通信领域看到区块链的全新应用——一种被称为 Bitmessage 的早期应用；洪都拉斯、希腊等国已将区块链技术应用于房屋产权证明领域；飞利浦医疗和 TIERION 进行合作，让飞利浦医疗通过区块链技术来完成关于病历资料的认证，或者是病历方面的隐私保护；美国区块链技术公司（Blockchain Technology Corporation，BTC）做了基于区块链技术的投票机，希望在美国大选时派上用场；纳斯达克已经宣布使用区块链技术来进行股东投票，从而代替原来的传统投票方式（张波，2016）。

（二）国内区块链应用现状——井通公司对区块链技术的应用

2016 年，井通（北京）科技有限公司已将区块链技术真正形成了可以用于大型企业的应用，近期已与多家企业达成了战略合作，尤其与世界 500 强企业海航集团展开了多项基于区块链技术的业务合作，将诸多应用一一落地，将中国的区块链技术推进到了世界的最前沿。早在 2014 年，井通科技公司就已经与海航集团相关部门进行沟通与合作，先后在集团采购体系、供应链融资和员工福利等领域落实了一系列应用，尝试将自己的资源进行互联互通。

井通公司打磨了三年的成果是，用消费场景、支付模式、智能撮合交易、福利平台电商等等老百姓已经熟练掌握的互联网常识来运用区块链技术，同时联合海航集团的大胆创新，共同实现了区块链技术的真正落地应用（何其，2016）。

井通公司利用区块链的加密技术，为各企业封装客户信息和自主沉淀资金，既实现了消费分享又避免了客户关系流失，同时将定价权从企业手中授予最终用户，实现了用户"我的地盘我做主"的满意感，利用分布式系统技术特点，低成本快速地构建互通互联的分享互换生态系统，服务企业，造福用户。井通在区块链技术落地的过程中也是摸索前进，首先在海航集团采购平台依托区块链技术尝试外部商户（供货商）接入，以 B 端钱包为接入口，实现了区块链和采购系统的耦合，为采购商和集团成员企业提供了采购信息和资金的流转与结算全流程无缝连接的服务,降低了交易成本,提高了流转效率,并为沿着产业链拓展用户和企业奠定了基础。为了给供货商提供更加贴心的服务,解决供货商融资难融资成本高的现实困难,利用区块链技术构建的生态系统,在监管允许的范围内,为供货商向金融机构发起的供应链融资提供支持,推动供应商获得融资,实现了多赢。有了这些成功经验,又大胆地将区块链技术应用于集团福利领域,让海航员工直接享受互通互联带来的丰富商品,一举突破了传统自建福利电商平台的采购难、推广难、满意度低的痼疾(何其,2016)。

此外,2016 年 1 月 20 日,中国人民银行对区块链等数字货币技术高度肯定,并首次表示发行数字货币是央行的战略目标,这无疑将对区块链技术在中国的发展起到重要推动作用。2 月 3 日,中关村区块链产业联盟正式成立,标志着中关村在区块链产业发展中迈出了重要的第一步,中关村抓住关键环节布局区块链相关产业势在必行(柳进军,2016)。

第五节 结 语

让我们想象一下,当信息能够在物体中存在和传输(柳进军,2016),形成一张信息网络,随时可以查询,那样是不是以后我们再也不用担心我们的衣食住行问题,智能家居会自动调配到最合适的居住环境,你饿了的话,只需要告诉它们,通过全网信息传递,马上就有新鲜的菜品送到你的面前,而且可能不会和昨天的重复,达到营养均衡,当你需要出行,智能家居会依据你今天出行的目的,为你选择合适的衣服,并通知你的爱车在门口守候,车上已自动为你设定路线,会安全地把你送到目的地;清晨你锻炼时,你会收到有关身体状态的实时信息反馈,它会告诉你速度、里程、脂肪消耗量以及心率等,一且超出某项指标的警戒线，它会立马要求你停止运动，并联系医院，告诉你的家人；你去银行贷款时，可能再也不需要办理什么房屋抵押之类的，因为你的车子和房子已经通过数据连接到物联网中，当你无法按期偿还贷款时，你手上关于车子和房子的私钥就会失效。进一步想象一下，如果像银行这样的金融机构不存在了，你是不是就不用在银行排着长队办各种业务，只需在家里的电脑前，轻轻点击着键盘；出门购物时，你只要带上手机，扫一扫、点一点即刻完成虚拟货币的支付，不用担心找不着ATM机了？人们不用天天挤地铁、公交去上班了，通过网络随时可以在家办公，互联网会依据你的能力帮你调配适合你的工作，而你只需要点点鼠标，智能机器人会帮你完成；你也不用天天去学校进行枯燥无味的学习了，你的大脑植入芯片，可以让你在出生的时候就变成天才，而且过目不忘。

可能这就是未来的数字世界吧。

第五章 PPP[①]

为推动亚洲各国互联互通及经济一体化建设，我国正大力推进"一带一路"这一国家级顶层战略。虽然这一战略得到了沿线国家的积极响应，但在具体实施过程中也面临诸多挑战。一方面，"一带一路"沿线国家经济发展水平普遍较落后，基础设施严重缺乏；另一方面，现有国际金融机构如世界银行、亚洲开发银行以及欧洲复兴开发银行等能够提供的资金有限。面对这一现实而紧迫的需求，我国设立了"丝路基金"，倡议成立了"亚洲基础设施投资银行"等机构，为亚洲乃至全球的经济发展作出重要贡献。除了成立金融机构以外，具体投融资模式的创新也是急需解决的问题。作为一种创新型融资模式，PPP模式的应用对沿线各国基础设施项目的建设具有重大意义。

第一节 PPP 相关概念界定与基础理论

一、PPP 的起源

PPP（Public-Private Partnerships，直译为"公私合作制"）模式是实现公共项目建设的一种新融资模式，也是公共产品的一种供给方式，其起源最早可追溯到 18 世纪欧洲的收费公路建设计划。1706 年，英

[①] 本章部分内容来自蒲旺和贾纯洁在 2016 年中国 PPP 创新发展论坛（成都）上撰写的内部资料《中国 PPP 理论研究进展》，有改动。

国成立收费公路信托机构，负责收费公路的筹资、建设、维护、运营，收费公路信托机构利用募集到的资金用于修建特定地点的新公路，也包括改善旧道路。公路的实际建设和后期的道路维护由指定的检察员负责督办，检察员往往要同时负责多条收费公路的运作与管理。收费"保护人"享有公路收费的权利，根据向收费公路信托机构支付的金额，换取在收费公路上特定收费站的收费权利（达霖·格里姆赛和莫文·K.刘易斯，2008）。

在 20 世纪 70 年代经济大萧条时期，英美国家为了解决经济危机下财政资金不足的问题，积极引入私人部门参与到公共项目的建设、经营、维护，在公共政策领域引入 PPP 模式，极大地促进了公私合作伙伴关系的发展。1984 年，土耳其提出 BOT（Build-Operate-Transfer，建设—运营—移交）概念并应用于阿科伊核电厂项目，然后中国香港合和实业公司和中国发展投资公司等也将 BOT 模式应用到深圳沙头角 B 电厂项目。随后 PPP 相关的特许经营、运营、维护及租赁合约等形式也相继得到应用，特别是 BOT 特许经营模式。

在中国，PPP 最早的应用要追溯到清朝光绪年间，我国第一条民营铁路潮汕铁路于 1904 年开工，1906 年全线完工，该线路南起汕头，北迄潮安，共 42 km（黄华平，2006）。但其现代意义上的形成与发展是在党的十六届三中全会之后，会议通过的《关于完善社会主义市场经济体制若干问题的决定》明确指出允许非公有制资本进入法律未禁入的基础设施、公共事业以及其他行业和领域。此项决定极大地激发了民营资本的兴趣，他们纷纷在高速公路、桥梁、发电厂等重大设施项目上进行尝试，带有一定程度的开拓、创新性质。从 20 世纪 70 年代开始，世界各国纷纷在水务、道路、医疗、教育、住房等领域陆续尝试应用 PPP 模式。

二、PPP 的定义

PPP 是一个很宽泛的概念，目前全世界并没有一个统一的定义，以下列举几种国内外具有代表性的定义。

英国财政部（HM Treasury，2000）从三个方面解释 PPP 中的公私伙伴关系："在国有行业中引入私人部门所有制；鼓励私人投资行动，根据这一计划，公共部门通过合同长期购买商品或服务，利用私人部门在资金与管理技术方面的优势巩固公共项目；扩大政府服务的出售范围，从而利用私人部门的专业技术和财力开发政府资产的商业潜能。"目前英国采用的 PPP 模式主要是特许经营和私人融资计划（Private Finance Initiative，PFI），PFI 更加强调私营企业在项目融资中的主动性和主导性。

联合国培训研究院（2000）的定义："PPP 涵盖了不同社会系统倡导者之间的所有制度化合作方式，目的是解决当地或区域内的某些复杂问题。PPP 包含两层含义，其一是为满足公共产品需要而建立的公共和私人倡导者之间的各种合作关系，其二是为满足公共产品需要，公共部门和私人部门建立伙伴关系进行大型公共项目的实施。"合作双方共同参与某个项目时，政府并不是把项目的责任全部转移给私人部门，而是彼此共同承担项目责任和融资风险。

欧盟委员会（2003）的定义："PPP 是指公共部门和私人部门之间的一种合作关系，其目的是为了提供传统上由公共部门提供的公共项目或服务，泛指公共部门与私营机构合作提供公共服务或公用设施的各种模式。公私合作的主要出发点包括借助私营机构的资本、管理技巧与市场经验，分担风险，提高公共服务的效率与质量等。"

加拿大 PPP 国家委员会（1999）的定义："PPP 是公共部门和私人部门之间的一种合作经营关系，它建立在双方各自经验的基础上，通过适当的资源分配、风险分担和利益共享机制，最好地满足事先清晰界定的公共需求。"Allan（1999）根据私人部门在 PPP 项目中的参与程度，又可以分为 BOOT（Build-Own-Operate-Transfer，建设—拥有—运营—移交）、BOO（Build-Own-Operate，建设—拥有—运营）、DB（Design-Build，设计—建设）等十几种具体的模式。

美国 PPP 国家委员会（2002）的定义："PPP 是介于外包和私有

化之间并结合了两者特点的一种公共产品提供方式，它充分利用私人资源进行设计、建设、投资、经营和维护公共基础设施，并提供相关服务以满足公共需求。"它强调要充分利用私人部门的优势资源，为社会提供优质的公共服务或公共基础设施。

上述不同国家与机构从不同的视角对PPP给出定义或解释，尽管表述不一，但有一些共同的特征：第一，每一个定义都强调了公共部门和私人部门的合作关系；第二，私人部门和公共部门合作的目的是通过优势互补，提供满足公共需求的公共产品和服务；第三，强调利益共享，最终实现双方共赢；第四，强调风险共担。

下面是国内学者及有关机构给出的定义或解释。

贾康和孙洁（2009）认为PPP是"政府公共部门在与非政府主体（企业、专业化机构）合作过程中，使非政府主体利用其所掌握的资源参与提供公共工程等公共产品和服务，从而实现政府公共部门的职能并同时为民营部门带来利益"。通过这种方式可以更高效地利用有限资源为社会提供公共产品和服务。

程哲和王守清（2011）认为PPP即公私（政企）合作，指"企业获得政府的特许经营权，提供传统上由政府负责的基础设施、公共事业的建设和服务的方式，并通过运营收回投资以及获得合理收益"。

宋波和徐飞（2011）认为PPP是政府公共部门与民间私人部门为建立长期合作关系而签订的一种契约合作形式，其目的是共同参与生产和提供公共产品与服务。

叶晓甦和徐春梅（2013）认为PPP是"公共部门和私人部门为提供公共产品或服务，实现特定公共项目的公共效益而建立的项目全生命周期关系性契约的合作伙伴、融资、建设、经营管理模式"。它强调在公共项目的整个生命周期里，公共部门和私人部门建立契约性合作伙伴关系。

中国财政部（2014）的定义："政府和社会资本合作模式是在基础设施及公共服务领域建立的一种长期合作关系。"

国家发展改革委（2014）的定义："政府和社会资本合作（PPP）

模式是指政府为增强公共产品和服务供给能力、提高供给效率，通过特许经营、购买服务、股权合作等方式，与社会资本建立的利益共享、风险分担及长期合作关系。"签订项目合同的社会资本主体，应是符合条件的国有企业、民营企业、外商投资企业、混合所有制企业或其他投资、经营主体。

总体而言，PPP 包含广义和狭义的概念。广义 PPP 泛指政府与社会资本为提供某种（准）公共产品或服务而建立的一种合作关系，狭义 PPP 则指的是政府与社会资本共同参与生产和提供物品与服务的制度安排，是一种项目融资方式，政府与社会资本以同等产出水平提供服务，通常是以公私组成的新主体的形式提供服务。狭义的 PPP 更强调政府在项目中的所有权，以及与企业合作过程中的风险共担和利益共享（王守清和柯永建，2008）。在中国，一般指的是广义的 PPP。

三、PPP 的本质与特征

本质是事物存在的根据。PPP 项目的基本活动是对公共工程项目以关系型契约方式合作融资、合作建设、共同经营和项目移交的全过程。不同的学者对于 PPP 项目的本质认识是不同的。宋波（2010）认为其本质在于政府资源和市场资源在数量、禀赋上的优势互补，它能够利用私营企业先进的生产管理技术，提高公共产品和服务的供给效率和质量。李晓东（2010）认为是政府与私人之间各种协议和长期合作关系模式。樊千和邱晖（2015）认为 PPP 的本质是一种混合关系，强调这种关系是不同的独立经济体之间通过某种合作关系形成的。

总之，PPP 模式本质上是政府与社会资本合作，为提供公共产品或服务而建立的全过程合作关系，以授予特许经营权等为基础，以利益共享和风险共担为特征，通过引入市场竞争和激励约束机制，发挥双方在资源禀赋、数量上的优势，提高公共产品或服务的质量和供给效率。即建立政府与企业"利益共享、风险共担、全程合作"的态势，形成"政府监管、企业运营、社会评价"的良性互动格局。

PPP模式具有三个重要特征：伙伴关系、利益共享和风险共担（贾康和孙洁，2009）。

(一) 伙伴关系

伙伴关系是PPP的首要特征。它强调各个参与方平等协商的关系和机制，是成功实施PPP项目的基础。PPP中民营部门和政府公共部门存在一个共同的项目目标：在某一个具体项目上花费最少的资源、成本，实现最大的效益。需要注意的是，伙伴关系必须遵从法治环境下的"契约精神"，建立具有法律意义的契约伙伴关系，即政府和非政府的市场主体以平等民事主体的身份协商订立法律协议，双方的履行责任和权益受到相关法律、法规的确认与保护。

(二) 利益共享

一个PPP项目涉及多方利益，首先是政府公共部门，它追求的是社会公共利益；其次是民营部门，它追求的是高效率和高收益；再次是公众，希望得到更多物美价廉的公共产品和服务。PPP项目中政府和非政府的市场主体应当在合作协议中确立科学合理的利润调节机制，确保社会资本按照协议规定的方式取得合理的投资回报，避免项目运营过程中可能出现的问题造成社会资本无法收回投资回报或使得政府违约。同时，对政府与社会资本之间的利益调整，一般不宜采用对公共服务或产品涨价的方式，而需要政府考虑补助、延长运营期等其他方式做出必要替代。

(三) 风险共担

伙伴关系不仅意味着利益共享，还意味着风险共担。在PPP项目中，存在政策、汇率、技术、财务、营运等风险。风险共担时应考虑政府部门和私人部门双方风险的最优应对、最佳分担，尽可能做到每一种风险都能由最善于或最适合应对该风险的合作方承担，追求整个项目风险最小化。风险共担原则要求合理分配项目风险，项目设计、融资、建设、运营维护等商业风险原则上由社会资本承担，政策、法律和最低需求风险则由政府部门承担。

四、PPP模式的基本结构

PPP模式的基本结构主要由政府授权的公共部门、民营部门、金融机构等组成（如图5.1所示）。不同的项目会涉及不同的利益相关者，如保险公司、投资咨询公司、律师事务所等。SPV（Special Purpose Vehicle，特殊目的载体）由公共部门和中标单位组成，其是整个项目运行和融资的核心。

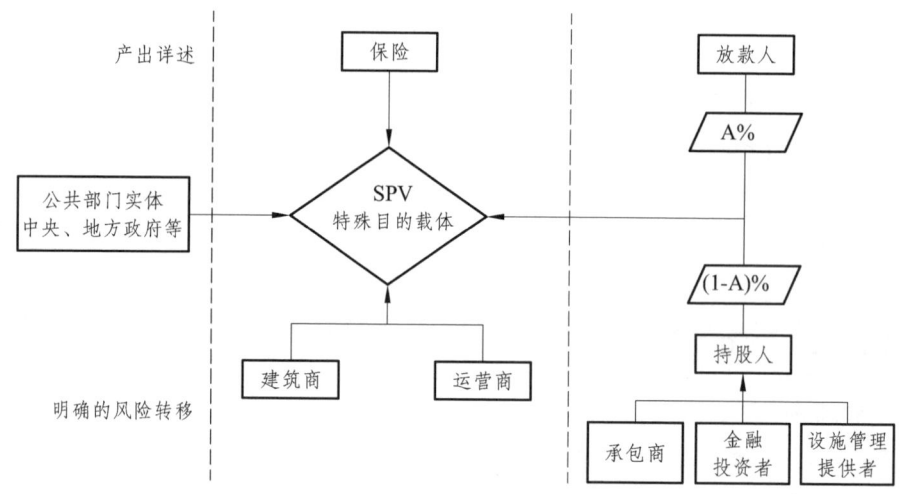

图5.1 PPP模式的基本结构

PPP模式的实质就是政府通过给予私营企业长期的特许经营权和收益权换取基础设施建设。SPV的资金来源主要是政府资金和社会资本，公共部门实体投入少量的资金，在项目融资阶段起到增加信任、降低融资成本的作用；社会资金可通过入股的方式进入SPV，或者SPV通过银行贷款、公司债券等方式吸引社会资本参与。

五、PPP 项目运作的一般过程

王守清和柯永建（2008）将 PPP 项目的一般过程分为四个阶段：准备阶段（确定项目、项目立项、招标准备、资格预审）、招标阶段（准备投标文件、评出候选竞标者、详细谈判、选出中标者）、融资阶段（融资决策、融资结构、融资谈判、融资执行）、实施阶段（设计、建造、运营维护、移交）。

鲁庆成（2008）通过对城市基础设施项目的实证研究，总结出 PPP 项目一般过程，划分为项目准备阶段（项目选择、可行性研究）、选择特殊目的公司（Special Purpose Company，SPC，包括招标、投标、SPC 初选、谈判、签约、SPC 正式注册）、开发运营（项目开发、项目运营）和转交中止（项目移交、SPC 结算）四个阶段。

陈龙（2013）认为医疗服务类 PPP 项目的一般过程包括准备阶段（决定采用 PPP 的各种准备工作）、实施阶段（选择合伙人、项目谈判与签订、项目设计、建设、运营、维护、移交）和调整阶段（项目实施过程的监控和合作伙伴关系的终结）三个阶段。

结合不同学者对于 PPP 项目周期的划分，可以将 PPP 项目按照寿命周期大致分为四个阶段：项目前期准备阶段、项目招标实施阶段、项目实施阶段、合同终结。图 5.2 对这四个阶段以及每一个阶段具体的主要工作内容进行了说明。

六、PPP 的付费模式

PPP 项目中社会资本取得投资回报的资金来源，包括使用者付费、政府付费和可行性缺口补助等支付方式。为了更好地保护消费者权益和投资者的合理收益，PPP 项目一般将市政公共服务价格收费和政府支付补贴费作为合作伙伴的经营收入来源，如图 5.3 所示。

164 战略投资
时髦概念背后的深层功夫与系统能力

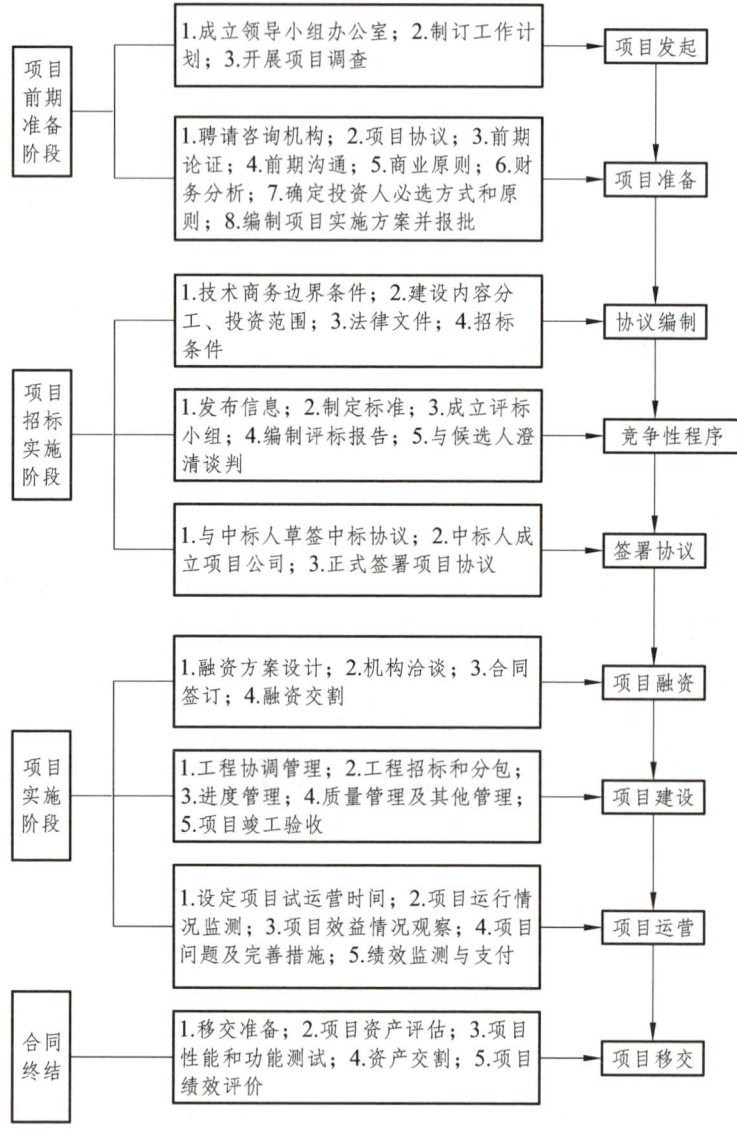

图 5.2　PPP 项目运作的一般过程图

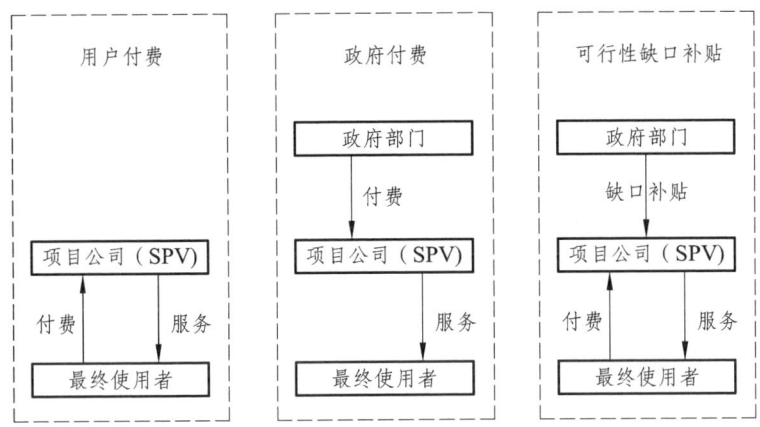

图 5.3 PPP 的付费模式

七、PPP 模式相关理论基础

（一）公共产品理论

纯公共产品是每个人消费这种物品不会导致别人对该种产品消费的减少，而且公共产品或劳务具有效用的不可分割性、消费的非竞争性和受益的非排他性三个特征，这显著区别于私人产品或劳务。在现实社会中，纯粹的公共产品是非常稀少的，政府提供的产品中更多的是具有公共产品部分特征的产品，即准公共产品，它兼有公共产品和私人产品的特性，同时还具有有限的非排他性和有限的非竞争性（林波，2005）。纯公共产品、私人产品和准公共产品之间的区别、供给方式与应用情况见表 5.1。

表 5.1 纯公共产品、私人产品和准公共产品的区别、供给方式与应用

消费产品	基本特征	供应方式	实例应用
纯公共产品	垄断性	政府供给	国防建设
	消费的非排他性	可市场运作	公共卫生
	外部性		普通道路

续表

消费产品	基本特征	供应方式	实例应用
私人产品	非垄断性	私人供给	一般生活用品
	单独消费	向消费者直接收费	住房
	消费的内部性	市场运作	汽车
准公共产品	一定程度的垄断性	政府或私人提供	收费性道路
	可以单独消费	收费或政府支出结合	垃圾处理设施
	具有外部性	市场运作	地铁

根据上述三种产品的特性分析可知，PPP模式非常适合准公共产品的提供，政府部门和私人部门相互合作，通过多次谈判，将风险分配给最有能力承担此项风险的部门，这其实也是私人部门和政府公共部门之间的博弈。

（二）项目区分理论

项目区分理论就是把项目根据其特点分为非经营性（公益性）项目、准经营性项目和经营性项目，核心理论是根据项目的属性决定项目的投资主体、资金渠道、运作模式及权益归属等问题（余池明，2001）。

非经营性项目不以营利为主要目的，建设的项目更多是为社会民众服务。从利益获取的角度来说，一般的私营投资方是不会愿意参与到此类项目建设中的。准经营性项目一般指经济收益相对较低而投资额却较大的公益性项目或基础性项目，例如市政建设、教育、广播、电视、公共医疗等，需要政府通过优惠政策和财政补贴进行支持。经营性城市基础设施项目具有竞争性，行业投资收益高，可以实现社会平均利润率，市场调节比较灵敏，例如收费高速公路、收费桥梁、城市出租车和部分废弃物的资源回收利用，政府只需要负责统一规划并监督，保障市场健康运行（林波，2005）。

(三)公平理论

公平理论又被称作社会比较理论,在 1965 年由美国心理学家约翰·斯塔希·亚当斯提出。它是研究人的动机和知觉关系的一种激励理论,主要包括结果公平、程序公平、互动公平三原则(孙伟和黄培伦,2004)。

人们通常将自己的收入和自己的劳动付出相比较,还会把自己劳动所得报酬与身边其他人进行比较。这种主观的比较对人们公平感的影响较大,进而影响人们的工作动机和工作行为。PPP 模式正是应用这种理论,根据各主体贡献的大小进行风险分担或收益共享,构建出一种公平状态,增进彼此之间合作的积极性。

(四)委托代理理论

委托代理理论是随着生产力大发展和规模化大生产的出现而产生的,其核心是拥有剩余索取权但却处于信息劣势的委托人如何通过设计最优的合同安排来对代理人进行识别、筛选及有效的激励(赖丹馨,2011)。

与传统的委托代理关系相比,PPP 模式中的代理关系是政府部门和私人部门之间通过签订合同,进行授权、管理、相互合作等行为,双方形成利益上的委托代理关系。PPP 模式通常选择信誉度高的代理人建立代理关系,这样可以提高政府部门和私人部门的信息度,促进双方合作的公平性(赖丹馨,2011)。

(五)不完全契约理论

不完全契约理论,即 GHM 理论,或称 GHM 模型、Grossman-Hart-Moore 模型、所有权—控制权模型,是由格罗斯曼和哈特(Grossman 和 Hart,1986)、哈特和莫尔(Hart 和 Moore,1990)等共同创立的。国内学者一般把他们的理论称为"不完全合约理论"或不完全契约理论,因为该理论是基于如下分析框架:以合约的不完全性为研究起点,以财产权或(剩余)控制权的最佳配置为研究目的(Grossman 和 Hart,

1986；Hart 和 Moore，1990）。

不完全契约理论认为，由于人们都是有限理性人，掌握的信息不完全，以及交易事项具有不确定性，以至于想要在契约中明晰所有权力和责任的成本过高，因此，在实际中拟定完全契约是不可能的，不完全契约是必然也是经常存在的。

从契约的角度来看，PPP 可以理解为政府和社会资本为实现某种（准）公共产品或服务而建立的长期契约关系。由于 PPP 项目运营周期较长（一般为 20~30 年），外部环境变化较快，人的有限理性，PPP 契约同样具有不完全性。Bajari 等（2006）认为采购契约的不完全性将导致投资者最后的成本与最低中标价不同，同时产生再谈判成本。

第二节　PPP 模式分类与比较

一、PPP 模式的不同分类

由于世界各国的 PPP 发展处在不同的阶段，对于 PPP 的分类也不尽相同。根据不同的分类方式有不同的分类结果，仅列举具有代表性的分类以供参考。

世界银行（1997）综合考虑资产的所有权、经营权、投资关系、商业风险和合同期限等，将广义的 PPP 分为服务外包、管理外包、租赁、特许经营、BOT/BOO 和剥离等六种模式，见表 5.2。

加拿大 PPP 国家委员会从转移给私人部门风险大小的角度，将广义 PPP 分为 12 种模式（Allan，1999），见表 5.3（箭头方向表示转移给私人部门的风险越来越大）。

欧盟委员会（2003）从投资关系的角度，将 PPP 分为传统承包、一体化开发和经营、合伙开发三类。传统承包指政府部门或私人部门只承担项目的其中一个环节（如设计、建设、运营、维护），具体的模

表 5.2 世界银行对 PPP 的分类

PPP 类型	产权	经营和维护	投资	商业风险	合作期限（年）
服务外包	公共部门	公共部门 私人部门	公共部门	公共部门	1~2
管理外包	公共部门	私人部门	公共部门	公共部门	3~5
租赁	公共部门	私人部门	公共部门	共同分担	8~15
特许经营	公共部门	私人部门	私人部门	私人部门	25~30
BOT/BOO	公共部门和私人部门	私人部门	私人部门	私人部门	20~30
剥离	公共部门和私人部门、私人部门	私人部门	私人部门	私人部门	永久

表 5.3 加拿大 PPP 国家委员会的 PPP 分类

PPP 类型	简写	中文	转移给私人部门的风险大小
Contribution Contract	—	捐赠协议	↓
Operation and Maintenance Contract	O&M	经营和维护	
Design Build	DB	设计—建设	
Design Build Major Maintenance	DBMM	设计—建设—主要维护	
Design Build Operate（Super Turnkey）	DBO	设计—建设—经营（超级交钥匙）	
Lease Develop Operate	LDO	租赁—开发—经营	
Build Lease Operate Transfer	BLOT	建设—租赁—经营—转让	
Build Transfer Operate	BTO	建设—转让—经营	
Build Own Transfer	BOT	建设—拥有—转让	
Build Own Operate Transfer	BOOT	建设—拥有—经营—转让	
Build Own Operate	BOT	建设—拥有—经营	
Buy Build Operate	BBO	购买—建设—经营	

式如专业分包和劳务分包；一体化开发和经营指主要由私人部门负责公共项目的设计、建设、运营维护等工作，同时参与一定程度的投资，具体的模式如 BOT、Turnkey（交钥匙）；合伙开发类指私人部门负责大部分甚至全部的项目投资，同时在合同期间资产归私人所有，具体的模式包括 BOOT、BOO 等。

目前我们国家提倡的 PPP 模式，一般都要包括运营（O）在内，不同的项目运作方式适用于不同的 PPP 项目。PPP 具体运作方式的选择主要由收费定价机制、项目投资收益水平、风险分配基本框架、融资需求、改扩建需求和期满处置等因素决定。参考世界银行、欧盟委员会、加拿大 PPP 国家委员会的分类方式，结合我国基础设施建设需求、经济发展状况和 PPP 项目运作实践，归纳出适合我国基础设施项目的 PPP 模式分类（见图 5.4），把 PPP 分为外包类、特许经营权类、私有化类三个体系（王灏，2004）。国家发改委文件中对这三类项目适用的运作模式进行了规范。

二、我国主要的 PPP 模式及比较

（一）BOT 模式

20 世纪 80 年代，BOT（Build-Operate-Transfer）模式即建造—运营—移交，是我国基础设施和市政公共事业领域采用的主要模式之一，主要是指私人部门按照合同规定从政府部门获得一定期限的项目特许经营权（20~30 年），然后由其组建项目建设公司进行项目的投资、融资、建设与经营，在特定期限内运营并向其用户收取一定的费用来收回投资、偿还债务并赢得利润，在特许期后将项目无偿（或者以很低的价格）移交给政府部门（徐可，2016）。

BOT 的优点是政府不直接投资项目，私人部门承担公共基础设施建设的主要工作甚至全部工作，避免了项目投资失败的风险。缺点是项目筹备和建设存在一定难度，融资成本高，运行周期比较长，在特许经营期不确定风险增加，私人资本可能会望而却步，缺乏有效的协同机制处理不同主体之间的利益共享。

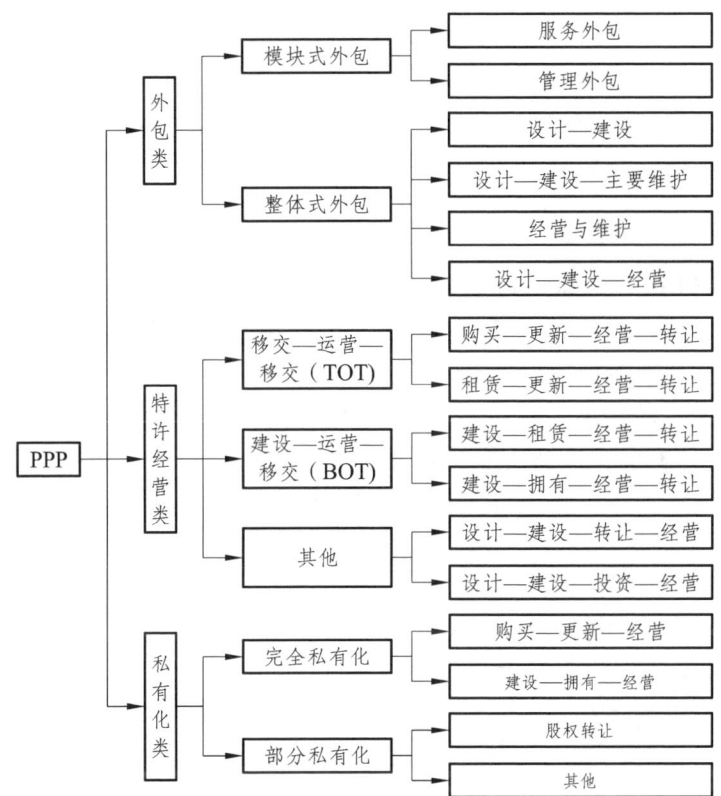

图 5.4 适合我国基础设施项目的 PPP 模式分类与汇总

（二）TOT 模式

TOT（Transfer-Operate-Transfer）模式即移交—运营—移交，是指私营企业向政府购买已经建成并运营的公共基础设施项目的所有权，在规定的特许期限内负责运营管理该项目以收回投资并获取利益，而政府部门可将这笔购买资金用于偿还政府贷款、缓解财政压力或投资建设新项目，待特许期满，私营企业将项目重新交还给政府，即完成第二次移交（徐可，2016）。

TOT 模式的优点，一是私人部门不参与到项目的建设阶段，只负责项目的再次经营和运作，前期投资较小，融资风险较低；二是政府部门通过移交特许经营权盘活现有的固定资本，缓解财政压力。缺点是在项目前期准备阶段和建设阶段，政府需要投入大量资金，承担所有风险，同时在转交时很难给 TOT 转出项目的经营权定价。

（三）BT 模式

BT（Build-Transfer）模式即建设—移交，是指政府授予私营企业按照一定的法定程序组建 BT 项目公司，并进行项目投融资及项目建设，不涉及项目的运营管理，在双方规定的时间内完成任务且在项目竣工后按前期约定进行移交，最终由政府部门支付项目投资。从广义上来讲，BT 模式涉及政府与社会资本的合作，仍属于 PPP 模式，但鉴于其风险太大，质量难以保证，故已被叫停（徐可，2016）。

（四）BOOT 模式

BOOT（Build-Own-Operate-Transfer）模式即建设—拥有—经营—移交，指私人部门从政府部门获得排他性的特许权，负责项目的融资、建设、经营与维护，并通过付费的方式，在一定特许经营期限内向使用者收取费用，收回投资，在特许经营期满后，将所有权转给政府（徐可，2016）。

BOOT 模式与 BOT 模式相比，政府的控制权少一些，如果出现破产或经营不善等问题，再找合作者十分困难。BOOT 模式的优点是能够最大限度地利用私人部门的资源，保证项目建设的效率与质量。其缺点是私人部门有权决定收费的标准，政府无权干涉，除非政府部门愿意提供补助；政府可能会丧失对项目的建设与运营的控制权。

PPP 分类下的 BOT、TOT、BT、BOOT 模式在结构、风险类别与风险分担、项目经营权与所有权三个方面具有各自的特点，同时不同模式的适用范围也不一样，针对项目的性质、类别、建设目的、预期效果，结合多种 PPP 模式的特点，选择最佳的项目建设模式，将更有利于缩短工期、降低成本、提高工程质量、缓解政府财政压力。

第三节 PPP 应用

一、PPP 模式的应用现状分析

国外学者对 PPP 模式的应用研究起步早。20 世纪 80 年代，公私合作伙伴关系最早在英国出现并得到推广，继而在美国、加拿大、法国、德国、西班牙、澳大利亚、新西兰、日本等主要西方国家得到广泛响应，并得到了进一步的应用，PPP 模式在国外的应用相对成熟。不同国家，对 PPP 应用的领域和模式不尽相同。

英国是 PPP 模式的国际先驱，其采用的 PPP 模式主要分为两大类，一类是特许经营，另一类是私人融资计划（PFI）。PPP 项目中，凡是由使用者付费的称为特许经营，凡是由政府付费的就称为私人融资计划。其对于 PPP 的应用研究主要集中在国家医疗健康服务体系、城市轨道交通等领域（刘薇，2015）。

加拿大是国际公认的对于 PPP 模式运用得最好的国家之一，各级政府对 PPP 重视程度高，支持力度大。《加拿大 PPP 十年经济影响评估报告（2003—2012）》指出，十年间，加拿大 PPP 项目的建设、运营和维护提供了广泛的就业机会，有效增加了国民收入、国内生产总值和各级政府税收，从各方面对经济发展起到了积极作用。据统计，PPP 在医疗健康服务体系和城市交通领域的贡献最大（PPP National Committee of Canada，2013）。

日本 PPP 项目起源于 20 世纪末，日本政府积极选择教育与文化等领域作为试点，积累了宝贵的 PPP 推广经验。从 2000 年开始，日本 PPP 项目数量和投资规模高速增长。日本 PPP 项目主要以政府拥有全部所有权的 BTO 模式进行，项目公司拥有特许经营权的 BOT 模式应用规模居中，项目公司拥有全部所有权的 BOO 模式应用较少。政府选择采用 BTO 模式的项目通常体现出独立性、竞争性小、投资规模大等特征，主要是在政府公务、产业基础和教育文化三个领域（胡振，2010）。

在美国，20世纪末，联邦政府意识到PPP所具有的最大化公共资源供给和最优化私人资本利用的双重功能，加大PPP项目的推广力度。美国PPP项目主要集中在公共交通领域，包括道路、桥梁、高速公路、港口和机场等；其他社会性公共设施如法庭、医院均有涉及（傅宏宇，2015）。

在我国，PPP模式相关的特许经营、运营和维护以及租赁合约等形式得到广泛的应用，其中BOT模式最为常见。PPP的应用主要集中在交通运输、能源、水务和污水处理、通信等领域。由于我国正处于转型阶段，许多领域都处于向民营资本开放的过程之中，因此PPP在我国有着更为广阔的发展空间，特别是在轨道交通领域。

综上所述，PPP在世界各国的很多领域都被应用，具有代表性的是城市供水、城市轨道交通、医疗、教育和住房等领域。其中交通领域的投资规模大，耗时长，风险大，且有稳定的现金流和一定的营利性，特别适合PPP模式。无论在哪个国家，PPP项目在交通领域的比重都是特别大的，但是，很多交通领域的PPP项目都处于亏损状态，因此，在交通领域有相对成熟的补贴模式，如建设补贴、运营补贴等，鼓励私人资本的投资。

二、PPP模式应用研究

（一）国外PPP模式应用研究

国外学者对于PPP模式应用的研究起步较早，Lam（1999）认为PPP模式应用在公共事业项目，成功的关键因素是对PPP模式各个风险因素的有效管理。

Doh（2003）针对PPP项目实施过程中的风险进行研究，把风险分为不可抗力风险、政治风险、法律风险、经济风险和社会风险五大类，同时根据项目参与方的特点探讨了各方所面临的主要风险，并提出应对措施。

王守清（2003）比较分析了国际上十个典型的BOT项目的结构和

主要特点，包括项目发起人的融资安排、责任、义务，以及政府给予的支持。在这些项目中，BOT 模式将政府、发起人、银行、投资者和承包商等联系在一起，特别适用于大型基础设施项目建设。项目所在国家提供一些支持和担保以分担风险是项目成功的必要条件之一。

PPP 模式广泛应用在城市轨道交通领域，Calthorpe（1993）主张"以公交为导向的发展"思想，通过交通系统将住宅、商业、办公职能系统组织起来，并对各种城市土地利用进行划分，优化用地模式。

陈柳钦（2008）对英国伦敦地铁 PPP 项目进行系统分析，指出英国政府为扭转地铁投资严重不足的局面，选择以 PPP 模式进行升级改造。针对 30 年内地铁的建设标准、运营情况的考核标准都可能发生变化这种情况，伦敦地铁 PPP 模式的合约中专门增加了定期审核机制，每七年半双方重新审定一次合约条款，且为保证重新审核工作的独立性和权威性，设定了专门的仲裁机制，确保合约的有效执行。

徐飞（2016）通过分析中国高铁"走出去"面临的挑战，指出对运营收益长期稳定、东道国政局平稳、经济实力较强的项目，可采用 BOT 或 PPP 方式，实现利益共享，风险共担。

英国、美国等发达国家在医药卫生领域积极推行 PPP 模式，提高医疗服务水平，发展医药卫生事业。毛庆祥和潘高（2012）比较分析了 PPP 模式在国外医药卫生领域的应用概况及特点，为深化我国医疗体制改革提供借鉴。

（二）中国 PPP 模式应用研究

历经 30 年的摸索，我国已经形成很多应用 PPP 模式进行公共项目建设的案例，如北京地铁四号线项目、南京长江三桥项目、上海莘逢金高速公路项目、北京国家体育场（鸟巢）项目等。这些项目大多取得预期的效益，其形成的经验和教训将为我国未来 PPP 项目建设提供参考，使我国 PPP 项目建设在实践上更具可行性。我国学者从 PPP 应用的不同领域与不同角度进行了研究分析。

北京地铁四号线是我国城市轨道交通行业第一次正式批复实施

的特许经营项目，也是国内第一个运用 PPP 模式、引入市场部门运作的地铁项目。北京京港地铁有限公司董事长王灏（2009）以北京地铁四号线项目为例，分析了 PPP 模式从理论研究到模型设计，再到项目融资成功，直至项目最后建成投入运营的全过程。郭上（2014）从项目的概况、项目的运作、项目的股权结构、项目风险分担、项目中出现的问题等角度对 PPP 模式进行研究分析。

高析（2002）通过研究我国首次使用 BOT 融资概念建设的基础设施项目——深圳沙角 B 电厂项目，对该项目如何实现风险管理及规避进行了详细分析，指出风险共担是一个成功的项目融资结构中必不可少的条件。

谢伟东和何雯（2006）运用实证分析研究 PPP 模式融资在我国城市轨道交通中的运用，提出政策保障、政府定位、人才保障和相应的法律法规保障措施，指出 PPP 模式在轨道交通领域的应用是可行的。

亓霞等（2009）从 PPP 项目风险管理的角度，通过对 16 个中国 PPP 项目（高速公路、桥梁、污水处理、电厂等领域）失败或出现问题案例的汇总分析，认为项目失败的主要原因是法律变更、审批延误、政治决策失误、政治反对、政府信用、不可抵抗风险等，并为规避和管理这些风险提出相应的建议和对策。

孙洁（2010）分析了 PPP 管理模式的融资性、高效性、低风险性等特征，将其应用在城市污水处理项目中，根据污水处理厂的不同形态选择不同的 PPP 管理模式，并采取多种积极措施，使 PPP 模式成为污水处理设施建设中的一种重要的经营管理模式。

农地整理项目属于政府公共产品供给范畴，完全依靠政府自上而下的财政投入，很容易产生财政资金供不应求的矛盾。在这种情况下，汪文雄等（2013）研究了如何运用 PPP 模式来解决农地整理项目资金短缺的问题。

周正祥等（2015）从政府部门和社会资本的角度出发，分析了 PPP 模式在全国应用面临的法律法规体系不完善、PPP 项目价格形成机制不合理、PPP 项目审批过程复杂等问题，提出了具体的政策建议。

蒲旺等（2016）认为在城市轨道交通建设方面，除了 PPP 模式外，若能协调好沿线开发主体和建设主体，TOD（Transit-Oriented-Development，以公共交通为导向的开发）模式能取得更好的效益。

（三）国内外 PPP 应用研究述评

综上所述，PPP 模式在英国出现后受到世界其他国家政府部门和私人部门的欢迎，在很多领域应用广泛，已形成独特优势：一是建立专门的基础设施管理机构，负责协调公共部门和私人部门在基础设施投资中的关系；二是形成有效的监管体系；三是已经或正在制定 PPP 法律，消除实施 PPP 的法律障碍。

在 PPP 模式应用研究方面，主要集中在城市轨道交通、污水处理等领域。PPP 模式在我国的应用虽然出现如法律环境不完善、政府风险偏大、融资市场不成熟等问题，但我国基础设施领域的巨大建设需求以及政府积极促进私人资本投资公共事业领域的态度，都为 PPP 模式参与基础设施建设提供了良好的契机，PPP 模式在中国有良好的应用前景。

三、PPP 案例

案例 1　北京地铁 4 号线项目[①]

一、项目概况

北京地铁 4 号线是北京市轨道交通路网中的主干线之一，南起丰台区南四环公益西桥，途经西城区，北至海淀区安河桥北，线路全长 28.2 km，车站总数 24 座。4 号线工程概算总投资 153 亿元，于 2004 年 8 月正式开工，2009 年 9 月 28 日通车试运营，目前日均客流量已超过 100 万人次。

北京地铁 4 号线是我国城市轨道交通领域的首个 PPP 项目，该项

---

① 来源：国家发改委网站 http://tzs.ndrc.gov.cn/zttp/PPPxmk/pppxmal/.

目由北京市基础设施投资有限公司(简称"京投公司")具体实施。2011年,北京金准咨询有限责任公司和天津理工大学按国家发改委和北京市发改委要求,组成课题组,对项目实施效果进行了专题评价研究。评价认为,北京地铁4号线项目顺应国家投资体制改革方向,在我国城市轨道交通领域首次探索和实施市场化PPP融资模式,有效缓解了当时北京市政府投资压力,实现了北京市轨道交通行业投资和运营主体多元化突破,形成同业激励的格局,促进了技术进步和管理水平、服务水平的提升。从实际情况分析,4号线应用PPP模式进行投资建设已取得阶段性成功,项目实施效果良好。

二、运作模式

(一)具体模式

4号线工程投资建设分为A、B两个相对独立的部分:A部分为洞体、车站等土建工程,投资额约为107亿元,约占项目总投资的70%,由北京市政府国有独资企业京投公司成立的全资子公司四号线公司负责;B部分为车辆、信号等设备部分,投资额约为46亿元,约占项目总投资的30%,由PPP项目公司北京京港地铁有限公司(简称"京港地铁")负责。京港地铁是由京投公司、香港地铁公司和首创集团按2:49:49的出资比例组建。

4号线项目竣工验收后,京港地铁通过租赁取得四号线公司A部分资产的使用权。京港地铁负责4号线的运营管理、全部设施(包括A和B两部分)的维护和除洞体外的资产更新,以及站内的商业经营,通过地铁票款收入及站内商业经营收入回收投资并获得合理投资收益。

30年特许经营期结束后,京港地铁将B部分项目设施完好、无偿地移交给市政府指定部门,将A部分项目设施归还给四号线公司。

(二)实施流程

4号线PPP项目实施过程大致可分为两个阶段,第一阶段为由北京市发改委主导的实施方案编制和审批阶段;第二阶段为由北京市交通委主导的投资人竞争性谈判比选阶段。经市政府批准,北京市交通委与京港地铁于 2006 年 4 月 12 日正式签署了特许经营协议。

（三）协议体系

特许经营协议是 PPP 项目的核心，为 PPP 项目投资建设和运营管理提供了明确的依据和坚实的法律保障。4 号线项目特许经营协议由主协议、16 个附件协议以及后续的补充协议共同构成，涵盖了投资、建设、试运营、运营、移交各个阶段，形成了一个完整的合同体系。

（四）主要权利义务的约定

1. 北京市政府

北京市政府及其职能部门的权利义务主要包括以下方面：

建设阶段：负责项目 A 部分的建设和 B 部分质量的监管，主要包括制定项目建设标准（包括设计、施工和验收标准），对工程的建设进度、质量进行监督和检查，项目的试运行和竣工验收，以及审批竣工验收报告等。

运营阶段：负责对项目进行监管，包括制定运营和票价标准并监督京港地铁执行情况，在发生紧急事件时，统一调度或临时接管项目设施；协调京港地铁和其他线路的运营商建立相应的收入分配分账机制及相关配套办法。

此外，因政府要求或法律变更导致京港地铁建设或运营成本增加时，政府方负责给予其合理补偿。

2. 京港地铁

京港地铁公司作为项目 B 部分的投资建设责任主体，负责项目资金筹措、建设管理和运营。为方便 A、B 两部分的施工衔接，协议要求京港地铁将 B 部分的建设管理任务委托给 A 部分的建设管理单位。

运营阶段：京港地铁在特许经营期内利用 4 号线项目设施自主经营，提供客运服务并获得票款收入。协议要求，京港地铁公司须保持充分的客运服务能力和高效的客运服务质量，同时须遵照《北京市城市轨道交通安全运营管理办法》的规定，建立安全管理系统，制定和实施安全演习计划以及应急处理预案等措施，保证项目安全运营。

在遵守相关法律法规，特别是运营安全规定的前提下，京港地铁公司可以利用项目设施从事广告、通信等商业经营并取得相关收益。

三、借鉴价值

（一）建立有力的政策保障体系

北京地铁4号线PPP项目的成功实施,得益于政府方的积极协调，为项目推进提供了全方位保障。

在整个项目实施过程中，政府由以往的领导者转变成了全程参与者和全力保障者，并为项目配套出台了《关于本市深化城市基础设施投融资体制改革的实施意见》等相关政策。为推动项目有效实施，政府成立了由市政府副秘书长牵头的招商领导小组，发改委主导完成了四号线PPP项目实施方案，交通委主导谈判，京投公司在这一过程中负责具体操作和研究。

（二）构建合理的收益分配及风险分担机制

北京地铁4号线PPP项目中政府方和社会投资人的顺畅合作，得益于项目具有合理的收益分配机制以及有效的风险分担机制。该项目通过票价机制和客流机制的巧妙设计，在社会投资人的经济利益和政府方的公共利益之间找到了有效平衡点，在为社会投资人带来合理预期收益的同时，提高了北京市轨道交通领域的管理和服务效率。

1. 票价机制

4号线运营票价实行政府定价管理，实际平均人次票价不能完全反映地铁线路本身的运行成本和合理收益等财务特征，因此，项目采用"测算票价"作为确定投资方运营收入的依据，同时建立了测算票价的调整机制。

以测算票价为基础，特许经营协议中约定了相应的票价差额补偿和收益分享机制，构建了票价风险的分担机制。如果实际票价收入水平低于测算票价收入水平，市政府需就其差额给予特许经营公司补偿。如果实际票价收入水平高于测算票价收入水平，特许经营公司应将其差额的70%返还给市政府。

2. 客流机制

票款是4号线实现盈利的主要收入来源，由于采用政府定价，客流量成为影响项目收益的主要因素。客流量既受特许公司服务质量的影响，也受市政府城市规划等因素的影响，因此，需要建立一种风险共担、收益共享的客流机制。

4号线项目的客流机制为：当客流量连续三年低于预测客流的80%，特许经营公司可申请补偿，或者放弃项目；当客流量超过预测客流时，政府分享超出预测客流量10%以内票款收入的50%、超出客流量10%以上票款收入的60%。

4号线项目的客流机制充分考虑了市场因素和政策因素，其共担客流风险、共享客流收益的机制符合轨道交通行业特点和PPP模式要求。

（三）建立完备的PPP项目监管体系

北京地铁4号线PPP项目的持续运转，得益于项目具有相对完备的监管体系。清晰确定政府与市场的边界、详细设计相应监管机制是PPP模式下做好政府监管工作的关键。

4号线项目中，政府的监督主要体现在文件、计划、申请的审批，建设、试运营的验收、备案，运营过程和服务质量的监督检查三个方面，既体现了不同阶段的控制，同时也体现了事前、事中、事后的全过程控制。

4号线的监管体系在监管范围上，包括投资、建设、运营的全过程；在监督时序上，包括事前监管、事中监管和事后监管；在监管标准上，结合具体内容，遵守了能量化的尽量量化、不能量化的尽量细

182 战略投资
时髦概念背后的深层功夫与系统能力

化的原则。具体监管体系如图5.5所示。

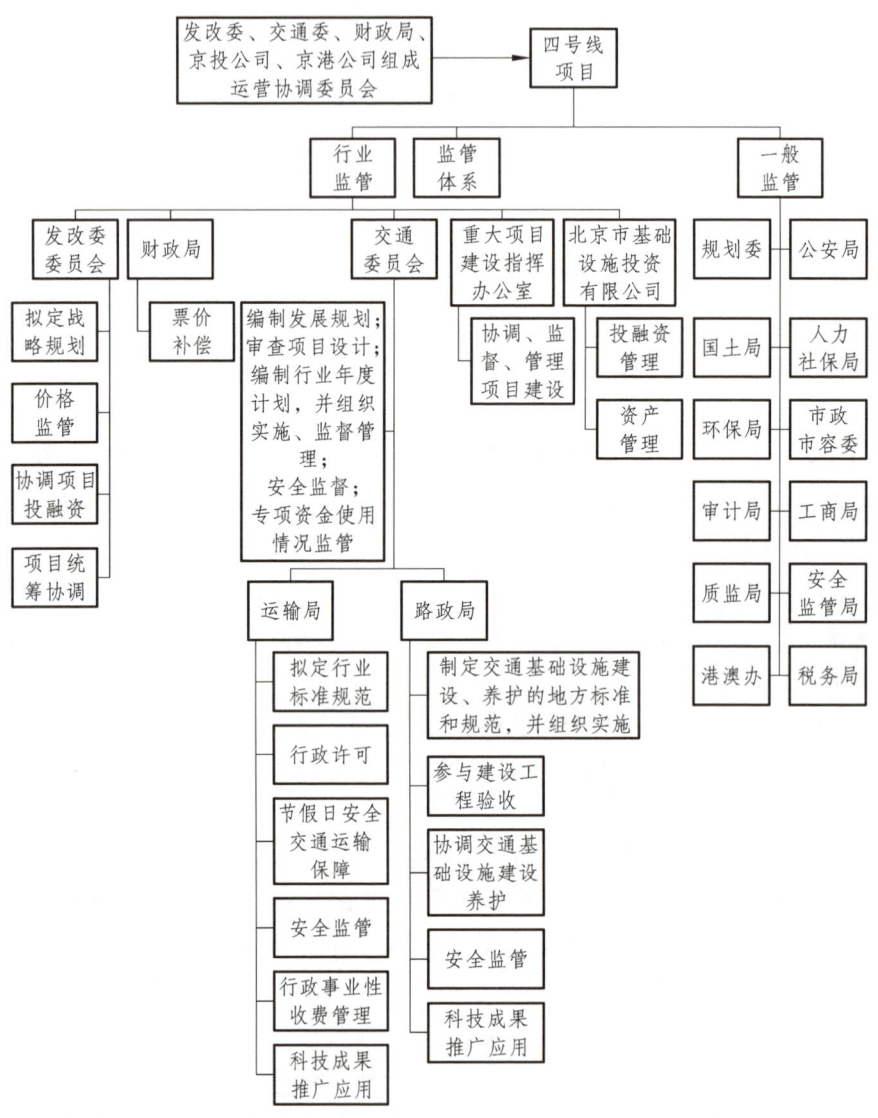

图 5.5 北京地铁 4 号线监管体系图

案例 2　重庆涪陵至丰都高速公路项目[①]

一、项目概况

重庆涪陵至丰都高速公路是重庆高速公路路网的重要组成部分，属于《重庆市高速公路网规划》的"三环十射三联线"骨架公路网中"十射"部分，是重庆市、贵州北部、四川南部地区通往长三角地区最快捷的公路运输通道，是沪渝通道内最后建设的一段高速公路，同时也是重庆"一圈两翼"经济圈的重要交通纽带及沿江综合交通运输体系的重要组成部分。项目的建设，对增强重庆主城区对三峡库区的经济辐射，促进重庆逐步发展成为长江上游交通枢纽和经济中心，提高重庆干线公路网的可靠性和安全性具有重要意义。

项目经重庆涪陵城区、清溪镇、南沱镇、湛普镇、丰都县城区及双路镇，按双向四车道高速公路标准修建，路线全长 46.5 km。设计车速 80 km/h，路基宽度 24.5 m，沥青混凝土路面，交通工程和沿线设施等级为 A 级。全线有特大桥梁 4 座共 4 526 m，大桥 11 座共 6 004 m，涵洞 36 道，人行天桥 8 座，互通式立交 8 处（含预留立交 1 座），分离式立体交叉 8 处，通道 14 道，特长隧道 2 座共 8 791 m，长隧道 3 座共 6 110 m，中隧道 3 座共 2 235 m，总投资 41.79 亿元。项目于 2008 年批准立项，2009 年 6 月开工建设，2013 年建成通车。

二、运作模式

（一）采用 BOT + EPC 模式

BOT + EPC 模式，即政府向企业授予特许经营权，允许其在一定时间内进行公共基础建设和运营，而企业在公共基础建设过程中采用总承包模式施工，当特许期限结束后，企业将该设施向政府移交。

项目于 2008 年 4 月启动投资人招标，采用 BOT + EPC 投融资模式，经招标确定中交路桥集团国际建设股份有限公司为项目投资人。经市政府授权，由市交委于 2008 年 8 月与投资人签订项目投资协议，

[①] 来源：国家发改委 http://tzs.ndrc.gov.cn/zttp/PPPxmk/pppxmal/.

约定由项目投资人根据项目规划和政府相关要求完成项目投资建设和运营管理。项目投资协议签署后，投资人根据项目投资协议的要求成立项目公司，具体负责项目的投资建设和经营管理。经市政府授权，市交委于2009年5月与项目公司签署项目特许权协议，授予项目公司投资建设和经营管理重庆涪陵至丰都高速公路项目的特许权利。根据协议授权，项目公司开展项目核准、勘察设计、征地拆迁、融资安排、工程建设等项目投资建设工作。

（二）项目实施方案

（1）项目为经营性收费公路，收费期限为30年；

（2）授予项目投资人独占性、排他性的经营管理权利，依法享有车辆通行费收取权、项目沿线规定区域内的服务设施经营权、项目沿线规定区域内的广告经营权等；

（3）对投资人的非竞争性承诺，即除招标前国家、重庆市已规划的公路项目外，政府严格控制审批建造与本项目平行、方向相同且构成车辆实质性分流的高速公路，但本项目已达到设计通行能力或出现长期严重堵塞除外；

（4）承诺投资人享有重庆市人民政府建设运营高速公路的同等优惠政策；

（5）按照高速公路供地政策，以划拨等方式提供项目建设用地的土地使用权；

（6）为投资人获取项目投资建设、经营管理相关文件提供支持。

（三）项目公司与总承包人的职责划分

工程建设原则上按照"小业主，大总包"的模式进行管理，项目业主的职责主要由项目公司承担，但部分现场的质量、安全等管理工作由项目公司和总承包人共同负责。项目公司与总承包人、分标段承包人、设计、监理等参建各方权责明晰、统筹协调、各司其职。

项目公司履行项目法人职责，按照股东、董事会赋予的权责，负责项目建设的融资，总承包合同的履约管理，建设项目进度、质量、安全和投资目标的制定和宏观管理；负责拨付资金以及建设施工环境、征地拆迁政策的总体协调和指导工作。

总承包人作为项目建设过程的管理实施主体，履行总承包合同约定的职责，负责建设过程的质量、安全、进度和投资的具体管理及其与之合作的勘察设计、施工、材料及设备供应等单位协调和履约管理，负责建设施工与环境的具体协调管理，并接受政府主管部门、项目公司的监督、管理。

（四）项目公司工程管理

在前期工程管理过程中，项目公司多措并举，代表和维护着双方股东的共同利益。

（1）实行 EPC 总价包干，有效控制投资成本。在签订 EPC 合同时，对工程建设过程中可能存在的风险进行约定分担和规避，明确"除由于不可抗力原因、重大技术标准、重大建设规模、重大建设范围调整，工程主要材料价格重大变化等造成工程费用增减外，不得要求对总承包价格调整"，可以有效控制投资成本。

（2）临时用地包干使用，有效控制用地数量。临时占地费用按单列费用供承包人包干使用，数量以批复的初步设计文件概算中临时用地数量为准，单价以发包人与地方政府签订的最终执行价格为准。只有因不可抗力原因，或与初步设计相比重大技术标准、重大建设规模、重大建设范围调整等造成工程临时用地的增加，才可通过变更对包干数量进行调整。

（3）引进设计监理，优化施工设计。由于采取 EPC 模式建设，为保证总承包单位进行设计优化，满足项目业主的功能要求和初步设计的技术标准，在设计单位完成施工图初步设计后，项目公司委托设计监理对图纸进行审查，取消不必要设计，优化不合理设计，对工程建设项目设计阶段和实施阶段的投资进行有效控制。

（4）建立工程量清单台账，做好建设费用控制。项目公司委托相关咨询公司进行编制和建立工程量清单台账，总承包人对建立的工程量清单台账进行复核确认，作为工程计量支付的依据。优点：一是减少中间计量的工作量，便于计量支付，加快支付进度；二是有利于编制施工计划，反映工程进度；三是有利于工程变更管理，避免工程量交叉；四是有利于控制项目投资；五是有利于做好工程决算工作。

（5）建立变更调配金制度，做好项目投资控制。项目公司在合理分配总承包方合同价时，合理设置变更调配金制度，以确保项目顺利开展，保障项目投资控制。变更调配金的来源主要有施设与初设之间的投资差异、按正常分配专项后总承包合同价的结余、后续工程的变更或合理化建议的结余、总承包统筹管理带来的结余以及其他额外来源。

（五）总承包人具备项目整体管理能力

与传统项目管理模式相比，BOT+EPC模式将发包人分段招标时对各实施阶段增加的管理与实施费用，以及因发包人管理招标的投资增加、竣工日期延长等风险，与总承包人共担，强化风险识别，降低风险等级。同时，该模式下的项目投资管理和成本控制要求更加精细化，以满足投资股东双方的效益目标。

总承包商承担工程项目的设计、采购、施工、试运行服务等工作，并对承包工程的质量、安全、工期、造价全面负责。在项目全寿命期中担当传统招标模式下"建设单位"的角色。EPC工程总承包管理的本质是要充分发挥总承包商的集成管理优势，需要总承包商强大的融资和资金实力、深化设计能力、成熟的采购网络，以及争取施工技术精良的专业分包商的资源支持和有效监控等。

三、借鉴价值

项目的成功建设和运营，是重庆市对BOT+EPC模式进行的一次有益探索，通过将BOT和施工总承包方式结合，有效地提高了项目公司内部的沟通效率，加快了工程建设进度，工程建设成本也得到有效控制。自此，重庆市高速公路开始了BOT+EPC建设模式的广泛应用。

（一）提高管理效率

BOT+EPC模式，以EPC总承包商为中心，业主不再有传统项目管理中的控制权。总承包商除接受业主的质量监管外，是项目建设管理的核心层，有足够的自主权。EPC建设模式下的设计、采购与施工界面间的协调工作由传统的外部接口转变为内部接口，加快了现场解决问题的能力。同时，项目公司人员能最大化精简，只需要少部分高素质人员。

（二）加强制衡约束

（1）过程制衡。在BOT+EPC模式下，高速公路建设项目注重项目的全寿命周期管理。作为投资主体的业主，负责工程项目的策划、设计、融资、建设管理、运营管理等全过程的工作。

（2）权利制衡。在BOT+EPC模式下组建的项目公司不再像传统模式下的项目公司那样直接对建设项目进行管理，而是将具体事务转交给总承包商进行管理，其主要工作转变为质量的监管与确认、设计条件的认可、采购行为的认可、现场的外部协调、费用的确认与重大变更的签认以及提交场地等，从而较好地回避了工程量及费用变更风险。

（3）利益制衡。在BOT+EPC模式下，建设项目中的一些股东同时也承担项目总承包的任务。因此，总承包商在实施项目时会站在业主的角度思考问题，激发其管理动力，充分挖掘其项目管理的潜力，使承包商在项目实施中变被动为主动，在项目管理上有利于项目的整体利益。

（三）主要比较优势

（1）在限额以内进行设计、施工、采购，从而更加有效地控制投资，由比较先进的"固定单价"承包模式提高到更加先进的"固定总价"的合同模式。

（2）设计单位与施工单位无缝连接，设计单位作为总承包商的一个部门，在设计阶段与施工单位共同对项目建设提出更为合理的设计方案和施工方案，从而减少施工阶段的设计变更；总承包商作为投资人，为使项目尽快投入运营、产生效益，采取更为合理的施工组织，合理缩短建设工期，尽可能避免"工期马拉松、投资无底洞"的现象；承包人参与到项目实施阶段的项目管理和使用阶段的项目管理，在建设过程中不再单纯追求建设阶段的收益，转而站在工程项目全寿命周期的角度,增加节约投资的动力。

(3)总承包商以项目整体利益为出发点,通过对设计、采购和施工一体化管理,对共享资源的优化配置、大型专用设备的提供以及各种风险的控制,为项目增值。同时,总承包商对影响工程造价的大宗材料可统一招标采购,从而降低采购成本。

(4)总承包商参与项目的运营,会更加重视施工质量,降低运营阶段的养护成本。

(5)EPC工程又称"交钥匙"工程,投资方只提出建设方案、标准,不必投入大量的人力、物力到项目管理中。

(6)总承包商作为投资人,具有为项目融资的性质,进而分担了传统投资人的投资风险。

(7)可以充分发挥总承包单位的统筹协调能力。

第四节 PPP研究的热点与难点问题

Zhang等(2016)通过搜索最近十年(2005—2014)在中国和国际期刊上发表的与PPP相关的文章,挑选出符合要求的651篇中国期刊文章和73篇国际期刊文章,经过统计分析,发现最主要的研究方向是PPP模式及应用(在中国和国际上所占比例分别为35.8%和47.6%);其次是PPP风险管理(在中国和国际上所占比例分别为21.7%和26.8%);其他的研究方向如PPP融资问题、法律及采购问题、政府监督和监管等问题所占比例较小。需要注意的是,最近五年在政府监管与法律法规和物有所值两个方面的研究数量呈增长趋势,故选取以下四个研究热点与难点问题进行详细分析。

一、PPP模式及应用

从1984年开始实施PPP项目以来,我国有1 000多个PPP项目被应用到轨道交通、通信、能源、水务及污水处理等领域,其投资额达到 1 400 亿美元。PPP 项目在中国的基础设施建设系统中扮演重要的角色,PPP 模式的应用提高了项目管理绩效水平,扩大了公共服务范围,降低了项目成本。PPP 模式包含了很多种具体模式,如 BOT、BTO、TOT、BT、DB(Design-Build,设计—建设)等模式,我国采用的主要是 BOT 模式。在美国,65% 的 PPP 项目采用的是 BOT 或 BTO 模式,24% 的 PPP 项目采用的是 DBOM(Design-Build-Operate-Maintain,设计—建设—运营—维护)或 DB 模式(刘薇,2015)。

进一步的研究发现,很多学者主要关注发展一些新的 PPP 模式和将 PPP 模式应用到不同的领域两个方面的内容。比如,刘波和陈荣德(2004)在传统 BOT 模式和邛崃市新城开发建设的实践基础上,提出了一种新颖的关于整座中小城市建设与经营管理的系统理论——C-BOT 系统论;S. Thomas Ng 等(2013)提出 4P 模式,即在 PPP 项目实施的各个阶段将公众作为主要的利益相关者。随着 PPP 模式应用的不断成熟,其被应用到越来越多的领域,如轨道交通、城市发展、水务及污水处理、公共住房、大型公共服务场所等。

我国政府积极将 PPP 模式应用到不同领域、不同类型的项目中,但在推行的时候遇到各种各样的困难。如何在 PPP 模式推进过程中避免项目中止或者失败,已引起越来越多的学者关注。中国财政部(2014)认为成功实施 PPP 项目有三方面的关键因素:适当的法律、监管环境和机构能力,公共和私人部门长期的融资能力,以及良好的项目设计和风险分担机制。Zhang 等(2016)认为成功的关键因素包括:稳定的宏观经济环境,公共部门和私人部门责任共担、透明高效的采购过程,稳定的政治和社会环境,政府监管。虽然他们对关键因素的识别不同,但都涉及政府的监管、公私合作关系的建立与稳定、责任共担等。

二、PPP 风险管理

由于 PPP 项目具有组织结构复杂、项目融资难、投入资金量大、周期长、工艺技术复杂（地铁、污水处理等）、政策影响、政府的介入等特征，因此，其在实施过程中存在各种各样的风险问题。在 PPP 风险管理领域，学者们主要研究风险识别与评估以及项目参与者之间风险分担等问题。

Li 等（2005）将 PPP 项目面临的风险分为宏观、中观、微观三个层次。宏观层次风险包括政府决策、宏观经济、法律、社会、自然环境等；中观层次风险指的是项目实施过程中的风险，包括项目选择、融资、设计、建设、运营等；微观层次风险主要是指 PPP 项目的参与主体在合作关系中存在的风险。亓霞等（2009）通过案例分析总结出 PPP 项目存在的风险主要包括法律变更、审批延误、政治决策失误、政治反对、政府信用、不可抵抗风险等。

在风险分担方面，贾康和孙洁（2006）认为 PPP 项目风险分担需要重视项目的财务经济分析。合理的收益分配、风险分担以及具体的 PPP 操作方案离不开项目的财务经济分析，财务经济分析是判断一切决策是否合理的依据。周和平等（2014）指出特许经营合同往往很难识别出所有的风险并提供相应的风险分配方案，当项目预估风险发生重大变化或出现预料之外的风险时，项目参与方应灵活调整原有的风险分担方案，使各方都承担自己有相对承担优势的风险。王雪青等（2007）通过博弈论的方法将项目风险分配给公共部门和私人部门中最适合的一方，使项目的整体满意度达到最大。

我国的 PPP 风险管理问题，通常采用单一的定量或者定性的方法。最近几年，越来越多的复杂的方法被应用到 PPP 风险管理上，如实物期权理论、模糊 AHP、模糊综合评价法、博弈理论等。PPP 项目能否成功在很大程度上取决于风险管理的研究。运用 PPP 模式进行项目融资时，必须对项目各个阶段的风险给予重视，详尽考虑可能遇到的各种风险，并做系统分析，事前采取风险预防措施，事后在合作方之间合理分配风险，充分考虑各方的利益和风险承担能力，从而降低 PPP 项目整体风险，保证项目最大收益。

三、PPP 政府监管和法律法规

在 PPP 项目中，政府作为 Public 一方，除了是公共服务或产品的提供者之外，还是公共服务或产品生产的监管者，防止或限制社会资本做出不利于公共利益最大化的事，同时也是相关法律法规的制定者，因此，政府应积极发挥好其监管者和制定者的作用。

叶秀贤等（2011）借鉴韩国 PPP 的法律框架，指出我国在 PPP 立法和政策支持方面存在法律阶位低、没有针对 PPP 的专门法律、法律法规粗糙、操作性差、主导机构欠缺以及缺乏政策体系支持等缺点。陆晓春等（2014）结合典型案例，指出在选择合适的运作方式前提下，PPP 的成功离不开完善的相关制度和科学的项目决策机制，同时政府应具有契约精神。陈红等（2014）认为 PPP 项目中可能会发生寻租行为，建议在招投标过程中引入竞争机制，健全信息披露制度，同时建立事后惩罚制度，严格约束违规行为。张水波和郑晓丹（2015）通过构建 PPP 制度成熟度的分析框架，发现 PPP 制度成熟度越高，发展中国家基础设施 PPP 项目实施质量越好。谢理超（2015）认为政府应在规模、利益分配、风险管理、服务标准和服务效率、会计信息披露上加强监管。

在法律法规层面，由于 PPP 项目涉及合同法、经济法、土地法、招投标法以及各种相关条例，多种法律交织在一起难免会出现矛盾，如 PPP 授权协议约定的调价机制与调价听证会的结果可能会不一致、轨道交通项目建设方和运营方不一致等。为了保证公众的利益，避免寻租行为的发生，现在迫切需要制定一套完善的、规范的、统一的、专门的高阶位 PPP 法律，确保公众利益最大化，社会资本也能够从中获取适当的利润。

四、物有所值（VFM）研究

物有所值指的是一个组织运用其可利用资源所能获得的长期最大利益。Grimsey 和 Lewis（2005）认为物有所值的核心是管理学中的"3E"原则,即经济性、效率性和有效性。孙慧(2009)在介绍物有所值理论的基础上,对成本效益分析法和公共部门参照标准比较法这两种方法进行了分析和论述,并介绍了其在国际上的应用现状及研究前景,从而为我国今后开展和应用该方法提供理论指导。高会芹等(2011)比较了英国、德国、新加坡三国对衡量PPP项目是否物有所值的不同方法,对我国PPP项目物有所值评价机制的健全有重要的现实意义。袁竞峰等(2012)在国外相关理论的基础上,结合中国国情设计了一套物有所值评价方法,并通过实证分析验证了其可行性。但彭为等(2014)通过定量和定性的方法指出物有所值评估在综合评测PPP项目可行性上仍然存在不足。作为评估PPP项目是否可行的重要标准,物有所值评估在PPP研究中具有很重要的意义。姜爱华(2014)从经济学、管理学视角分析了政府采购制度目标为何要以物有所值为标准的原因,指出应从采购计划制订、采购标准化、透明采购程序以及加强第三方评估等多方面推进实现"物有所值"。

目前我国财政部虽然已经发布了一套具体的物有所值评估方法,包括定性和定量两种评估方法,但不同学者对其具体标准有不同的看法,故仍需要不断地完善,这对PPP项目的成功开展有重要意义。

第五节 未来研究方向

在基础设施和公共服务领域,通过PPP机制引入私人资本,一方面可以缓解财政压力,为社会公众提供更高质量的公共工程和公共服务;另一方面为日益壮大的民间资本、社会资金创造市场发展空间,使市场主体在市场体系中更好地发挥其优势和创造力。中国引入PPP模式已有30多年,在PPP模式理论和PPP应用方面的研究已经出现一些较有深度的成果:一是对于PPP概念定义、本质、分类等理论有了比较清晰的界定；二是对 PPP 模式的应用进行研究，其形成的经验和教训将为我国未来 PPP 项目建设提供参考。但是 PPP 模式的研究尚处于起步阶段，研究的系统性和深入性仍显不足。

"十三五"期间是我国经济转型升级、推进新型城镇化建设、全面建成小康社会的关键时期，因而是我国 PPP 项目的重要发展阶段。加强对 PPP 模式的研究，对于我国城市建设发展和实现全面小康社会具有重要的理论意义和实践价值。PPP 未来的研究方向有以下几个方面：第一，如何将不同的 PPP 模式与不同类型的项目进行匹配（Zhang 等，2016）；第二，PPP 项目中公共部门、私人部门和公众三者之间利益关系的梳理和进一步探索（叶晓甦和徐春梅，2013）；第三，深化对 PPP 合同设立阶段、合同履行阶段、项目完成阶段的全过程研究（李丽红等，2013）；第四，如何建立能够有效激发社会资本参与 PPP 项目的激励机制；第五，对我国 PPP 项目中私人部门的准入门槛的深入研究（叶晓甦和徐春梅，2013）。

第六节 结 语

从 2014 年开始，PPP 在中国的发展已经进入了新阶段，覆盖了包括能源、交通运输、市政工程、水利、医疗卫生、教育等 18 个一级行业。截至 2016 年 12 月末，全国入库项目达到 11 260 个，总投资约 13.5 万亿元，各相关工程企业和投融资机构均对 PPP 的认识越来越深入。这对中国企业投资海外 PPP 项目奠定了良好基础。面对"一带一路"沿线国家和地区复杂的政治、宗教、经济形势，中国企业应提高风险意识，强化运营管理能力，与当地政府、群众建立良好的合作关系，以真正实现 PPP 的三方利益最大化。

第六章　量化投资

第一节　什么是量化投资

说起量化投资，目前大多数的投资者都会觉得比较陌生。这是一个比较新鲜的名词，国内只是在金融行业接触得比较多，然而在国外已经经历了很长一段时间的发展，较为成熟。

量化投资出现在美国一个叫约翰·麦奎恩建立的投资平台上的量化投资系统。约翰·麦奎恩利用美国富国银行在1971年发行了世界上第一支被动管理的指数基金，也就是我们现在所说的股票，得到了许多投资者的支持。随着互联网的发展，国内也衍生出一小部分量化投资者，市场发展潜力逐渐显现。

一、西蒙斯和大奖章基金

讲起量化投资，就不得不提华尔街的传奇人物——詹姆斯·西蒙斯（James Simons）。

这位慧眼独具的投资巨擘，有着一份足以支撑其赫赫名声的光鲜履历：20岁时获得学士学位；23岁时在加州大学伯克利分校博士毕业；24岁时成为哈佛大学数学系最年轻的教授；37岁时与中国数学家陈省身联合发表了著名论文《典型群和几何不变式》，并开创了著名的陈-西蒙斯理论；40岁时运用基本面分析法设立了自己的私人投资基金；43岁时与普林斯顿大学数学家勒费尔（Henry Laufer）重新开发了交易策略并由此从基本面分析转向数量分析；45岁时正式成立了文艺复兴科技公司，最终笑傲江湖，成为勇执牛耳的投资霸主。

这段看似青云直上的成名之路，再次为世人印证了一个道理——当代的技术创新，其实大多源自跨越学科的资源整合，而非从无到有的发明创造。具体说来，即使睿智如西蒙斯，在最初之时，他也没有直接想到运用量化方法投资，而是和众多投资者一样着眼于外汇市场，但野心勃勃的西蒙斯并不甘于简单因循传统的投资策略。随着经验的不断累积，他开始思考，为何不运用他最为熟悉的数学方法来搭建投资模型，从而能够科学精准地预测货币市场的走势变动？这一大胆的跨学科尝试，最终彻底改变了他的人生走向。

通过将数学理论巧妙融合到投资的实战之中，西蒙斯从一个天资卓越的数学家摇身一变，成为投资界首屈一指的"模型先生"。由其运作的大奖章基金（Medallion）在1989—2009年的20年间，平均年收益率为35%，若算上44%的收益提成，则该基金实际的年化收益率可高达60%，比同期标普500指数年均回报率高出20多个百分点，即使相较金融大鳄索罗斯和股神巴菲特的操盘表现，也要遥遥领先十几个百分点。难能可贵的是，纵然是在次贷危机全面爆发的2008年，该基金的投资回报率仍可稳稳保持在80%左右的惊人水准。西蒙斯通过将数学模型和投资策略相结合，逐步走上神坛，开创了由他扛旗的量化时代。他的骤富神话更让世人对于量化投资有了最为直观而浅显的认识：这能赚钱，而且能赚很多钱。

二、量化投资的实质

量化投资在一定程度上已经被别有用心地神化或者说标签化了，就像当下风头正劲的"互联网金融"一样，很多时候都被包装成了看似"高端大气"、且可能"一夜暴富"的卖点或者噱头。

追根溯源，量化投资就是将人的投资思想规则化、变量化、模型化，形成一整套完整、可量化的操作思路，这套操作思路可以用历史数据加以分析验证，并在交易的执行阶段可以选择使用计算机自动执行。因此，量化投资包含程序化交易，但是并不等同于程序化交易。其实，量化就是运用数学或者统计模型来模拟金融市场的未来走向，从而预估金融产品的潜在收益。

我们曾听到过平均年收益率、年回报率、年盈利率，这些其实都表征同一个量化指标，即"年化收益率"。它是指投资者在一年的投资期限内所能获得的收益比例，专门用于评估投资行为或金融产品的好坏优劣。那么，究竟多高的年化收益率才能给投资者带来丰厚的投资回报？为了更加清楚地分析这个问题，我们不妨举个例子。比如某位名叫"G"的投资者，在1990年时持有3.8万元的启动资金，如果其所认购产品的平均年化收益率是60%，那么经过25年，到2015年，"G"将会拥有40亿元，但如果其所购产品的平均年化收益率上涨15%（到75%），那么25年后，"G"的资产将会是40亿后再加个零，变成400亿元。百亿身价竟仅仅始于3.8万元？这种堪比原子弹爆炸的财富增长若仅仅用"回报丰厚"来形容，会不会太吝啬了？我们并不十分相信那些投行精英们会如此慷慨无私，让投资者只需在家坐着就能稳收百亿回报，所以如果今后有人向我们推荐金融产品，而且宣称年化收益率可以有60%，我们肯定得思量思量，自己是不是真的运气那么好，这辈子可以被钱砸晕？毕竟像文艺复兴公司的传奇也像"文艺复兴"一样，虽然能被历史铭记，但却难以被时代复制。

虽然"量化"看似主要在投资领域大放异彩，但其触角实际已彻底覆盖了金融领域的各个命脉。金融业的整个运作流程，归根结底，就是"把适量的钱投到适合的位置，从而以适度的金额购买适当的产品"（Put the "RIGHT" money in the "RIGHT" place with the "RIGHT" amount for the "RIGHT" price）。但是究竟多少算是适量，也就是所谓的"RIGHT"？

投资不是赌博而是博弈，理性的投资者应该学会运用投资策略来实现自己的财富增值。那么该如何将模糊抽象的策略变成具体可信的数字？

这其实就是"量化"在做的事情，即把投资策略通过数学模型和计算机代码数量化，让投资者可以基于数据分析和动态模拟而合理预测其投资行为的未来走势。投资者可以通过屏幕上显示的风险讲话指标，轻击鼠标生成定价模型结果或者是交易策略，根据实际情况略微修改参数，最终实现自己的资产配置及投资组合。无怪乎许多人都笑称，如今的伦敦金丝雀码头其实早已不再是全球的金融腹地，而是摇身变成了 IT 公司集散地。包括摩根大通、花旗以及瑞士信贷等在内的众多欧美顶尖投行，都在不计血本地培养自己的 IT 团队，并命其专门从事产品模型研发，从而有力跻身到"得模型者得天下"的金融大战之中。这些拥有专属开发任务的 IT 团队也往往被称为量化团队，即 Quant Team，是买方或卖方机构中专门从事量化投资分析以及衍生品定价策略的肱骨、砥柱。

除了金融市场的参与者都欲借"量化技术"的东风大展拳脚，欧美众多金融监管机构也针对金融技术的兴起而顺势推出了相关监管政策。英国《金融时报》（欧美版）在 2015 年 11 月 24 日曾刊登一篇名为"UK watchdog examines insurers' use of big data"（英国监察机构检测保险公司对于大数据的使用）的文章。文章指出，FCA 即英国金融市场行为监管局已正式发表声明，表示 2016 年会继续监视金融技术开发以及金融技术对于公司和投资者的影响，比如它会开展一项专门针对"保险公司大数据使用现状"的市场调查，从而更为精准有效地打击预防以金融技术为核心的新型金融犯罪行为。

三、金融量化中的"少林"和"武当"

在互联网的营销造势之下，一时间"大数据技术"风头无二，备受推崇。但若真问究竟什么是大数据，只怕众多跟风者也只能爆出个"Big Data"装装"逼格"。其实在金融领域，并非"大数据"一枝独秀，下面我们就来谈谈"大数据"和传统定价模型的异同。

首先需要厘清金融系统的基本架构。如果按照市场等级划分，可以将金融市场分为一级市场和二级市场；但如果按照金融产品划分，则可将金融市场分为资本市场（主要进行股票买卖）、债权市场、商品市场、货币市场、衍生品市场、保险市场以及外汇市场。

放眼中国金融市场，根据世界交易所联合会（World Federation of Exchanges）出具的报告，在 2014 年，中国金融期货交易所（简称中金所，China Financial Futures Exchange）的股票类衍生品的交易表现并不尽如人意。按成交合同的数量计位，中金所只有在股指期货方面成交量排名全球第五，其余如股指期权、个股期货和个股期权等，均未能跻身前十。这一成绩对于全球第二大经济体来说，无疑是不相称的。但考虑到上海证券交易所在 2015 年 2 月 9 日才开始上市交易上证 50ETF 期权合约，而且暂时还尚未发行个股期货和期权产品，这样的排名表现倒也显得合情合理。不过，中国的金融市场也并非完全没有可圈可点之处，比如在商品期货方面，中国交易所就占了"成交量前五排名"中的三个席位，分别是位列状元的上海期货交易所，位列探花的大连商品交易所以及紧随其后的郑州商品交易所。由此可见，中国金融市场目前仍主要倚重传统的金融产品，与欧美金融市场相比，既有理论和技术差距，但也充满了上升空间和发展机遇。

在熟悉了金融市场的基本分类之后，我们还需进一步了解金融市场中的买方和卖方。顾名思义，所谓买方，就是金融产品的购买者，而卖方则是金融产品的出卖者。以比较常见的金融衍生品交易，尤其是股票类衍生品交易为例，卖方角色多由投资银行和券商来担当，他们主要从事设计开发原始产品以及负责原始产品的销售推广；而对冲基金、养老基金、信托公司以及资产管理公司则在这一环节初步充当买方的角色，他们可以从投行或券商那里购买原始产品，然后通过不断优化这样的原始产品以直接销售获利，或者利用这样的原始产品来间接优化自己的固有产品，从而提升其固有产品的市场价值。比如卖方可以从买方那里购买"定价产品"，然后借助这样的产品来确定现有产品的交易价额，并最终按该价格将其产品卖给市场终端的投资者，以保证其收益的最大化。这些"定价产品"，即运用数学和计算机模型而把未来收益数量化,并可由此帮助金融机构制定出最优价格方案的产品,就是本章想要着重探讨的"金融量化技术"的典型代表。

总的来说,金融量化技术可分为两大类,一类是 P Quant,另一类是 Q Quant。它们虽同为资产定价机制,但其原理和受众却大相径庭,而且各自的风头此消彼长,真可谓是金融量化领域的"少林"和"武当"。

Q Quant 是指风险中性测度。在"风险中性"的理论假设下,历史数据只是记录过去的数字,它们与未来无关,因而并不能直接帮助预测金融产品的未来走势,定价机制还是主要依据数学模型,比如随机过程、偏微方程,所以由此推导出的定价模型大多充满了学院派气质且理论性十足,显得高深晦涩,非常人可试。P Quant 则指真实概率测度,与"风险中性"不同,在"真实概率"的理论假设下,搭建定价模型所需的概率分布应根据历史数据估算出来,而非仅凭数学模型演算出来,换言之,该种定价模型所预测的未来走势主要是以数据统计为基础,因而是"真实"的,而且数据量越大,其预测效果就越可能接近未来的实际效果,也就是所谓的"大数据"(Big Data)。为了处理卷帙浩繁的历史数据,产品开发者们往往离不开计算机的辅助,所以与 P Quant 相关的产品技术也主要是时间序列、贝叶斯算法、机器学习等与计算机技术密切相关的建模方法。

由此可以看出,根据对历史数据的亲疏不同,Q Quant 和 P Quant 的区别显而易见,前者基于对未来的假设推算现在,后者基于对历史的借鉴推测现在。两者虽然都需要运用到历史数据,但前者通常是先搭建一个模型,然后再通过历史数据来不断精化该模型的参数性能,因而历史数据的作用主要是优化模型的磨刀石;而后者通常会先搭建数个备选模型,然后将历史数据分别套用到不同的备选模型中去,并根据由此产生的计算结果来选择表现最佳的那个模型,因而历史数据在 P Quant 中的作用就升格成了选择模型的试金石。我们很难论断究竟哪一种理论更为科学,因为虽然历史值得鉴戒,但历史也不会重演,历史数据既可能帮助我们科学预测,但也可能带领我们误入歧途。

不过这一区别对于角色各异的金融市场参与者而言,却是意义非凡。具体说来,由于 Q Quant 主要背靠数学模型而不依赖历史数据,这意味着即便在数据相对匮乏的情况下,我们也依然可根据该理论凭空开发出一些新的产品,这对金融市场中的卖方而言,无疑是喜闻乐见的。以投行和券商为代表的卖方,大多从事衍生品定价,即通过开发和销售新的金融衍生品来实现获利,同行竞争者之间比拼的是原始产品的技术优劣和认购市场的实际需求,所以他们更倚重 Q Quant 所具备的可实现"从无到有"的制造特性。

或许有些人会好奇,作为投行和对冲基金等金融机构的生财利器,究竟什么是金融衍生品?从本质上说,金融衍生品就是一份合同,而且是一份可帮助买方实现风险控制和套利交易的合同。比如个股期权就是典型的金融衍生品,它赋予了买方在约定时间内可按照约定价格买入或者卖出特定股票的权利。试想,如果该约定价格过低,那么卖方将会得不偿失,因为这相当于为买方提供了一个廉价的风险对冲工具,使其可以轻而易举地实现低买高卖,这显然并非卖方的本意,因而实际发生的概率也微乎其微。但如果该约定价格过高,那么卖方就可能面临有价无市的尴尬窘境甚至产生流动性风险,并最终导致血本尽赔,颗粒无收。所以个股期权的卖方或做市商在设计定价或者交易该产品时,往往并不会贪心不足,漫天要价。可是究竟怎样才能保证合同的价格公平合理,从而有利于实现买卖双方的互利共赢?考虑到这类金融衍生品本身只是一纸合同,不像股票一样有历史数据可循,卖方往往会借助 Q Quant 理论,通过利用数学模型来设定既定股票的未来走势及波动率,进而推算出该个股期权的合理现值。

如果说 Q Quant 主要是卖方的心头好,那么 P Quant 则可谓是买方的白月光。因为以对冲基金为主的买方主要从事大批量的产品筛选和投资决策,故而其核心业务本身就对数据处理技术有着极高的依赖度。此外,作为中间商,买方其实并不参与任何产品开发,而是仅仅专注于对现有产品的精细化加工,所以 P Quant 所具备的"百里挑一"的优化特性无疑正中其怀。

实际上，当对冲基金在设计套利策略时，他们往往会尽可能地去搜集与其产品相关的所有历史数据，并对这些数据进行多角度、全方面、深层次的比较分析，从而寻找出众多历史数据之间的内在联系和统计规律。以股票策略为例，通过对现有数据的剖析归纳，对冲基金往往希望准确预测出诸如"上市公司的财务状况会对公司股价产生何种影响""特定行业的整体环境以及宏观经济的政策调控又会对该行业上市公司的股价产生何种影响"，并由此制定出极具产品针对性的套利策略。

在某种程度上，P Quant 的跌宕起伏其实就是数据分析技术的兴衰荣辱。在历史数据基数不够，并行运算技术尚不成熟的年代，P Quant 理论难免因为外力不足而显得捉襟见肘，那时各类金融衍生品凭借着 Q Quant 定价模型大行其道，并一时间风头无两。可事实证明，即使是华尔街的天之骄子们，也最终难逃物极必反的命数。金融衍生品的空前成功使得那些狂热分子逐渐走火入魔，并开始不计成本地发行各类晦涩难懂但又毫无市场价值的金融衍生品。这一切的盲目投资最终都在金融危机的血洗之下惨淡收场，不仅使得投资者对 Q Quant 失去了信心，而且也让 Q Quant 从此元气大伤。P Quant 就是在这样的背景下，头顶着互联网的东风，脚踩着 Q Quant 的疮痍，一跃登上了时代舞台。

计算机技术的日新月异，使得海量数据处理瞬间成为可能，在"大数据技术"的强力支持和"电子化交易"的产业革新下，P Quant 乘势而发，如有神助，彻底告别了过去因为数据不足和技术不够而难有用武之地的困顿局面。近年来，众多欧美对冲基金以及投行的自营盘都开始热衷于开发基于"大数据技术"的套利策略，其中最具代表性的包括温顿资本（Winton Capital）在牛津设立数据研究中心，瑞信信贷（Credit Suisse）对 HOLT 选股系统进行技术革新，等等。此外，还有消息称，大摩、小摩和高盛未来可能共同组建大数据公司，从而为三者提供"证券产品参考数据"（Securities Product Reference Data）。虽然时下这场以 P Quant 为主角的数据盛宴看似豪华，并受全民热捧，但念其对历史数据和电子技术的高度依赖,其未来的发展之路依旧扑朔迷离。

第二节　量化投资的特点及优势

一、量化投资的特点

量化投资就是将投资理念及策略通过具体指标、参数的设计为投资者针对以后的行情走向进行判断,然后对影响市场涨跌的诸多因素进行归纳,建立模型,并把这个模型拿到当下行情中进行检测,如果这个模型能相对准确地跟踪当天的走势,确保为投资者带去优良的收益,那么这个模型就值得投资者使用。相对于传统投资方式来说,量化投资具有以下四个方面的特点:

(1) 快速高效。量化投资是由计算机自动产生交易策略的一种投资方法,通过建立数学模型来实现交易理念,并通过对模型不断优化、不断改进实现对市场交易机会的准确跟踪,提升交易胜率和盈利率。

(2) 客观理性。量化投资具有完整的评价体系。模型建立后,通过对历史数据进行回测检验,确定模型在各个行情阶段均能有效运行,实现盈利;同时将模型加载至其他交易品种进行测试,确保模型通用性较强。当以上条件均符合时,才能称策略有效。

(3) 准确及时。当市场容量极大时,人工交易很难实现全市场跟踪监测。而量化投资借助于计算机强大的计算功能,准确及时地进行全市场扫描,及时跟踪发现并准备评价交易机会,克服主观情绪的偏差。

(4) 风险与收益对等。模型具有详细的评价体系,可以通过对历史数据的测试得到模型在未来市场中大致的风险收益比;同时也可以通过对模型的不断优化,提高模型的胜率和收益率。

正是因为各个环节都要有不同的方法和量化模型来保证操作的可靠性，也几乎覆盖了整个投资流程，从估值选股、资产配置到程序化交易与绩效评估等，对操作人员的要求也是比较高的。那么究其根本，量化投资相较于普通定性投资有何区别与优势呢？

二、量化投资与定性投资的区别与联系

　　简单来说，量化投资与定性投资之间的关系比较类似于中医和西医的关系。量化投资与定性投资最鲜明的区别就是模型的应用，这类似于医学上对仪器的应用。中医主要通过望、闻、问、切等医疗手段，很大程度上借助中医长期积累的经验进行诊断，定性的程度大一些。而西医则不同，西医主要借助于现代仪器对病人进行检验，对各项检查结果有详细的数据评价标准，最后判断症结所在，进而对症下药。

　　定性投资和量化投资的具体做法也有差异，定性投资更像中医，更多地依靠经验和感觉判断病在哪里；量化投资更像是西医，依靠模型判断，模型对于量化投资基金经理的作用就像 CT 机对于医生的作用。在每一天的投资运作之前，先用模型对整个市场进行一次全面的检查和扫描，然后根据检查和扫描结果做出投资决策。

　　由于人的大脑处理信息的能力是有限的，当一个资本市场只有 100 只股票，这对于经验丰富的定性投资者来说是具有优势的，他可以从各个维度综合深入分析这 100 家公司的质地、业绩、成长性与技术形态。但在一个体量极其大的资本市场（目前沪深 A 股有近 3 000 只股票，并一直有新股上市，市场体量庞大），甚至如果市场规模继续扩大，当有成千上万只股票的时候，强大的量化投资的信息处理能力就能反映它的优势，能捕捉更多的投资机会，拓展更大的投资机会。

三、量化投资的优势

　　在有效市场尤其是强有效市场，由于上市公司所有的信息均是公开、透明且准确的，因此任何方法均无法战胜市场，只能被动跟踪指

数。在非有效或者弱有效市场上则能通过非公开信息来获得超额收益。非公开信息不仅仅是指内幕消息、私人信息等，很多公开信息的背后也能挖掘出非公开信息。

明星经理很像中国的中医大师，他只要帮病人把脉就知道这个人的病怎么样，诊断结果准确、治疗效果好。但是为什么一把脉就知道是患有肝炎、肾病或者胰脏有问题，却难以阐述清楚。

这就像人们平常所说的盘感。盘感是定性投资的一个优势，但是很难说清楚。大师要带徒弟的话，一般来说，徒弟一代不如一代，因为徒弟只是从师傅那里心领神会，知其然而不知其所以然。所以，当投资团队里有一个大师存在就会很棒，他可以让收益率曲线平稳上扬，同时也能将回撤控制在一个很小的幅度内，但是他的这种能力不能传承下去。哪天这个大师不行了，其他人很难去维持或者超越已取得的业绩，甚至可能下滑非常严重。很多人把投资完全看成是一种艺术，这是中医的做法。

而量化投资有一个特定的提法，叫作科学的投资方法。量化投资如同一门科学，当一个投资模型被开发出来，初期效果可能一般，随着研究的深入会不断优化。当你从实验室做出一种药品的时候，这个药能治某种病，比如刚刚做出青霉素的时候，青霉素的纯度很低，效果也不是那么好，但是你知道它的分子结构是怎么回事，这个发明青霉素的人过一段时间不在这里了，但是研究团队还在。这个研究团队对青霉素的药理很清楚，人们会沿着他的思路，把分子结构列进行不断优化改进，去克服前面的青霉素不能治的病。

所以，你会发现用量化投资就像造一个机器，造这个机器的团队可能每个人都不是明星，但是每个人都能够把这个机器在某个层面上做一定的改进，把某个螺丝做得更精密一些，或者针对某个设计再改进一些。团队中并非不需要明星，更准确地说，它不依赖于明星，它需要有经验的人在这个团队里，同时能够不断吸纳新的参与者。每个参与者都带来新的思想，不断地改进这个机器。最后这个机器变得非常强大。这是它作为一种科学的投资方法最本质的东西，它的第一代模型可能并不是太好，但是它的第二代模型、第三代模型持续地改进下去，最后会做得非常好。这就是量化投资的一个决定性的优势。

四、为什么要进行量化投资

量化策略来自于历史经验，它通过对数据精确的计算来发现并利用投资市场历史上所展现出来的规律性，并假设这种规律在未来继续有效。

从对历史的认识来看，基本面分析看似全面却并不见得准确。人的大脑已开发的功能有限，难以正确处理纷繁复杂的海量信息。某些信息被主观放大，另外一些信息则会被忽略，这很容易导致人们的认知出现偏差甚至是错误，这将对未来的投资产生误导。而计算机对于输入的全部信息都会平等地加以考察，对每个因素所发挥的历史作用都能进行精确的测量，也就是说，它在有限的信息范围内能做到准确全面的处理。当然，准确全面的程度有赖于使用计算机的人的能力，但从方法论的角度来说，它无疑是最精确的。

从投资决策方面来说，基本面分析难以做到足够的客观，主观感性的影响无处不在。即使经历相似的投资者在面对同样的信息时也会得出不同的判断，同一个人在不同环境中也可能作出完全迥异的操作，显然人为主观因素（包括喜好、心情、性格等）产生了非常重要的影响。当然，这并不是要否定主观感性，而是想说明人为主观很可能会使得投资者放弃理性的思考，扭曲对客观事实的理解。而冷冰冰的计算机程序足以克服人性的弱点，它能够非常忠实地执行模型开发者所完成的理性的研究成果，而不受其他因素的干扰。同样的信息输入，它得出的结论是唯一的、明确的，并且足够客观、足够理性。

量化投资可以大大减轻人脑的负荷，帮助人们进行更高效的投资。计算机程序可以同时处理大量的信息。例如数量选股模型可以在输入千万个数据后快速批量地输出股票组合，而人脑如果要选出同样的组合恐怕需要好几个月的辛勤劳作，却并不见得能取得更好的成绩。

时髦概念背后的深层功夫与系统能力

另外，计算机还能不知疲倦地工作，这会显著提高投资者把握机会的几率。

因此，开展量化方面的投资和研究是非常有必要的，它将对传统投资起到非常好的补充和提升作用。我们不可因为长期资本管理公司的破产就产生恐惧心理，而致因噎废食。量化模型是很优秀的投资工具，结果好坏的关键在于开发者和使用者如何运用，而不应归咎于量化手段本身。

第三节　量化投资技术

量化投资技术几乎覆盖了投资的全过程，包括量化选股、量化择时、股指期货套利、商品期货套利、统计套利、期权套利、算法交易、资产配置等。

（1）量化选股。量化选股就是采用数量的方法判断某个公司股票是否值得买入的行为。根据某个方法，如果该公司满足了该方法的条件，则放入股票池；如果不满足，则从股票池中剔除。量化选股的方法有很多种，总的来说，可以分为公司估值法、趋势法和资金法三大类。

（2）量化择时。股市的可预测性问题与有效市场假说密切相关。如果有效市场理论或有效市场假说成立，股票价格充分反映了所有相关的信息，价格变化服从随机游走，股票价格的预测则毫无意义。众多的研究发现我国股市的指数收益中，存在经典线性相关之外的非线性相关，从而拒绝了随机游走的假设，指出股价的波动不是完全随机的，它貌似随机、杂乱，但在其复杂表面的背后，却隐藏着确定性的机制，因此存在可预测成分。

（3）股指期货套利。股指期货套利是指利用股指期货市场存在的不合理价格，同时参与股指期货与股票现货市场交易，或者同时进行不同期限、不同（但相近）类别股票指数合约交易，以赚取差价的行为。股指期货套利主要分为期现套利和跨期套利两种。股指期货套利的研究主要包括现货构建、套利定价、保证金管理、冲击成本、成分股调整等内容。

（4）商品期货套利。商品期货套利盈利的逻辑原理是基于以下几个方面：① 相关商品在不同地点、不同时间对应都有一个合理的价格差价；② 由于价格的波动性，价格差价经常出现不合理；③ 不合理必然要回到合理；④ 不合理回到合理的这部分价格区间就是盈利区间。

（5）统计套利。有别于无风险套利，统计套利是利用证券价格的历史统计规律进行套利，是一种风险套利，其风险在于这种历史统计规律在未来一段时间内是否继续存在。统计套利在方法上可以分为两类：一类是利用股票的收益率序列建模，目标是在组合的 β 值等于零的前提下实现 alpha 收益，我们称之为 β 中性策略；另一类是利用股票价格序列的协整关系建模，我们称之为协整策略。

（6）期权套利。期权套利交易是指同时买进卖出同一相关期货但不同敲定价格或不同到期月份的看涨或看跌期权合约，希望在日后对冲交易部位或履约时获利的交易。期权套利的交易策略和方式多种多样，是多种相关期权交易的组合，具体包括：水平套利、垂直套利、转换套利、反向转换套利、跨式套利、蝶式套利、飞鹰式套利等。

（7）算法交易。算法交易又被称为自动交易、黑盒交易或者机器交易，它指的是通过使用计算机程序来发出交易指令。在交易中，程序可以决定的范围包括交易时间的选择、交易的价格等，甚至可以包括最后需要成交的证券数量。根据各个算法交易中算法的主动程度不同，可以把不同算法交易分为被动型算法交易、主动型算法交易、综合型算法交易三大类。

（8）资产配置。资产配置是指资产类别选择，对投资组合中各类资产的适当配置以及对这些混合资产进行实时管理。量化投资管理将传统投资组合理论与量化分析技术的结合，极大地丰富了资产配置的内涵，形成了现代资产配置理论的基本框架。它突破了传统积极型投资和指数型投资的局限，将投资方法建立在对各种资产类股票公开数据的统计分析上，通过比较不同资产类的统计特征，建立数学模型，进而确定组合资产的配置目标和分配比例。

第四节　量化投资策略和风险

对于公众和非专业人士而言，量化投资往往神秘莫测。并且，由于量化投资呈现机构化、规模化、深度专业化的特征，在不恰当舆论的引导下，容易让量化投资站在公众的对立面。下面选取一些国内外著名的量化投资案例，尝试用最简单的语言解决其中涉及的投资策略问题和法律问题。

还需要指出的两点是：① 量化投资不等同于对冲基金。量化投资是投资方法论，对冲基金是一种基金组织的法律形式，本质上依然是私募基金，只是由于其投资手法的独特性被标签化为对冲基金。② 量化投资不等同于金融衍生品。金融衍生品是投资标的，属于量化投资方法的应用对象，不是一个层次的概念。

一、国际量化投资界的著名公案[①]

在国际市场上，不管是从1946年琼斯推出第一支多空组合的对冲基金开始，还是考虑1956年到1966年投资组合理论和CAPM模型正式确立，抑或是以1978年富国银行设立第一支量化公募基金为标志，量化投资都走过了一段不算短的历史。围绕着金融衍生品的使用和对冲基金形式，关于量化投资方法的争论不绝于耳。由于量化投资分为研究阶段和交易阶段，国际市场上关于研究和交易最著名的两个

---

① 界面.量化投资到底是什么鬼. http://www.jiemian.com/article/617347.html.

案例分别是 LTCM 基金的倒闭和 1987 股灾关于投资组合保险策略的讨论。

(一)相对价值投资方法之殇:LTCM 基金

LTCM 基金(Long-Term Capital Management,简称 LTCM)由《说谎者的扑克牌》中史诗般的债券交易员 John Meriwether 于 1994 年 2 月建立,巅峰时期与量子基金、老虎基金、欧米伽基金一起被称为国际四大"对冲基金"。在 1994—1997 年间,LTCM 业绩辉煌骄人。成立之初,资产净值为 12.5 亿美元,到 1997 年年末,上升为 48 亿美元,净增长 2.84 倍。

LTCM 基金的创始人早在 1986 年在所罗门兄弟工作时,就将 MIT 的物理学博士引入债券分析,为利率期限结构建模,卖出高估的债券,买入低估的债券,进行后来被业内广泛模仿的债券相对价值投资。LTCM 基金延续了 John 早期的这一做法,以寻找各种证券之间的相对价值为投资目标。

由于 LTCM 的合伙人中包括了期权定价 BS 公式创始人、诺贝尔经济学奖得主 Robert Merton 和 Myron Scholes,增加了其中蕴含的学术色彩。实际上,虽然相对价值投资思想属于量化投资大体系的重要分支,LTCM 并未重度使用量化投资模型,他们寻找低估和高估资产的主要方法是从基本面出发获取方向性判断,然后根据价差的历史数据进行简单的正态分布建模,并用来测算资金管理。

LTCM 的结局是于 1998 年完败,2000 年破产清算,并被华尔街银团接管。其失败的主要原因有以下两个方面:

(1)笃信相对价值的走势符合正态分布。相对价值即价差的判断往往需要对其随机性作出假设,LTCM 采用简单频率统计的方式假设其符合正态分布,其结果是严重低估价差朝持仓反方向运行的概率。1997—1998 年发生的各种国际突发事件验证了金融资产价格走势的"肥尾"特征,也就是正态分布假设下的"小概率"事件,其实具有很大的现实概率。价差走势的误判是相对价值投资最大的死穴。

（2）无限度使用杠杆。LTCM 基金在投资标的（以应用金融衍生品和融资融券为主）、基金资产、基金公司股权上面分别使用了巨额杠杆，导致公司整体杠杆无比之高，这将资产价格不利走势带来的影响放大了数千倍甚至上万倍。

总结一下，LTCM 基金失败的主要原因是投资方法有缺陷，进行相对价值投资的时候对价差走势假设过于自信，没有必要的风控和止损设定，过度使用杠杆。

LTCM 破产清算后当事人并未涉及刑事法律纠纷。主要是破产清算。但是对于杠杆的过度使用可能会涉及一定的违规信息披露，以及违反基金合同约定的情形。

（二）程序化交易争论：1987 年股灾和投资组合保险技术

1987 年股灾是人类历史上最著名的股灾之一。1987 年 10 月 19 日，星期一，华尔街上的纽约股票市场刮起了股票暴跌的风潮，爆发了历史上最大的一次崩盘事件。道·琼斯指数一天之内重挫 22.6%，创下自 1941 年以来单日跌幅最高纪录。6.5 小时之内，纽约股指损失 5 000 亿美元，其价值相当于美国全年国民生产总值的 1/8。这次股市暴跌震惊了整个金融世界，并在全世界股票市场产生"多米诺骨牌"效应，全球市场股票跌幅达 10% 以上。这一天被金融界称为"黑色星期一"，《纽约时报》称其为"华尔街历史上最坏的日子"。

股灾的产生，究其根本原因，可能有投资者的"羊群"效应、集体止损引起的"多杀多"、股市泡沫累积到一定程度时自然的价值引力等。从量化投资相关角度，主要有两种策略争议较大。

1. 投资组合保险技术是否引起下跌

投资组合保险技术是 Hayne Leland，John O'Brien 和 Mark Rubinstein 于 1981 年 2 月创立的一种投资策略，核心思路是让投资组合在风险可控的前提下具有大幅上升潜力，具体手段是用一部分资产做固定收益投资产生安全垫，作为风险资产的保护。如果对标的价格的随机性做出假设，就可以建立金融工程模型，根据资产价格的走势，使用股指期货动态复制一个看跌股指期权,保护自己投资组合的下行风险。

复制看跌期权呈现的操作就是典型的"追涨杀跌",价格下跌时要求以加速度的方式迅速减仓,获取头寸安全。

2. 程序化交易技术是否加剧下跌

这里所说的程序化交易主要是系统化交易,即趋势投机策略。当系统判定交易信号发生时,进行买卖操作,由于趋势投机的基本入场设定,策略必然跟随市场的上涨或下跌进行相应的做多或者做空。

虽然投资组合保险策略和程序化交易技术都是典型的"追涨杀跌",但是考虑细节,绝非股灾元凶。投资组合保险技术需要动态复制期权,根据检查的频率动态调整仓位,除非是绝对连贯性的下跌才会导致复制策略持续性卖空,如果下跌过程有反弹发生,复制策略同样会积极做多建仓,放大上涨。

程序化交易一方面具有组合保险策略的类似功能,一方面不同程序化交易者的策略差别非常大,区别在于 K 线周期、入场信号和出场信号,除非在绝对连贯下跌中所有策略基本趋同,稍微有波动的下跌中,策略会大相径庭。只要是符合交易所交易规则的程序化交易,不涉及过多的法律问题。

二、高频交易的秘密

高频交易是量化投资的一种,虽然必然使用程序进行执行,但从策略逻辑而言,和上面提到以趋势投机和系统交易为特征的程序化交易不同。广义的高频交易可能包含的特征有:使用超级计算机生成、发送和执行交易指令;使用服务器托管和特别网络缩短信息处理时间;建立和结清交易头寸的时间非常短,尤其不持有隔夜仓;可能会发送大量交易指令,又快速撤单。常见的高频交易策略包括自动做市商交易(Automated Market Trading,AMMs)、流动性回扣交易(Liquidity Rebate Trading)、闪电订单(Flash Orders)和暗池(Dark Pool)。

（一）Virtue：闪击者和高频交易之争

2014年3月11日，美国高频交易公司 Virtu Financial 向美国证监会 SEC 提交 IPO 申请文件，数据显示该公司 2013 年营收约为 6.65 亿美元，同比增长 8%；净利润为 1.82 亿美元，同比增长一倍以上。文件中显示，由于实时的风险管理策略和技术，从 2009 年年初到 2013 年年底，在总共 1 238 个交易日里只有 1 天出现亏损。

无独有偶，《说谎者的扑克牌》的作者 Michael Lewis 于 2014 年 3 月中旬出版了一本新书《闪击者》（Flash Boys），书中对高频交易基本持批评态度。作者主要强调抓住高频交易捕捉微观价差这一事实，为私人交易所鸣不平，但没有考虑高频交易具有不同目的的多种策略。另外，作为连续交易的市场，高频交易整体上为市场提供了流动性以及与其对应的风险补偿。

2014 年 4 月 15 日，欧洲议会通过包含一系列限制高频交易措施的《金融工具市场指令 II》，内容包括限制报价货币单位过小，强制对交易算法进行测试，要求做市商每个交易日每小时上报交易额，以及当价格波动超过一定限制时的熔断机制（价格增量规则标准）。法令所涵盖管理范围包括股票市场、衍生品交易和各类新型交易平台。根据欧盟的立法机制，欧盟层面通过法令后，其将会被下放到各个主权国家等待签署，当时预计法令实际生效时间在 2016 年年底，个别条款会给予做市商更长的过渡期。随后，Virtual 公司宣布无限延期 IPO。

（二）高频交易的天敌：3 Red Trading，Panther Energy Trading 和幌骗交易[①]

幌骗交易（Spoofing）采用和高频交易类似的技术手段，但并非利用公开信息进行策略性盈利，而是以哄骗交易对手、操作市场为目的获取利润。常见的做法是，比低于市场卖价的价格挂出卖单，这样

[①] 搜狐财经. 回首 150 年炒股史：量化和 AI 是消灭散户终极武器？http://mt.sohu.com/business/d20170106/123540110_412682.shtml.

其他卖家就会被迫挂出更低的价格以寻求快速成交，当发现更低的卖价后，幌骗策略迅速撤单，反手做多，这样通过诱骗交易对手以更低的价格获取头寸；用高于市场买价的价格挂出买单诱骗买家，以更高的价格结清头寸。

幌骗交易完成的时间极短，大部分手动交易者对此是不敏感的。但是对于高度依赖盘口信息捕捉市场微管机构的高频交易策略而言，幌骗交易几乎是他们的天敌。2010 年美国总统奥巴马签署多德-弗兰克（Dodd Frank）金融改革法案后，"幌骗"被明确为违法行为。但在美国市场中这种行为依然猖獗。

2014 年 11 月，美国商品期货交易委员会（CFTC）发布公告，芝加哥投资公司 3 Red Trading LLC 以及交易员 Igor B. Oystacher 涉嫌利用"幌骗"手段及欺诈设备操纵市场，对其发起诉讼。据 CFTC 的指控文件，Oystacher 在 359 790 份交易合约中累计进行 1 316 次"幌骗"交易。同期，CME 向 Oystacher 处以 15 万美元的罚款和一个月的市场禁入，Oystacher 同意支付罚款并接受处罚，但对于违规行为既不承认也未否认。后来据金融博客 Zero Hedge 评论，Oystacher 通过发现僵化的高频交易市场漏洞，操纵了其他的高频交易者。

2015 年 11 月 3 日，美国联邦法院裁定 Panther Energy Trading 公司负责人 Michael Coscia 商品交易欺诈以及幌骗罪名成立，这是美国 2011 年《多德-弗兰克法案》出台以来，关于其中"防欺诈法规"的首个案例，也是全球的首宗刑事起诉案件。

在庭审中，来自美国证券交易委员会（SEC）和美国商品期货交易委员会（CFTC）的证人提供的相关数据表明，嫌疑人自 2011 年以来在期货市场挂出大量买卖单，但事实上这些买卖单的目标不是执行，而是制造需求假象，诱使其他交易员入市，从而让自己从中获利。比如嫌疑人常常在挂出大单之后撤单，但对小单撤单的概率较小。检方则指控嫌疑人在三个月的时间里通过"诱饵调包阴谋"（bait-and-switchs cheme）非法获利 140 万美元。

最终法院裁定 Michael Coscia 六项商品欺诈和六项幌骗罪名全部

成立。据悉，每项欺诈罪名的最高刑期都是 25 年，外加 25 万美元罚款；而幌骗罪名的最高刑期是 10 年，外加 100 万美元罚款。

从上面的例子我们看出，幌骗策略是法律明确禁止的市场操作手段，和正常的高频交易策略截然不同，在某种意义上，不以成交为目的的下单是对市场信息资源的无效消耗，如果还有诱使对手出单的行为，那就是直接的刑事犯罪——任何时候，高频交易不能违背为市场提供流动性的初衷。

（三）骑士资本的梦魇：乌龙指

对于高频交易，其天敌不仅包括操作市场信息的幌骗交易，还包括引起系统故障的乌龙指。

美国骑士资本成立于 1995 年，是华尔街最知名证券公司之一，规模庞大、风格稳健、业务遍布全球。公司的市场交易份额占到纽交所交易总量的 17.3%，纳斯达克的 16.9%，2011 年到 2012 年交易总量达到全美证券市场的 10%。公司服务的对象包括买方客户、卖方客户、大量的零售客户以及高频交易客户。品种涵盖全球金融市场的股票、固定收益产品、外汇、期货和期权等。骑士资本的主要业务涉及三大块：做市商业务、电子交易执行服务业务以及机构销售和交易业务。

关于机构销售和交易业务，公司通过提供全方位的经纪业务服务以换取买方市场机构投资者的交易业务，主要对象机构客户为公募基金、保险公司、养老基金、慈善机构等，比如美国最大的公募基金富达基金和先锋基金，分别管理 6 万亿美元和 2 万亿美元的资产规模。在做市商服务领域，骑士资本是纽交所最大的做市商，涉及的股票达到 675 只，年交易量 200 亿美元。

而真正连接一切业务和客户的核心，是骑士资本的电子交易服务系统。该系统本质上是一个暗池（Dark Pool），具备高频交易功能和做市商功能，通过嵌入量化模型，为客户提供高效和快速的市场信息和交易服务业务。该平台与 100 多个交易所、电子交易中心、暗池和其他做市商的交易中心相连接，可以交易美国证券市场上的19 000多只证券产品，还包括期货、期权和外汇等，从而帮助客户在高度分割的市场环境中高速高效地完成最终交易业务。骑士资本的高频交易平台可以把来自于不同机构客户和零售客户的交易订单组合起来，形成一个巨大的撮合池，当市场的流动性不足的时候，通过投放公司自有资金为市场提供需要的流动性，因此骑士资本也是美国证券市场上最大的流动性提供商之一。由于该平台强大的交易处理能力，不止是买方，一些在美国证券市场上重量级的证券公司都是骑士资本的客户，通过上述平台向交易所和其他交易中心发送交易订单，比如著名的网上折扣经纪公司 E-Trade、TD Ameritrade 和史考特证券经纪公司。其中，TDA 证券是美国最大的网上经纪商公司，客户账户的数量接近600万，拥有的客户资产达到5 000亿美元。骑士资本的这种超级交易平台极大地提高了交易效率，也埋下了巨大的运营风险。

2012年7月27日，系统维护人员在系统升级过程中，遗漏了一台服务器，没有升级上面的高频交易系统 SMARS。这次失误导致公司在8月1日纽交所开市之后，不到一个小时的交易时间里损失4.6亿美元。

根据美国证监会的调查结果，从9:30到10:15的45分钟交易时间里，骑士资本原本只收到由零售客户发出的212笔小交易订单，交易系统原本仅应该把212笔交易订单发送到纽交所，出错的交易系统却在不到45分钟的时间里发送了几百万笔交易订单。

事故期间，纽交所成交了超过400万笔的交易订单，平均每秒钟的成交超过了1 500笔，涉及的股票代码达到了154个。错误交易导致纽交所启动熔断机制（Circuit Breaker），并对部分个股启动临时停牌。当日交易开始20分钟之后，纽交所才确定错误订单来自骑士集团。最终纽交所查验了140只非正常交易股票，取消了其中6只股票的全部交易。

交易事故之后的骑士资本陷入经营危机，五个月之后便被 GETCO 公司兼并。

三、国外高频交易监管概述

在欧洲，欧盟的《金融工具市场指令 II》(Markets in Financial Instruments Directive II，简称 MiFID II) 致力于以投资公司作为执行主体，计划引入一系列安全保护措施，综合考虑价格、成本、速度、指令执行可能性、规模、性质等多种因素后执行客户指令，即针对使用算法交易的市场参与者，也针对发生算法和高频交易的交易场所。期间，德国联邦金融管理局认为针对高频交易的监管迫在眉睫，但 MiFID II 草案的审议时间较长，为控制德国交易场所内高频交易可能带来的风险，于 2012 年 9 月出台了全球第一部专门针对高频交易的监管草案，并分别于 2013 年 2 月、3 月在德国众议院与参议院通过。2014 年 4 月 15 日，欧洲议会通过包含一系列限制高频交易措施的《金融工具市场指令 II》。

美国证监会 SEC 则于 1998 年启动监管框架改革，引发了持续至今的美国金融市场结构变革，美国全国市场系统规则（Regulation NMS，简称 Reg NMS）强调由市场作为主体执行客户指令，超过一半的机构投资者的交易系统的算法报单遵循 SEC 国家最佳竞价原则（National Best Bid or Offer，NBBO），以"最优价格"为标准履行"最佳执行"义务，形成了统一的金融市场结构，为高频交易的发展提供了制度基础。随后，高频交易在良好的政策和市场环境中，市场份额、收益和影响力迅速上升，也引起立法者和监管者的关注。这些年美国证监会 SEC 和美国商品期货交易委员会 CFTC 陆续出台了一系列与高频交易有关的监管措施，具体包括：

(1) 2009 年 9 月，美国证监会基于市场信息公平性的考虑，提议禁止能使高频交易商比其他市场参与者提前数毫秒看到交易指令的闪电指令（Flash Orders）。

(2) 2010 年 1 月 13 日，美国证监会基于错误指令增加经纪商和市场参与者风险暴露的考虑，要求经纪商实行严格的事先风险，在指令到达交易所之前，必须进行资金校验，绝对禁止对外提供无资金校验的免审核通道（Naked Access），包括交易席位和其他相关的高速通道。

（3）2010年4月14日，美国证监会提议为大额交易者（High-Volume Traders，单日买卖股票超过两百万股，或单日执行价值超过两千万美元，或单月执行价值超过两亿美元）分配识别代码，在交易发生后的次日，经纪商需要将交易记录上报美国证监会，以便分析与调查是否存在操纵市场等行为。

（4）2010年6月11日，CFTC发布对托管的监管提案，包括对所有愿意付费的合格投资人提供托管服务，禁止歧视性托管和过高收费，并在第三方托管的情形下及时给交易所提供市场参与者的系统与交易信息。

近几年美国证监会一直在酝酿更全面的高频交易监管方案，促进高频交易市场更加健康健全地发展。2015年11月3日，美国联邦法院裁定高频交易员迈克尔·科斯夏（Michael Coscia）商品交易欺诈以及幌骗罪名成立，这也是美国《多德-弗兰克法案》2011年出台以来关于"防欺诈法规"的首个案例，也是全球针对这种违法交易行为的首宗刑事起诉，具有里程碑的意义。

四、中国市场案例

我国的证券市场历史虽然不及美国长久，但是由于后发优势和近年来信息技术的高速发展，高频交易在我国发展迅猛。虽然股票市场因为"T+1"回转交易导致无法开展直接针对股票的高频交易，但是可以开展针对期货、融资融券"T+0"回转交易、ETF申购赎回"T+0"回转交易的高频交易。比较著名的案例包括光大证券"8.16乌龙指"事件和伊士顿投资公司的高频操纵案例。

（一）某证券公司"8.16乌龙指"案例

2013年8月16日11点05分，我国沪深市场多只权重股瞬间出现巨额买单，大批权重股被一两个大单瞬间拉升之后，大批巨额买单蜂拥而至，整个股指和其他股票被带动上涨，甚至59只权重股瞬间封涨停。11点08分，指数出现阶段性的回落；11点15分，上证指数开始第二波拉升，摸高2198点，在11点30分收盘时收于2149点。市场气氛诡异，传闻不断。

11点29分，市场传言上午A股暴涨源于某证券公司自营盘70亿元的乌龙指，但该证券公司董秘在没有充分了解情况的背景下草率否定。13点，该证券公司公告称因重要事项未公告，临时停牌。14点23分左右，该证券公司发布公告，承认套利系统出现问题，公司正在进行相关核查和处置工作。据悉，该证券公司当日，下单230亿元，成交72亿元，涉及150多只股票。

关于"乌龙指"产生的原因，从技术角度讲，是套利系统中没有加入资金校验模块，导致系统发出超出账户权益的买入指令；从内控角度讲，该系统没有接入券商交易柜台，指令直接下到了交易所，而券商恰恰又拥有信用交易的权限，导致巨量下单和成交的发生。

公开信息显示，该证券公司策略交易团队在事故发生后，没有第一时间对市场进行信息披露，而是选择了做空股指期货对冲"乌龙指"仓位造成的自身交易风险。根据16日收盘后中金所数据，当日股指期货主力合约IF1309合约持仓量为81 087手，而该公司期货空单激增7 023手，较上一交易日增加两倍有余，空单持有量排名也从第6名跃居首位。这就构成了利用"乌龙指"信息而产生的内幕交易。

2013年11月1日，中国证监会发布行政处罚决定书，根据《中华人民共和国证券法》（简称《证券法》）第七十五条第二款第八项和《期货交易管理条例》第八十二条第十一项的规定，认定该证券公司"在进行ETF套利交易时，因程序错误，其所使用的策略交易系统以234亿元的巨量资金申购180ETF成分股，实际成交72.7亿元"为内幕信息。该证券公司是《证券法》第二百零二条和《期货交易管理条例》第七十条所规定的内幕信息知情人。该证券公司在内幕信息公开前将所持股票转换为ETF卖出和卖出股指期货空头合约的交易，构成《证券法》第二百零二条和《期货交易管理条例》第七十条所述内幕交易行为。最后，根据《证券法》第二百零二条和《期货交易管理条例》第七十条的规定，证监会决定没收该证券公司 ETF、股指期货内幕交易违法所得，并处以违法所得 5 倍罚款；对相关直接负责的主管人员和其他直接责任人员给予警告，并分别处以人民币 60 万元罚款。同时，根据《证券法》第二百三十三条、《期货交易管理条例》第七十八条、《证券市场禁入规定》第五条之规定，对直接负责的主管人员和其他直接责任人员采取证券市场和期货市场禁入措施。

（二）伊士顿投资公司的高频操纵案例

2015 年 6 月以来，A 股市场发生的大幅下跌引起各方高度关注。根据新华社在 2015 年 11 月 1 日的报道，公安机关查处了一家名为伊士顿国际贸易有限公司及其相关工作人员，公司旗下账户组通过高频程序化交易软件自动批量、快速下单交易，以不足 700 万元人民币的本金，非法获利高达 20 多亿元人民币。

公开信息显示，伊士顿通过境外团队研发的高频程序化交易软件，远程植入伊士顿公司托管在中国金融期货交易所的服务器，通过自动批量、快速下单，申报价格明显偏离市场最新价格，实现包括自买自卖在内的大量高频交易，并利用保证金杠杆比例等交易规则，以较小的资金投入反复开仓平仓，以此操纵股指期货价格，非法获利达 20 多亿元。其使用的主要策略就是前面提到的幌骗交易，此类投资策略采用订单薄动力学原理，通过频繁报撤单和试单的手法测试市场深度，利用速度和信息的优势主观强制制造短期订单供给，从而诱多做空，诱空做多来实现盈利，主要的交易对手是做市商、其他高频交易者及以订单薄为信息的交易者。一般来说，金融市场的交易如同现实商业贸易，不以成交为目的的报单有失诚信，有欺诈嫌疑。

根据我国《期货交易管理条例》第七十一条规定，任何单位或个人单独或者合谋，集中资金优势、持仓优势或者利用信息优势联合或者连续买卖合约，操纵期货交易价格的；或蓄意串通，按事先约定的时间、价格和方式相互进行期货交易，影响期货交易价格或者期货交易量的；或以自己为交易对象，自买自卖，影响期货交易价格或者期货交易量的行为，进行操纵期货交易价格的，责令改正，没收违法所得，并处违法所得1倍以上5倍以下的罚款；没有违法所得或者违法所得不满20万元的，处20万元以上100万元以下的罚款。单位有前款所列行为之一的，对直接负责的主管人员和其他直接责任人员给予警告，并处1万元以上10万元以下的罚款。

同时，根据《中华人民共和国刑法》第一百八十二条规定，操纵证券交易价格获取不正当利益或者转嫁风险，情节严重的，处五年以下有期徒刑或者拘役，并处或者单处罚金；情节特别严重的，处五年以上十年以下有期徒刑，并处罚金。单位犯前款罪的，对单位判处罚金，并对其直接负责的主管人员和其他直接责任人员依照前款的规定处罚。

第五节 结　语

在中国目前的很多领域，赚钱已经变成一个非常困难的事情，但是在量化投资领域，是完全依靠自己的勤奋与努力。一个持续稳定赚取的模型，不是靠关系和背景就可以的，而是靠着自己的聪明才智和脚踏实地的工作。所以，从事量化投资与对冲基金这个行业，不仅仅是为了实现财务自由，更重要的是人性的尊严！

俱往矣，数风流人物，还看今朝！

让我们一起拥抱中国量化投资与对冲基金黄金时代的到来！

第七章　企业并购的战略思维

第一节　引　言

长久以来，企业并购（Merge and Acquisition）一直是公司战略投资中重要的一环，不论是新成立的公司还是成熟企业，企业并购在公司拓展业务与转型成长上都扮演着不可或缺的角色。21 世纪以来，随着产业变迁与商业环境的丕变，越来越多的企业并购案在形式上、策略上以及执行上，皆有了不同的样貌与战略思维。以科技业为例，2016 年 4 月的财务季报发表会上，美国科技巨擘苹果公司（Apple Inc.）发布了史上首次 iPhone 销售成长下滑的数据，打断了这家科技巨头连续十年以上的成长记录。为了解决现有产品趋近成熟期而销售下滑的烦恼，并让公司得以持续扩大成长，首席执行长库克（Tim Cook）提出了一个令人意想不到的解决方案：" 大量血拼 "。库克在该发表会上指出，在过往的 4 个季度以来，苹果已收购 15 家公司，同时预告未来将进行更大规模的收购以保持公司成长动能。库克表示："一直以来，我们都在市场寻找能补遗我们不足之处，进而互补我们商品特色，或者加速我们进入感兴趣领域的收购目标，未来也将扩大收购的规模。"

苹果向来在并购活动上并不积极，与其他硅谷科技巨头相比更是如此，如 Google、思科（Cisco Systems Inc）或 Facebook 等。回顾苹果的发展史，过去最大笔的收购行动，就属 2014 年以 30 亿美元的价格买下耳机制造商 Beats Electronics LLC，其他绝大多数的收购案都远不及这笔交易。研究机构 JackDaw Research 的分析师 Jan Dawson 指出，苹果过去从未公开发表类似的谈话，库克的这番发言确实是项改变，也表示苹果未来会在企业并购上有更积极的作为，让公司有更稳定的成长与扩张。

企业并购本身并不是一个新概念，但是随着商业环境的快速成长与变迁，企业并购不论在形式上、方法上或者是策略考虑上都不断地推陈出新，一直是近年来企业策略投资的热门话题。早期人们对企业并购的印象大多是企业出于垂直或者水平整合上的优势考虑，买下与其有利害关系的公司。但是有越来越多的并购案的并购动机，其实是为了快速取得科技专利权以减少官司诉讼、降低公司融资与税务成本、扩充公司成长动能，甚至是在财务报表上让公司的财务杠杆或者收益看起来更符合投资人的期待。

不论是出于何种动机或形式，企业并购过程复杂，种类与方式多变，再加上主并与被并公司的策略考虑点各异，企业并购的内容几乎涉及了所有财务管理领域的议题，包含了融资决策、投资决策以及股利分配决策，也一直倍受实务界以及学术界的关注。本章有系统地整理出至今以来，企业并购过程中涉及的基本内涵与操作实务，并辅以实例说明，让读者先对企业并购有更全面的认识。接着，我们会分析三个近年来知名的大型企业并购案例，透过案例的背景介绍和过程分析，我们更能观察企业在并购过程中的策略与思维，也能从中洞悉企业并购在旧调理论中的新思维。

第二节　并购的基本概念

一、并购的意义

并购这个词，是合并与收购这两种企业在策略以及财务上活动的合称。一般企业在进行并购行为时并不会特别指出是合并或者收购，投资人必须通过观察并购的交易条件才能进行分类。

（一）合　并

合并分为吸收合并与创设合并两种。吸收合并指的是主并公司或称出价公司在合并了被并公司或称目标公司后，消灭了被并公司，主并公司保留原本的公司名称以及实体财产，成为两间企业合并后的存续公司，并接收被并公司所有资产负债表上的所有项目。目前大部分的企业进行合并时是以吸收合并为主。

创设合并（Consolidation）指的是两间企业进行合并后同时消灭，在消灭的同时另外再成立一间新公司，新公司的名称可能是全新的名称或是两间公司的名称合并而成。与吸收合并相同的是，新公司的总资产及总负债为两间原公司资产与负债的总和。

（二）收　购

收购分为股权收购（Acquisition of Stock）和资产收购（Acquisition of Asset）两种。

股权收购指的是主并公司利用公司内的现金、库藏股、发行新股或是发行其他有价证券取得被并公司的股权。通常这种收购方式可以以公开出价（Tender Offer）的方式购买目标公司的股权，亦即主并公司在市场上公开表明欲收购被并公司的股权，向目标公司的股东直接收购手上的股份，直到拥有目标公司实质控制权或是全部收购，视各收购情况不同而定。

但是并非每个主并公司在执行公开收购目标公司时都那么顺利，如果公开收购人在市场上表明收购后，被并公司不愿意被收购甚至进而消灭，若主并公司不顾被并公司的反对，仍然执意进行股权收购，此时的收购行为即被称为恶意收购或者非合意收购（Hostile Takeover）。2004年12月，甲骨文（Oracle）公司恶意收购仁科（PeopleSoft，Inc）公司就是美国并购史上一个恶意并购的经典案例。当时仁科公司为了反抗甲骨文的并购，使用了许多反并购方式，如"吞毒药丸""白马骑士"等，避免公司被收购。最后在两间公司不断的议价后，仁科公司接受了甲骨文每股 26.50 美元，总价值 103 亿美元的价格并入。在我国，1993 年的宝安公司与延中公司的收购案也是以恶意并购的方式完成，不同的是，当时延中公司对宝安公司在收购股权的过程中，提出持股合法性的质疑，而最后宝安公司也因违反《股票发行与交易管理暂行条例》收购延中公司的股票而受到证监会的惩罚。

资产收购指的是主并公司依策略上或是财务上的需求，只收购目标公司部分资产，例如目标公司的厂房、设备或是知识产权等。由于这样的收购方法只是单纯地将目标公司的资产买断，因此也可以避免一项麻烦，即在股权收购时若是目标公司的少数股东不同意出售手中持股，主并公司无法百分之百取得所有目标公司的股权，进而产生合并后的股权问题。

二、并购的动机

主并公司在进行并购时，主要的动机来自于综效的产生、所得税的利益、高阶经理人的自利动机以及资金成本的降低（张永霖，2016）。

（一）综　效

综效指两间公司合并后的公司总价值高于两间公司合并前各自价值的加总。原因有可能是合并后公司的收入合计比合并前两间公司的加总更多，或者是合并后公司的资金成本比两间公司合并前的成本更低，这样的现象即为俗称的"1+1＞2"的加乘效果。简单来说，可以把综效的来源分为收益面增加的综效和成本面降低的综效。

就收益面来说，收益增加的原因大致有三种：① 如果两间公司为相同产业（即水平合并）并各自占有某项产品或服务的市占率，当合并后公司可降低彼此之间的竞争关系，同时由于公司的市场占有率大幅增加了，因此合并后的公司在贩卖产品或提供服务时，对消费者的议价能力也大幅提升,使得公司可以提高售价来增加收益,增加合并后公司的市场独占力;② 合并可以增加公司的曝光程度,加强公司媒体上的宣传效果,并利用两间公司的通路或是营销网络,将两间公司的产品进行组合并在合并后销售出去,获得营销上的利益;③ 在策略上,公司利用并购可以创造自身的竞争力,通过并购生产互补品的公司已达到的综效,重新设计更适合消费者的产品或是绑在一起销售,增加产品贩卖上的收益。

在成本面的综效方面,成本降低的好处在于合并后的营运综效,此效益将高于合并前两间公司个别营运时的效益。造成成本降低的综效产生有三种方式:① 水平合并后的规模经济。当两间同产业的公司合并后,公司的生产规模扩大将可以提高公司在采购时的议价能力,或是厂房设备的效率运用,降低生产产品的成本,以达到最适的生产规模,此效果即经济学上所称水平合并式的规模经济。此外,若两间公司在经营上的效率有差异,高效率的公司可以将管理技术带入低效率的公司,进而提升低效率公司的经营绩效,也是水平并购时可能产生的综效,这也是经济学上所称的差异效率假说。② 垂直合并的规模经济。公司可以通过上下游供货商的并购,使得公司在采购成本、生产成本甚至营销方法方面有更多的资源可以规划整合,增加合并后的公司价值,这样的效果即为经济学上所称垂直整合式的规模经济。③ 两间公司在并购后的资源可以互相支持,特别是两间公司为生产互补品的企业时,可以产生资源互补的效果。例如咖啡公司并购奶精公司后,可以将两项产品同时贩卖;游泳池与蒸气箱的结合,使得两间公司在冬天以及夏天都能有收益产生。

(二)所得税利益

在公司合并后,公司所缴的所得税减少也是成本面降低的好处之一。产生所得税利益的原因主要有四个来源:① 利用被并公司的营业损失抵减主并公司的营业所得税。由于亏损的公司无法产生扣抵所得税的好处,如果一间有获利的公司与一间亏损公司合并,可以间接获得所得税抵减的好处。② 充分利用被并公司的举债能力。合并后的公司可以弹性利用未使用的举债额度，创造额外的举债税盾以及公司价值。③ 将被并公司的资产重估价。若被并公司持有大量的固定资产，但由于获利情形不佳，可与高获利公司合并后重新估价资产，提高资产的账面价值并提列折旧费用，可额外享受折旧带来的税盾效果。④ 当主并公司已经把所有可投资或净现值为正的投资计划都投资完毕后，仍有多余资金时，剩余的资金可以用来并购外部公司。先不论外部公司的表现如何，若公司留下过多的自由资金，会被主管机关额外课税，而发放股利将产生股东的股利所得税，股票购回变相地发放股利也将产生许多财务成本并影响公司的资本结构，此时，将多余资金用来并购外部的公司，寻求投资机会则是节税的方法之一。

（三）高阶经理人的自利动机

由于高阶经理人通常会希望自己的头衔随着公司规模提升，或是增加自己在公司的权利与报酬，当公司内有多余的资金时，经理人可能产生代理问题，基于好大喜功的原因，通过并购增加自己的好处。与前述两种动机不同的是，这样的目的是经理人极大化自身的财富，并非极大化股东的财富，因此不会增加公司总价值反而可能减少，为一经理人与股东间的代理成本。

（四）降低公司资金成本

如果两间公司的发债成本不同，有一方在向银行贷款时可取得比较低廉的资金，或是发行新股以及其余有价证券时发行成本也较低，在合并后的资金筹募成本上也会因为规模经济或是举债效率的互助而降低许多。合并后的公司如果是由于风险分散，或是现金流量的波动率降低，将进一步降低股权投资人对于公司的要求报酬率，进而降低公司的资金成本。

三、并购的假象

（一）通过并购完成多角化经营，减少股东风险进而增加公司价值及股东价值

多角化经营指的是公司通过投资不同的产业，分散风险后降低公司的风险以提高公司价值，并让股价上涨，使得股东价值也随之提升。但是事实上，通过并购方式让公司多角化经营并不能增加股东的价值，原因是股东可以自己在公开市场上买卖自己所持有的投资组合，也能非常容易地进行资产组合的多角化。另外，与公司并购行为相比，股东自行调整手中的资产组合的交易成本相对较低，因此公司通过并购进行多角化经营并不会影响公司或是股东的价值。如果有公司因为此项理由进行并购行为，我们可以进一步思考是否有其他原因造成，或者只是一次无效率的并购行为。

（二）通过并购增加每股盈余

市场上的投资人常常有错觉，认为每股盈余越高的公司营运表现越好，越适合投资，因此许多公司以每股盈余增加带动股价上涨作为并购的理由。事实上，每股盈余只是一个会计科目，除了公司的营收面之外，在外流通股数甚至负债都会影响每股盈余。换言之，每股盈余往往只是账面上的数字，当公司合并后并没有产生综效，或是带来任何好处，则在有效率的资本市场中，这个并购的理由无法增加公司价值，并购后的股价也不会因此而上涨。

四、对抗恶意并购的方法

主并公司在市场上公开表示将并购目标公司时，若目标公司的管理者反对并购条件，但是主并公司仍然持续进行公开市场上或是私底下的股权收购，这样的行为称作恶意并购，目标公司的经理人以及股东可以采取许多方法拒绝恶意并购。目前市场上常见的对抗并购的方法有以下几种（张永霖，2016）。

（一）说服公司股东

目标公司的经理人或管理者可以私底下拜访股东，说服公司股东，使其认为主并公司收购股票的价格过低，让目标公司的股东不愿贱卖手中持股，避免主并公司肆意收购股票。

（二）股票购回

目标公司在知道主并公司展开恶意并购后，可征求董事会或股东会同意，先行一步从公开市场中买回公司的股票，这样一来可使公司流通在外的股票减少，股价上涨，主并公司在收购自家股票时成本将会增加。但若以公司立场购买流通在外的股票，将会连带影响资本结构，且消耗账上现金，是一种成本相对较高的对抗并购方法。

（三）绿色邮件

绿色邮件指的是目标公司在了解主并公司的恶意并购价格后，以高于市价的价格买回自家公司的股票，这样对抗并购的方式又称为支付赎金，亦即公司支付对方一笔赎金，让对方把自己的股票还回来。除了支付赎金之外，目标公司还必须跟主并公司签署停止投资协议，协议未来若干时间内，主并公司不得再持续收购自家股票。

举例来说，1979年6月，美国艾卡因公司宣布将以每股7.21美元的价格收购萨克松公司的股票，来年2月，萨克松又以每股10.50美元的价格重新买回艾卡因半年前所持有的萨克松股票。此外，艾卡因在同年以同样的手法以每股25美元的价格收购翰默麦尔公司的股票，翰默麦尔再度以每股36美元买回艾卡因持有的所有股票。艾卡因在这两项交易案中总共投资2 000万美元，而两间公司所支付的赎金就让艾卡因获利900万美元。

（四）黄金降落伞

黄金降落伞指的是经理人可以在公司章程中订定条款，规定若经理人因公司被并购后进而被解雇，主并公司必须支付经理人一笔巨额赔偿金,如此一来可以提高主并公司的并购成本,并表达经理人在并购后不愿留任的意愿。

最有名的例子是在 2009 年 7 月,市场传出德国大众汽车将收购德国保时捷汽车,而当时保时捷的 CEO Wendelin Wiedeking 就在并购发生前与公司签订了黄金降落伞条约,若未来大众汽车顺利并购保时捷汽车,进而使 Wiedeking 因故离职的话,Wiedeking 将可以得到 1.4 亿美元的天价赔偿金[①]。

(五)白马骑士

白马骑士指的是当目标公司接收到恶意并购的消息后,到市场上找寻另一间较为合适且友善的公司合作,甚至可以协议让公司被另一间公司收购,避免让恶意并购的公司得逞,但这样对抗并购的方式仍然无法保住自家公司的经营权。

2015 年 8 月,我国台湾半导体封测龙头日月光在市场上公开表示,将以每股 45 元台币公开收购硅品 5%～25% 的股份。一周后,硅品宣布与电子公司鸿海进行策略联盟合作,将硅品 21% 的股份通过各种条件转让给鸿海持有,鸿海将成为当时硅品最大的单一股东,不过这项策略联盟案被硅品股东会决议否决。2015 年 12 月,硅品宣布紫光集团将以每股 55 元的价格,持有硅品 24.9% 的股份,但最后由于种种原因决定暂缓。在日月光公开表示收购硅品的意愿后,硅品前后找了两间公司作为白马骑士,以避免最后被日月光并购。

(六)毒药丸

目标公司希望通过各种减少公司价值、股东价值的方式,使得未来若主并公司成功并购自家公司后也能同归于尽。常见的做法是目标公司大量发行新股,并以低于市价的价格贱卖股票,或是廉价出售公

---

① 数据来源:Bloomberg, Porsche chief steps down with golden parachut5. [2009-7-23]. http://www.hurriyetdailynews.com/porsche-chief-steps-down-with-golden-parachut5.aspx?pageID=438&n=porsche-chief-steps-down-with-golden-parachute-2009-07-2.

司的资产、部门，以及发行大量的短期债券等。这样的方式称为吞下毒药丸①。

另外还有一种与毒药丸很相似的对抗并购做法，叫作"毒卖权"，指的是目标公司提前在市场上发行大幅折价的债券，甚至在债券里加上附卖回协议，未来若遇到主并公司的恶意并购后，购买折价债券的债权人可以要求合并后公司提前以面额赎回债券，使公司蒙受大量损失。

（七）皇冠上的宝石

皇冠上的宝石指的是当公司遇到外来主并公司的恶意并购时，可以直接卖掉自家公司最有价值或是对手最想要的资产，使得公司价值只剩下账上现金，未来若遭受恶意并购后则无任何综效可言，就像皇冠上的宝石被拿掉后，皇冠将一文不值，这样的方式又称作焦土政策。

玉郎国际是我国香港的一家漫画公司，1987年10月香港的一间出版公司 Spaceman 投入 6 亿港币欲收购玉郎国际公司。为了避免被 Spaceman 并购，玉郎国际公司拟直接出售该集团的两项重要资产，宣布以 1.68 亿元出售玉郎中心大厦，以及出售公司所持有《天天日报》70% 的股权，希望以出售皇冠上的宝石的做法劝退 Spaceman，但是最后因为股东会否决出售公司的两项重要资产，此项对抗并购的做法也就随之失败了②。

第三节　并购个案分析——永丰余并购华纸

通过部门重组与分割，永丰余造纸股份有限公司（简称永丰余）在 2012 年 3 月 21 日取得中华纸浆股份有限公司（简称华纸）

---

① 数据来源：MBAlib，股东权益计划. [2016-08-25]. http://wiki.mbali2.com/wiki/股东权益计划.
② 数据来源：MBAlib，皇冠宝石. [2016-08-25]. http://wiki.mbali2.com/wiki/皇冠宝石.

641 442 000 股，永丰余获得华纸过半的股权，而永丰余的文纸事业部也作为交易条件转与华纸。

一、造纸产业

（一）造纸产业简介

我国台湾的造纸产业链主要分为上、中、下游。上游为造纸的初级原物料，包含原木、木片等森林资源；另外，造纸的过程需要一些燃料及副原料如淀粉、长纤浆等，在煮纸浆的过程中需要燃烧能源的消耗，因此，上游厂商还包含油电、手电以及蒸气的提供商。产业链中游的部分，包含了纸浆厂与造纸厂，而依产品的不同又可以将上述两类工厂细分，纸浆厂的产品通过加工可以生产成家庭用纸、工业用纸以及文具用纸，而纸厂的纸产品则是印刷厂的原料。下游工厂将家庭用纸、工业用纸以及文具用纸再加工成各式各样的产品，如：家庭用纸可以生产成卫生纸、面纸；工业用纸加工成包装纸；文具用纸则是依不同用途设计成影印用纸、计算机报表纸等。另外，造纸业是一个资本密集的产业，许多企业为了达到规模经济而投入大量固定成本资金用来扩建厂房，以增加产能，达到生产的最适产量。

（二）产业分析

在过去的几十年，造纸技术以及科技的进步，让一台生产纸的机器产量增加了 13 倍以上，而近年因为环保意识以及禁止随意砍伐木材的声浪崛起，木材原物料成本不断上涨，大幅影响造纸业的生产成本，造纸企业获利受到很大的成本压力。另外，由于 2000 年以来的网络技术发展以及近年来电子阅读浏览器的开发，社会大众的用纸机会在日益减少，消费者可以选择使用电子账单、电子发票等等，使得目前纸张需求不断地减少。在供给不变的情况下，全球造纸产业面临产能过剩的问题，这也是间接造成本个案的并购原因之一。在未来造纸产业不看好的情况下，整并相当风行。

在造纸业的竞争程度方面，祖国大陆的造纸业快速成长，使得两岸的造纸企业开始进入强度竞争阶段，但由于造纸产业属于资本密集型产业，产业外的进入门槛高。另外，台湾的造纸业、纸浆业、纸制品企业目前属于大者恒大的状态，外部投资人要从小型企业蚕食鲸吞的可能性非常低。换言之，只要能在造纸产业中独霸一方的企业，未来除非遇到很大的变动，否则并不需要担心自己被造纸产业自然淘汰（方嘉麟，朱慈蕴，朱德芳，等，2016）。

二、公司概况

（一）永丰余造纸股份有限公司

永丰余造纸股份有限公司于1950年成立，公司的产品包括工业用纸、文具用纸以及家庭用纸，公司的产品组合横跨产业链的上中下游，包含上游的纸浆、林业，中游的造纸厂，以及下游的印刷厂、设计工厂以及包装工厂等，具有相当完整的产业链系统，不但投入了大量的资金达到规模经济，也具有垂直整合的综效。目前永丰余也是全世界前五十强的造纸公司。站稳造纸产业的地位后，永丰余总经理何寿川先生接任后开始执行经营的多角化，将公司延伸到金融产业、信息科技产业以及生物科技产业，合称永丰余集团。

产品组合方面，永丰余在造纸产业的耕耘因为横跨上中下游，产品组合众多，包括纸类的加工、买卖以及代理业务、环保用纸、家庭用纸、纸箱用纸、加工用纸、包装用纸、信息用纸、食品包装用纸等；另外，与造纸较不相关的旗下品牌包括清洁用品品牌橘子工坊、美容美妆类的玛奇雅米系列美妆产品。在这么多的产品中，永丰余的营收比例大约有一半是工业用纸所贡献的，而文具用纸及家庭用纸则分别占了二成及三成。

（二）中华纸浆股份有限公司

中华纸浆股份有限公司成立于1968年，是台湾地区当时最大的纸浆制造公司以及第三大造纸公司，位于造纸产业链的中游，主要生产道林纸以及微涂纸，所有的纸浆原料皆由祖国大陆以及东南亚国家、澳洲等国家进口。2000年，华纸与永丰余在广东省设立了一间鼎丰纸业公司，华纸为最大股东，占有鼎丰公司60%的股权。产品与母公司华纸一样皆以生产纸浆为主，所有的纸浆产量全部卖入祖国大陆。

产品组合方面，华纸除了主要生产纸浆、买卖及代理之外，还包含许多林业的业务，包括伐木、制材、木材加工以及造林等业务，另外也经营化学原料以及原料副产品的制造买卖等业务。产品组合跟永丰余比较起来相对单纯，主要的产品大都落在产业的中游。华纸产品营收的比重主要为纸浆，其次是文具用纸。在2012年与永丰余合并后，加入了永丰余的文纸部门，华纸的营收比重受到影响，从原本贩卖纸浆为主转型成为文具用纸，其营收比重占华纸的总销售额高达约80%，成为华纸近年来的主力产品。

三、个案内容分析

（一）并购事件表

2001年8月，双方董事会皆同意以1股华纸换0.95股永丰余股票进行股票合并，永丰余为合并后的存续公司。

2001年10月，由于华纸为合并后的消灭公司，华纸员工不满，借由工会力量表示抗议，而当地政府仍为华纸股东，在政府部门及工会的压力下，撤销8月所决议的合并案，使得合并破局。

2004年5月，华纸改组，董事会席次从原本的21席缩编至9席，其中永丰余5席拥有过半席次，华纸1席，其余席次皆为当地政府有关部门。

2012年3月，永丰余将旗下的文纸事业部门分割，转至华纸旗下，而华纸以发行6.41亿的新股作为交换，永丰余顺利掌握华纸超过一半的股权，成为最大股东。

（二）并购动机

永丰余并购华纸的动机可分为三个原因：① 相同产业间的水平整合。永丰余与华纸在文具用纸的市占率分别为第一名与第二名，因此，若将华纸纳入旗下，永丰余不但能除去最大竞争者的竞争压力，也能增加本身的市占率，进而增强文具用纸价格的定价能力。② 垂直整合。由于永丰余本身业务横跨产业链的上、中、下游，而华纸若能在中游扮演桥梁的角色，同时成为供货商以及购买原料的工厂，对于永丰余的进货成本将会有非常大的改善。③ 永丰余经营策略的改变。永丰余从纸业出发，并跨足其他不同产业，因此永丰余希望将旗下业务分割并转型成投资控股公司，从而专注于营运策略，提升控股公司下子公司的经营效率，有效地隔离母公司与子公司之间的风险，将经营权与所有权分离，以避免经营上的代理问题，以及去除公司转投资的上限。在转型成投资控股公司后，永丰余控股公司也可统一管理所有子公司的资金，发挥财务上的规模经济，通过各子公司闲置资金上的互相借贷，降低资金成本。

（三）并购综效

永丰余在2012年9月的新闻发布会上表示："双方结合可提高华纸纸浆自给率，减少受国际浆价起伏及景气循环影响，在造纸制程上，纸厂直接采用湿浆制纸，可以节省浆纸二次蒸发的能源成本，促进减碳。"当时的法人预估，双方的合并综效一年将达到3.5亿至4亿元。

两间公司合并后的综效主要有四个来源（方嘉麟等，2016）：① 水平整合的规模经济；② 垂直整合的规模经济；③ 消除管理上的低效率；④ 永丰余转型控股公司后的优势。

笔者认为，除了成本上的节约以及收益面的增加之外，永丰余在并购华纸的交易完成之后，也顺利地转型成为控股公司。未来永丰余集团如何更有效地利用新成立的控股公司，在母公司及子公司之间更有效地设计资源分配，并从整体集团的角度，分别在策略面、财务面以及营销面发挥控股公司的功用，更值得我们去进一步了解。

第四节　并购个案分析——宏碁并购倚天

一、公司概况

（一）宏　碁

宏碁（Acer Inc）股份有限公司成立于 1976 年 8 月，目前是世界第四大个人计算机品牌，第三大笔记本电脑品牌。2007 年宏碁的营收来源仍以笔记本电脑为主，占宏碁集团总营收的六成，其次是桌面计算机以及显示器，在 2006 年至 2007 年桌上型及笔记型的营收成长率皆高达 43%。如此可观的成长率，对于宏碁来说绝对是一大利多。2007 年 8 月，宏碁与联想集团（Lenovo）同时竞争美国第三大计算机品牌捷威（Gateway Inc）旗下的欧洲计算机品牌 Packard Bell。最后宏碁收购捷威，把捷威以及 Packard Bell 纳入旗下品牌，也因此超越联想集团，成为当年第三大个人计算机品牌。

（二）倚　天

倚天在 1986 年创立初期以创新产品——倚天中文系统在信息界占据一席之地，陆续推出多款中文软件与应用软件服务客户。1997 年发表第一套 Internet 实时证券系统，同年度与电信公司合作共同经营无线电叫人信息广播业务，并推出加值型金融收讯器——传讯王，为第一部融合信息服务、个人传呼及个人数字助理功能之智能型呼叫器。倚天金融信息器随市场脉动陆续发展个人使用加值服务功能，贴近个人使用需求，强调便利性与实时性，于 1999 年荣获产业科技发展奖。期间产品持续推陈出新，推出多款金融实时信息产品。倚天在金融实时软件领域的表现有目共睹，长期在市场上占有重要的地位并拥有数十万人的客户群。2006 年，倚天正式跨足智能型手机市场，发表自有品牌 Glofiish 智能型手机。虽然是市场新进者，但倚天在欧洲以及中东市场打响名号，2007年销售量就超过30万部。而毛利率在2007年虽然有小幅下滑，但整体还是维持在30%以上的水平[1]。

二、产业分析

（一）计算机产业分析

2007年，根据当时市调公司的调查，全球个人计算机的出货量已突破2.5亿台，年成长率13.8%。能取得如此高的成长率，主要贡献来自于笔记本电脑；笔记本电脑在2007年的成长率高达32.3%，而桌面计算机市场已渐趋饱和，并逐渐被笔记本电脑取代，成长率仅有4.2%（方嘉麟等，2016）。

从全球市场来看，宏碁当时预估全球计算机市场未来仍然是维持高度成长，其中的笔记本电脑在当时算是划时代的产品，市场当时也预估未来笔记本电脑的成长率仍能维持在20%～25%。

（二）智能型手机产业分析

2007年，智能型手机的功能渐趋成熟，搭配上3G的通讯技术，各种电信服务陆续出笼，移动网络的传输速度增加，加之带有许多有趣应用的多媒体播放，使得消费者逐渐以智能型手机、平板计算机等手持装置取代传统型手机。

根据IDC市调中心的资料，智能型手机在2007年的总出货量约为1.25亿台，当时预估在未来的4年复合年成长率高达30%以上；2007年全球第一大手机厂Nokia更乐观地预计，下一个年度全球智能型手持装置年成长率将达到33%，表示当时的市场对于手持式装置的兴起具有相当正面的期待。

---

[1] 数据来源：倚天资讯股份有限公司，关于倚天. [2016-08-25]. http://www.eten.com.tw/Nweb/businesss.asp.

三、个案剖析

（一）并购时程表

2008年3月，宏碁董事会通过与倚天信息股份有限公司进行股份转换，跨足手持式装置市场。

2008年8月，宏碁董事会通过以股份转换并以发行新股的方式将倚天信息公司纳入宏碁事业群中100%持有的子公司，并向当地主管部门报备核准。

2008年9月，倚天信息股份有限公司通过以1.07股换发宏碁股份1股。

（二）并购动机

1. 从宏碁公司立场出发

宏碁虽然身为个人桌面计算机及笔记本电脑的品牌大厂，毛利率在当时仍然只有2%左右，虽然笔记本电脑的成长率维持高档，但是在这个产业中厂商间的竞争已经白热化。反观做手持装置的企业，公司的毛利率动不动就高达30%，某种程度上表示智能型手机当时正处于成长期，相对于笔记本电脑，手持装置看来是非常适合宏碁投资并加以发展的产业。尤其在2007年时，宏碁与惠普、戴尔、联想等在笔记本电脑市场竞争激烈。对于宏碁来说，为了维持竞争力，进入手机市场看来是势在必行（方嘉麟等，2016）。

其实在宏碁并购倚天之前，宏碁在2006年就推出了第一款智能手机，并选择在宏碁的主力销售地区欧洲贩卖，不过当时市场反应一般。当时欧洲的智能手机市场已经被电信营运商绑架，因此为了抢占智能型手机市场，宏碁需要做更积极的布局。

当时选择倚天作为并购目标有许多原因：第一，倚天公司具有移动通讯运算之研发能力，且在手持移动装置的推销方面具有经验。第二，宏碁的主要业务在个人计算机领域，而倚天公司则专长于GPRS、股票机以及智能型手机，由于双方产品不同，销售的客户也大不相同，并购后倚天可以使用宏碁的通路、销售以及服务资源，宏碁也能学习倚天的手持装置技术，推出 Acer 品牌的智能型手机。第三，宏碁公司为全球品牌大厂，倚天公司以智能型手机为主，双方通过合并将资源整合后，有许多零件及共同原料可一起合并议价，提高合并后公司的议价能力。

2. 从倚天公司立场出发

虽然当时享受着大幅成长的手持装置出货量，以及人人称羡的高毛利率，但是当时强势的获利能力并不能保证公司一直持续这种乐观情况。另外，许多国际大厂以及竞争者们陆续加入手持式装置市场，而且有大者恒大的趋势，因此，倚天必须找到办法提升规模经济，借此拉开与对手的差距。

而当时宏碁可以通过多品牌以及通路策略，使企业获利以及规模稳定成长，倚天可以运用其成熟的企业规模以及母公司雄厚的资本，快速发展自身业务。另外，宏碁在欧洲市场的品牌力深耕多年，倚天与宏碁合并不但能补足资源上不足的劣势，更可以运用宏碁在欧洲的品牌强度，快速发展欧洲市场。

最后，宏碁作为传统生产的个人计算机企业，当时急于跨入智能型手机市场，宏碁团队将积极寻求资源，并有急迫的合作需求，因此，倚天在并购过程中议价能力相对提高，容易在并购交易案中提高交易价，或促成其他对倚天较有利的交易条件。

（三）并购方式：股份转换

股份转换是指被收购公司经股东会决议，让与全部已发行股份给收购公司作为对价，以缴足公司股东承购收购公司所发行的新股或是发起设立所需股款之行为。宏碁以股份转换的方式将倚天纳为旗下 100% 控股子公司，倚天本身虽被宏碁收购但并不消灭，只是经营权改变，因此倚天不会面临裁员、缩编或是劳动力调换等问题，可以减少并购后的劳资争议。

另外，在当时的时空背景下，宏碁的资本额约为新台币 200 亿元，倚天的资本额约为新台币 17 亿元，两者资本额相差甚多，以股数交换比率 1∶1.07 来计算，宏碁以股份交换的方式并购倚天，所需新发行的股数 16 万股，占宏碁当时已发行的股数仅 6.25%。因此，宏碁的原来股东受到持股稀释的冲击并不大，虽有影响但在控制范围内，此并购手段对于控制权的影响不大。

除了股份转换，宏碁当时还有许多传统上的筹资方式可以将资金用来并购倚天，例如，以自由现金直接进行现金收购，或是举债筹资并现金收购。但在 2007 年，宏碁的现金流量已经达到几年来的低点，而且在当年宏碁刚结束捷威的并购案，费用的增加使得宏碁的负债持续上升，如果以现金做资产收购或是公开收购，再与银行借款的难度或是利率可能会快速增加，因此，宏碁选择股份转换减少公司额外现金支出的负担尚属合理。

第五节　并购个案分析——中海油并购 Unocal

2005 年 6 月，中国海洋石油总公司（简称中海油）宣布以每股 67 美元并购美国第九大石油公司加州联合石油公司（Unocal Corporation），收购方式为现金收购。在这个并购案中，另一间公司雪佛龙也参与竞标。这个并购案跟前述两个个案有许多不同的地方：① 这项并购案最后是失败的；② 不只一间主并公司欲并购目标公司；③ 公司买卖的产品为石油，是一项世界大宗的能源产品，因此，并购案涉及的层面已经不只是公司与公司间的议题，而是国家与国家间的国家安全、政治、能源议题（彭子欣，2007）。

一、公司简介

（一）中国海洋石油总公司

中国海洋石油总公司[①]（China National Offshore Oil Corporation,

[①] 数据来源：中国海油，公司简介.[2016-08-21]. http://www.cnoo3.com.cn/.

CNOOC）是中国最大的海上油气生产商，成立于 1982 年，总部设于北京。该公司主要负责在中国海域以及对外合作开采海洋石油及天然气资源。

中海油的资本额共 500 亿元人民币，以油品产业的上游为出发点，通过垂直整合不断发展公司的业务，发展成综合型的能源公司。目前，公司的主要业务包括石油勘探开发生产、专业技术服务、基地服务、化工化肥、天然气发电、金融服务六大板块。

2004 年年底，公司总资产增至 1 532.6 亿元人民币，净资产达 830.6 亿元人民币。中海油良好的发展业绩赢得了资本市场的充分肯定，国际权威资信评定机构标准普尔及穆迪分别给予中海油 BBB＋和 A2 的评级。

（二）加州联合石油公司

加州联合石油公司（Unocal Corporation）是美国一间在海上开采或探勘天然气以及石油的公司，已有超过百年的历史，员工超过 6 000 人。Unocal 的主要业务包括：美国与国际原油与天然气的探勘与开采、管线建设、采矿、贸易以及房地产等。

Unocal 的业务范围主要在亚洲、非洲、欧洲等地区，包含泰国、缅甸、孟加拉国等亚洲国家，在亚洲、澳大利亚以及非洲等国家以发展石油及天然气的业务为主。Unocal 在过去由于探勘结果不理想，加上财务以及经营状况，曾向美国政府申请破产。当时 Unocal 虽然品牌不大，但通过开拓海外市场，在美国的油品产业排名第九。

（三）雪佛龙股份有限公司

雪佛龙股份有限公司（Chevron Corporation）是一个有着 126 年历史、在美国排名第二世界排名第五、总资产近千亿美元的老牌石油公司，是世界最大的能源公司之一，总部位于美国加州圣拉蒙市，并在全球超过 180 个国家有业务。其业务范围渗透石油及天然气工业的各个方面：探测、生产、提炼、营销、运输、石化、发电等。

二、并购分析

（一）并购动机

中海油选择并购 Unocal 的动机有四个：① 中海油可以通过并购 Unocal 发展成为国际级的油气公司。② 地理上的战略意义。Unocal 在东南亚地区有大量油气资源，且 Unocal 70% 的油气储量靠近中海油的亚洲市场，因此对中海油来说是非常适合收购的目标。③ 中海油若并购 Unocal，可平衡产品组合。中海油油品与天然气的产品比例分别为六成五与三成五，而 Unocal 油品与天然气的产品比例分别为四成与六成，合并后产品组合可趋于均衡，公司风险将会降低。④ Unocal 具有优良的深水探勘技术，若收购 Unocal，中海油可进一步往深水探勘发展，走向国际市场（彭子欣，2007）。

（二）并购时程表

2005 年 3 月，中海油对 Unocal 提出报价，Unocal 表示接受这份无约束力的初步价格。

2005 年 4 月，雪佛龙以 164 亿美元的金额，使用现金以及股票的方式并购 Unocal。Unocal 董事会接受这份报价。

2005 年 6 月，中海油再次对 Unocal 提出报价，提出每股 67 美元的股票价格，总价约 185 亿美元收购 Unocal。

2005 年 6 月，虽然主并公司与被并公司已有交易上的共识，但美国众议院反对这项并购案。

2005 年 7 月，雪佛龙以 171 亿美元的金额重新报价给 Unocal，其中交易金额包含 40% 的现金收购以及 60% 的股票收购。此交易金额低于中海油的报价，因此 Unocal 并不考虑雪佛龙的合并提案。

2005 年 8 月，中海油宣布撤回欲并购 Unocal 的所有报价。

在 2005 年 7 月 30 日，美国参议院与众议院两院通过修订法案，要求美国政府在四个月内对中国能源产业进行研究及调查，在报告出炉 21 天后才能批准中海油对 Unocal 的收购案。这项法案的通过实质上限制了中海油对 Unocal 的收购可能性。于是在 2005 年 8 月 2 日，中海油撤回对 Unocal 的收购要约。

（三）并购失败的因素

1. 美国的干预

在中海油并购 Unocal 的交易案中，导致破局的最关键因素就是美国政府的干预。2005 年 6 月，美国许多政治人物对于并购案的讨论直接上升到国家安全等级，并以能源威胁的名义主张封杀此项并购案。参议院与众议院两院的议员共 40 余名，要求政府对此案展开调查，确认 Unocal 在技术转移以及资产出售后是否有影响到国家安全的疑虑。

当时美国政坛对于并购案的攻击主要分成两个方向：① 认为原本属于美国的 Unocal，其石油资源将全部送给中国，进而影响美国对中国的能源政策；② 认为中海油的资金成本几乎是无息或低息的政府贷款，因此这项并购案其实是国有企业及私人企业的竞争，对雪佛龙的处境较不公平。

事实上，中海油为完成此项商业目的的竞购，曾做出多项承诺，以消除美国监管当局可能的担心，但是仍然出现前所未有的政治上的反对声音，甚至要取消或更改美国外国投资委员会多年来行之有效的程序。这种政治环境使中海油很难正确评估成功的几率，对中海油完成交易形成了很高的不确定性和无法接受的风险。[①]

2. 竞争对手的干扰

同样属于竞争 Unocal 行列的雪佛龙，虽然在价格上无法占有优势与中海油竞争，但在中海油提出收购意愿之后，雪佛龙就开始游说美国的政治人物，尝试用国会及政治的力量阻挡此交易案发生。这样的方式，间接导致此交易案破局。

---

① 常志鹏. 中海油表示：撤回并购尼科报价并非经济因素[N/OL]. 新华网，2005-08-03.

第六节　结　语

　　总的来说，读者可以从并购的传统理论与基本概念统整出并购的意义、动机以及分析的架构，并通过前两个个案讨论，体认到当并购案发生时，我们该如何从策略的角度、产业的分析、公司的特性以及并购的意涵，一一剖析并购案的发生对于主并公司以及被并公司的利弊得失，甚至可以进一步分析，当两家公司合并后，竞争者的利益是被削弱，抑或是螳螂捕蝉，黄雀在后；最后才用更高的视野分析并购后的产业及产业链所发生的变化，对于产业未来的发展以及个别公司的表现影响程度为何。由此我们可以思考，其实近年来的并购行为已经不仅仅是公司在策略面、财务面或是营销面的考虑，2015 年最大的并购案之一 Western Digital 收购 SanDisk，途中还加入闪存大厂美光，这三间公司的规模以及技术都是国家等级的企业，因此在考虑并购案是否成立时，分析人员除了考虑传统的综效来源及量化之外，还必须加入政治因素，进一步思考这项并购案的规模会不会对一个国家（或地区）的政治、经济、社会或是技术带来冲击，进而主导交易案的成败。2016 年，清华紫光原定入主硅品的交易案，由于硅品为台湾地区最重要的 IC 封装测试厂之一，且具有许多封测技术的知识产权，若清华紫光入主硅品，势必对台湾地区的 IC 封测产业甚至是整条 IC 供应链造成不可逆的变化，因此，即使此项交易案为水平整合，可以轻易地享受规模经济带来的好处，抑或是促进两岸技术的交流，这样的综效似乎还是抵不过更高层级的考虑。就如同本章所提及的个案中海油并购 Unocal，我们可以列出非常多的综效来源，但最后并购成败的决定权还是在"人"。换句话说，并购的评价方式与技术固然重要，但传统教科书所教给我们的知识已经远远不能跟上近年来的并购决策，如何跟上主要决策者的思维，通过对不同个案的讨论与分析，尝试接触到并购动机的核心，是值得我们深入探究的方向。

参考文献

[1] ALLAN R J. PPP: A review of literature and practice [M]. Regina: Saskatchewan Institute of Public Policy, 1999: 432-443.

[2] BAJARI P, HOUGHTON S, TADELIS S. Bidding for incomplete contracts: An empirical analysis [M]. Cambridge, MA: National Bureau of Economic Research, 2006.

[3] BENTHAM J. Panopticon: Postscript; Part II: Containing a plan of management for a panopticon penitentiary-house [M]. London: T. Payne, 1791: 29-95.

[4] BROWN B, CHUI M, MANYIKA J. Are You Ready for the Era of "Big Data" [J]. Journal of McKinsey Quarterly, 2011, 71(2): 739-741.

[5] CALTHORPE P. The next American metropolis: Ecology, community, and the American dream [M]. New York: Princeton Architectural Press, 1993.

[6] CAVANILLA J M, CURRY E, WAHLSTER W. New Horizons for a Data-Driven Economy: A Roadmap for Usage and Exploitation of Big Data in Europe [M]. Berlin: Springer, 2016.

[7] DA Z, ENGELBERG J, GAO P. In search of attention [J]. Journal of Finance, 2011, 66(5): 1461-1499.

[8] DOH J P, RAMAMURTI R. Reassessing risk in developing country infrastructure [J]. Long Range Planning, 2003, 36(4): 337-353.

[9] GRIMSEY D, LEWIS M K. Are public private partnerships value

for money? Evaluating alternative approaches and comparing academic and practitioner views [J]. Accounting forum, 2005, 29(4): 345-378.

[10] GROSSMAN S J, HART O D. The costs and benefits of ownership: A theory of vertical and lateral integration [J]. The Journal of Political Economy, 1986, 94(4): 691-719.

[11] HART O, MOORE J. Property Rights and the Nature of the Firm [J]. Journal of Political Economy, 1990, 98(6): 1119-1158.

[12] HM Treasury. Public Private Partnerships: The Government's Approach [R]. 2000.

[13] HUANG LI. 为什么进行量化投资？有哪些优势？[EB/OL]. [2016-06-04]. http://www.bjzq.com.cn/syjq/ShowArticle.asp?ArticleID=937608.

[14] IT桔子. 2015年中国互联网创业投资盘点[EB/OL]. [2016-01-15]. https://www.itjuzi.com/2015/.

[15] IT 桔子. IT桔子年度盘点：2015互联网金融领域大公司布局 [EB/OL]. [2016-01-13]. https://www.itjuzi.com/.

[16] LAM P T. A sectoral review of risks associated with major infrastructure projects [J]. International Journal of Project Management, 1999, 17(2) : 77-87.

[17] LI BING, AKINTOYE A, EDWARDS P J, et al. The Allocation of Risk in PPP/PFI Construction Projects in the UK [J]. International Journal of Project Management, 2005, 23(1): 25-35.

[18] NG S T, WONG J M W, WONG K K W. A public private people partnerships (P4) process framework for infrastructure development in Hong Kong [J]. Cities, 2013(31): 370-381.

[19] PPP National Committee of Canada. 10-Year Economic Impact Assessment of Public-Private Partnerships in Canada (2003-2012) [R]. 2013.

[20] PREIS T, MOAT H S, STANLEY H E. Quantifying trading behavior in financial markets using Google Trends [J]. Scientific Reports, 2013(3).

[21] SIMON B. The Return of Panopticism: Supervision, Subjection and the New Surveillance [J]. Journal of Surveillance & Society, 2005, 3(1):1-20.

[22] The European Commission. Guidance for Successful PPP [R]. 2003.

[23] The National Council for PPP, USA. For the Good of People: Using PPP to Meet America's Essential Needs [R]. 2002.

[24] The World Bank. Selecting an Option for Private Sector Participation [R]. 1997.

[25] Institute for Raining and Research, United Nations. PPP: For Sustainable Development [R]. 2000.

[26] ZHANG S, CHAN A P, FENG Y, et al. Critical Review on PPP Research – A Search from the Chinese and International Journals [J]. International Journal of Project Management, 2016, 34(4): 597-612.

[27] 白云川. 利用大数据的商业价值[J]. 机械设计与制造工程, 2011(20): 49-50.

[28] 财政部国际司. 从国际经验看成功实施 PPP 项目的关键因素[J]. 中国财政, 2014(15): 44-45.

[29] 陈东生, 曲建军, 田新宇, 等. 中国高速铁路工务维修管理模式研究[J]. 铁道建筑, 2012(5): 129-135.

[30] 陈红, 黄晓玮, 郭丹. 政府与社会资本合作(PPP): 寻租博弈及监管对策[J]. 财政研究, 2014(10): 20-24.

[31] 陈柳钦. 公共基础设施 PPP 融资模式问题探讨[J]. 甘肃行政学院学报, 2008(6): 83-90.

[32] 陈龙. 当代中国医疗服务公私合作研究[D]. 昆明: 云南大学, 2013.

[33] 陈伟革. 高速铁路电务基本维修组织的探索与实践[J]. 铁道通信信号, 2012, 48(9): 1-4.

[34] 陈勋. 高速铁路基础设施综合养护维修管理模式探索与实践[J]. 铁道建筑, 2013(6): 122-125.

[35] 陈阳. 铁路设备维修现状分析及改进建议[J]. 上海铁道科技, 2013(2): 97-98.

[36] 程学庆, 汪林永, 等. 铁路安全设备与检测监测关键技术研究——高速铁路设备运管修一体化模式及安全评价技术研究[R]. 中国铁路总公司科技研究开发计划重点课题研究报告, 2016.

[37] 程哲, 王守清. 非营利性医院PPP项目融资的框架结构设计[J]. 中国卫生事业管理, 2011(7): 557-559.

[38] 达霖·格里姆赛, 刘易斯M K. 公私合作伙伴关系: 基础设施供给和项目融资的全球革命[M]. 济邦咨询公司, 译. 北京: 中国人民大学出版社, 2008.

[39] 大卫·芬雷布. 大数据云图[M]. 盛杨燕, 译. 杭州: 浙江人民出版社, 2014.

[40] 邓俊豪, 张越, 何大勇. 互联网金融生态系统2020——新动力、新格局、新战略[M]. 波士顿: 波士顿咨询公司（BCG）, 2014.

[41] 樊千, 邱晖. PPP的本质、产生动因及演化发展动力机制[J]. 商业研究, 2015(5): 137-143.

[42] 方嘉麟, 朱慈蕴, 朱德芳, 等. 企业并购个案研究(八)[M]. 中国台湾: 元照出版公司, 2016.

[43] 方舟财经. 量化投资, 从西蒙斯谈起[EB/OL].[2015-12-31]. http://mt.sohu.com/20151231/n433152072.shtml.

[44] 傅宏宇. 美国PPP法律问题研究——对赴美投资的影响以及我国的立法借鉴[J]. 财政研究, 2015(12): 94-101.

[45] 高会芹, 刘运国, 亓霞, 傅鸿源. 基于PPP模式国际实践的VFM评价方法研究——以英国、德国、新加坡为例[J]. 项目管理技术, 2011(3): 18-21.

[46] 高析. BOT 项目融资模式风险分析[J]. 水力发电, 2002(4): 10-15.
[47] 龚庆, 项琴. 我国高速铁路工务维修管理模式[J]. 交通科技与经济, 2014, 16(4): 17-21.
[48] 郭上. 北京地铁四号线 PPP 模式案例分析[J]. 中国财政, 2014(9): 32-33.
[49] 国家发展改革委. 国家发展改革委关于开展政府和社会资本合作的指导意见[R]. 2014.
[50] 胡振. 公私合作项目范式选择研究——以日本案例为研究对象[J]. 公共管理学报, 2010(3): 113-122.
[51] 虎嗅. 2020 年的互联网金融会是怎样？[EB/OL]. [2015-01-12]. https://www.huxiu.com/article/105982.html.
[52] 虎嗅. 互联网金融的跨界场景化变革"黑天鹅"何时出现？[EB/OL]. [2015-05-06]. http://www.huxiu.com/article/114411/1.html?f=member_article.
[53] 虎嗅. 买来了"便利店之王"的万达金融, 是在走一条什么样的路？[EB/OL]. [2015-5-21]. http://www.huxiu.com/article/149530/1.
[54] 互联网金融. 互联网+及互联网金融的跨界场景化变革[EB/OL]. [2016-05-30]. http://www.ijrong.cn/JR/GD/630.html.
[55] 黄华平. 华侨与近代中国民营铁路(1903—1914)[J]. 八卦侨刊, 2006(2): 68-70.
[56] 黄颖. 一本书读懂大数据[M]. 长春: 吉林出版集团有限责任公司, 2014.
[57] 贾华强. 高速铁路接收及运营管理相关问题研究[D]. 成都: 西南交通大学, 2012.
[58] 贾康, 孙洁. 新农村基础设施建设中 PPP 模式的应用[J]. 地方财政研究, 2006(5): 4-7.
[59] 贾康, 孙洁. 公私伙伴关系(PPP)的概念、起源、特征与功能[J]. 财政研究, 2009(10): 2-10.
[60] 姜爱华. 政府采购"物有所值"制度目标的含义及实现——基于

理论与实践的考察[J]. 财政研究，2014(8)：72-74.

[61] 赖丹馨. 基于合约理论的公私合作制（PPP）研究[D]. 上海：上海交通大学，2011.

[62] 李丹. 互联网金融监管之棋局[J]. 当代经济管理，2014，36(8)：35-38.

[63] 李丽红，张舒，黄昌铁. 国外 PPP 合同研究现状梳理及趋势分析[J]. 生产力研究，2013(1)：132-135.

[64] 李晓东. 基于 AHP 法的公共项目 PPP 模式选择[J]. 企业经济，2012(11)：148-150.

[65] 李耀东，李钧. 互联网金融框架与实践[M]. 北京：电子工业出版社，2014.

[66] 梁宁宁. 闲谈量化投资的特点与优势[EB/OL]. [2015-12-09]. http://www.7hcn.com/article/216334-1.html.

[67] 林波. 公共产品的生产者和提供者的分离——行政改革中政府角色的转换[J]. 科学决策，2005(10)：34-36.

[68] 零壹财经. BAT 等 8 大巨头互联网金融布局分析[EB/OL]. [2016-02-17]. http://www.01caijing.com/article/2737.html.

[69] 零壹财经. 互联网+金融洞见者说[EB/OL]. [2016-04-07]. http://www.01caijing.com/article/ 3189.html.

[70] 零壹研究院. 2015 年中国互联网众筹年度报告[R]. 2016.

[71] 刘波，陈荣德. C-BOT 系统论：一种崭新的城市化发展理论的建构[J]. 中国软科学，2005(4)：138-146.

[72] 刘薇. PPP 模式理论阐释及其现实例证[J]. 改革，2015(1)：78-89.

[73] 鲁惠林. 大数据及研究综述[J]. 品牌战略与电子商务，2016(19)：40-41.

[74] 鲁庆成. 公私合伙(PPP)模式与我国城市公共事业的发展研究[D]. 武汉：华中科技大学，2008.

[75] 陆晓春，杜亚灵，岳凯. 基于典型案例的 PPP 运作方式分析与选择——兼论我国推广政府和社会资本合作的策略建议[J]. 财政

研究，2014(11)：14-17.

[76] 罗明雄，唐颖，刘勇. 互联网金融[M]. 北京：中国财政经济出版社，2013.

[77] 马丁·克鲁贝克. 量化：大数据时代的企业管理[M]. 北京：人民邮电出版社，2013.

[78] 马良民，顾建华. 我国高速铁路基础设施综合维修管理模式探讨[J]. 铁道标准设计，2011(7)：18-21.

[79] 马良民. 高速铁路钢轨打磨技术研究与应用[J]. 铁道建筑，2011(5)：114-116.

[80] 马锡力. 铁路设备维修问题与对策研究[J]. 技术与市场，2013(4)：113-113.

[81] 毛庆祥，潘高. PPP模式在国外医药卫生领域应用概述[J]. 合作经济与科技，2012(9)：34-36.

[82] 孟小峰，慈祥. 大数据管理：概念、技术与挑战[J]. 计算机研究与发展，2013，50(1)：146-169.

[83] 彭为，陈建国，穆诗煜. 公私合作项目物有所值评估比较与分析[J]. 软科学，2014，28(5)：28-32.

[84] 彭子欣. 中国海洋石油公司并购美国Unocal石油公司之个案研究[D]. 中国台湾：东海大学，2007.

[85] 蒲旺，徐飞，黄登仕. 城市轨道交通PPP，ABS和TOD投融资模式比较研究[J]. 交通运输工程与信息学报，2016(2)：69-75，121.

[86] 亓霞，柯永建，王守清. 基于案例的中国PPP项目的主要风险因素分析[J]. 项目管理，2009(5)：107-113.

[87] 申建山. 设备管理在路局一体化管理中应发挥的职能作用[J]. 铁路采购与物流，2013(1)：62-63.

[88] 宋波，徐飞. 不同需求状态下公私合作制项目的定价机制[J]. 管理科学学报，2011，14(8)：86-96.

[89] 宋波. 基于基础设施项目建设运营过程的公私合作制（PPP）研

究[D]. 上海：上海交通大学，2010.

[90] 孙汉武. 铁路安全检查监测保障体系及其应用研究[D]. 成都：西南交通大学，2010.

[91] 孙慧，周颖，范志清. PPP 项目评价中物有所值理论及其在国际上的应用[J]. 国际经济合作，2009(11)：70-74.

[92] 孙洁. PPP 管理模式在城市污水处理中的应用研究[J]. 湖南财经高等专科学校学报，2010(26)：73-76.

[93] 孙群. 铁路国际合作项目运营管理模式的探讨[J]. 铁道运输与经济，2015, 37(8)：74-77.

[94] 孙伟，黄培伦. 公平理论研究评述[J]. 科技管理研究，2004(4)：102-104.

[95] 谭磊，宋海旭. 盛宴背后：解密互联网金融[M]. 北京：电子工业出版社，2014.

[96] 唐慧. 客运专线运营管理及机构设置模式探讨[D]. 成都：西南交通大学，2010.

[97] 腾讯科技. 马明哲谈互联网金融监管：猫不能急着抓老鼠[EB/OL]. [2015-11-18]. http://tech.q151118/032599.html.

[98] 汪文雄，钱圣，杨钢桥. PPP 模式下农地整理项目前期阶段效率影响机制研究[J]. 资源科学，2013(2)：341-352.

[99] 王邦胜. BJ 铁路局高速铁路工务维修管理体系的研究[D]. 成都：西南交通大学，2013.

[100] 王灏. PPP 的定义和分类研究[J]. 都市快轨交通，2004(5)：23-27.

[101] 王灏. "PPP"开创北京地铁投融资模式先河[J]. 中国科技投资，2009(12)：63-65.

[102] 王守清，柯永建. 特许经营项目融资(BOT、PFI 和 PPP) [M]. 北京：清华大学出版社，2008.

[103] 王守清. 项目融资的一种方式——BOT：10 个典型案例比较[J]. 项目管理技术，2003(6)：46-48.

[104] 王雪青，喻刚，邴兴国. PPP 项目融资模式风险分担研究[J]. 软

科学，2007(6)：39-43.

[105] 维克托·迈尔，舍恩·伯格. 大数据时代：生活、工作与思维的大变革[M]. 周涛，译. 杭州：浙江人民出版社，2012.

[106] 未央网. 消费金融案例研究：蚂蚁金服[EB/OL]. [2016-08-05]. http://www.weiyangx.com/198505.html.

[107] 吴迪. 韩国高速铁路投融资体制和运营管理模式[J]. 铁道经济研究，2011(4)：42-45.

[108] 肖四如，肖可砾. 互联网金融的发展趋势及深层影响[J]. 银行家，2015(3)：26-29.

[109] 谢理超. 构建规范的PPP管理模式助力推进财政改革[J]. 财政研究，2015(1)：37-40.

[110] 谢伟东，何雯. 公私合作模式融资在我国城市轨道项目中的时间[J]. 生产力研究，2010(1)：157-159.

[111] 徐飞. 中国高铁"走出去"的十大挑战与战略对策[J]. 人民论坛·学术前沿，2016(14)：58-78.

[112] 徐飞. 中国高铁的全球战略价值[J]. 人民论坛·学术前沿，2016(2)：6-20.

[113] 徐可，何立华. PPP模式中BT、BOT与TOT的比较分析——基于模式结构、风险分担、所有权三个视角[J]. 工程经济，2016(1)：61-64.

[114] 徐子沛. 大数据[M]. 桂林：广西师范大学出版社，2015.

[115] 徐自力，董春斌. 牵引供电设备维修体制和维护模式的探讨[C]. 中国铁道学会电气化委员会2006年学术会议论文集，2006.

[116] 姚文平. 互联网金融：即将到来的新金融时代[M]. 北京：中信出版社，2014.

[117] 叶晓甦，徐春梅. 我国公共项目公司合作（PPP）模式研究述评[J]. 软科学，2013(6)：6-9.

[118] 叶秀贤，孙慧，范志清. 韩国PPP法律框架及其对我国的启示[J]. 国际经济合作，2011(2)：52-55.

[119] 余池明. 项目区分理论和城市基础设施投资体制改革[J]. 城乡建设，2001(12)：44-45.

[120] 袁竞峰，王帆，李启明，邓小鹏. 基础设施PPP项目的VFM评估方法研究及应用[J]. 现代管理科学，2012(1)：27-30.

[121] 张华志. 高速铁路供电维修方案探讨[J]. 铁道建筑技术，2014(2)：70-72.

[122] 张水波，郑晓丹. 经济发展和PPP制度对发展中国家基础设施PPP项目的影响[J]. 软科学，2015，29(7)：25-29.

[123] 张永霖. 财务管理[M]. 中国台湾：高点出版社，2016.

[124] 中国财政部. 财政部关于推广运用政府和社会资本合作模式有关问题的通知[R]. 2014.

[125] 中金网. 基金入门：什么是量化投资，量化投资的优势有哪些？[EB/OL]. [2016-05-16]. http://www.cngold.com.cn/fund/20160516d11000n70303081.html.

[126] 周和平，陈炳泉，许叶林. 公私合营（PPP）基础设施项目风险再分担研究[J]. 工程管理学报，2014(3)：89-93.

[127] 周正祥，张秀芳，张平. 新常态下PPP模式应用存在的问题及对策[J]. 中国软科学，2015(9)：82-95.

[128] 朱志军，佘丛国，闫蕾. 大数据——大价值、大机遇、大变革[M]. 北京：电子工业出版社，2012.

[129] 逐鹿网. 一文读懂当今互联网金融的世界格局[EB/OL]. [2016-04-14]. http://www.zhulu.com/ article / 11937.html.